贝克欧洲史 — 02

C. H. Beck Geschichte Europas

Rudolf Schieffer

Christianisierung und Reichsbildungen: Europa 700–1200

©Verlag C.H.Beck oHG, München 2013

Arranged through Jia-xi Books Co., Ltd. / Literary Agency.

封面及封底图片为《奥托三世》，现藏于Bayerische Staatsbibliothek。

［德］鲁道夫·席弗——著

Rudolf Schieffer

国家的建立 与 基督教的传播

CHRISTIANISIERUNG
UND
REICHSBILDUNGEN :
EUROPA
700－1200

700~1200年的
欧洲

陈嘉瑜——译

社会科学文献出版社
SOCIAL SCIENCES ACADEMIC PRESS (CHINA)

丛书介绍

"贝克欧洲史"（C.H.Beck Geschichte Europas）是德国贝克出版社的经典丛书，共10卷，聘请德国权威历史学者立足学术前沿，写作通俗易读、符合时下理解的欧洲史。丛书超越了单一民族国家的历史编纂框架，着眼欧洲；关注那些塑造每个时代的核心变迁，传递关于每个时代最重要的知识。如此一来，读者便可知晓，所谓的"欧洲"从其漫长历史的不同阶段汲取了哪些特质，而各个年代的人们又对"欧洲"概念产生了何种联想。

丛书书目

本卷作者

鲁道夫·席弗（Rudolf Schieffer）在慕尼黑大学担任中世纪史教授直至退休，并于1994~2012年担任《日耳曼历史文献集成》（*Monumenta Germaniae Historica*）主编，著有《格里高利七世：教会改革与叙任权之争》等作品。

本卷译者

陈嘉瑜，中国人民大学德语语言文学硕士，出版社编辑。

目　录

前　言

欧洲的国家多样性植根于中世纪前半部分。700~1200 年 5 个世纪间，欧洲大陆经历了一次深度转型，其中齐头并进的三种趋势是：基督教化的推进、书写文化的传播以及王国疆土的扩张。由于总有诸多小规模的犹太散居地分布，也由于 8 世纪时伊斯兰教在西班牙推行，后来还一度扩展到西西里岛和意大利南部部分地区，欧洲从未达到全境信奉基督教的程度。然而对于当时大部分地区而言，基督教会确实成了一股影响巨大的势力。基督教以罗马—天主教和希腊—正教两种形式进行传播，直到 1000 年，二者还维持着地域隔离。不同于东部帝国，西部帝国无法像拜占庭皇帝一样长期稳定地统治所有信众；自 9 世纪加洛林王朝分崩离析以来，即便有皇帝统治，拉丁基督教的精神文化体已丧失了原本有广泛影响力的政治基础。但另一个事实是，加洛林王朝提出的关于神圣君主政体的范式成为权威，因为对于那些受了洗的异教民族首领而言，这个范式是十分适合吸收、借用的，基于此，他们也能在日益扩大的基督教国家之林中为自己找到一席之地。到中世纪盛期，欧洲出现了一种与罗马教宗统治下精神权威集中化相对立的趋势，即世俗势力的多元化，这种趋势后来也成为欧洲发展历程最重要的特点之一。

8　　　本书旨在依照这条发展线索展开讨论，帮助读者更好地理解当今欧洲一体化背后的一系列历史遗留问题。

2013 年 5 月

于波恩

鲁道夫·席弗

第一章
700 年前后的欧洲

欧罗巴，古代世界地理认知里的三片大陆之一，到 700 年前后时，其内部还远没有什么足以使它区别于外部世界的共同特性，因而谁都不会将它视作一个独立的整体。现代人认为大约从 400 年起，政治和文化领域的深度变迁推动欧洲从古代过渡到中世纪。这些变迁越来越淡化了传统的二分法思维，即将世界二分为广大的、不局限于欧洲地区的罗马帝国和帝国边界以外混乱的蛮族世界。取而代之的是一种新的结构，其特点是包含众多小规模的政治单元，它们稳定性较差，一段时间内彼此疏远。我们可以通过宗教和语言特点将这一时期的欧洲划分成五个文化区域。

说拉丁语的蛮族地区

欧洲大陆西部和南部地区很早就完成了一次重大的社会变迁，也就是德文术语里所谓的"民族大迁徙"，即来自日耳曼语族的多股蛮族势力崛起并形成统治，在罗马帝国疆域内宣示权力。400~600 年，东日耳曼民族［西哥特人（Westgoten）、苏维汇人（Sueben）、汪达尔人（Vandalen）、勃艮第人（Burgunder）、东哥特人（Ostgoten）、伦巴第人（Langobarden）］和西日耳曼民族（法兰克人、盎格鲁－撒克逊人）先后造成巨大冲击，通过包围地中海瓦解了罗马皇帝的庞大帝国，形成多王国、多部族林立的局面。但是，这些根据

"同族原则"（das gentile Prinzip）建立起来的小王国内部都有人数较少的统治阶层，他们将自己定位为最早迁入此地的部落集团，对从罗马时期就已定居在此的大量人口进行统治，其控制力和管理能力在很长一段时间内确是必不可少的。这种政治秩序以拉丁语、法典和基督教信仰为共同基础，尽管彼时的基督教信仰最初是由东日耳曼人以阿里乌主义这种非正统形式来践行的。显著的民族融合问题不时出现，一个王国如何处理这些问题，往往关系到它的存亡。上面提到的那种试图固化现有政治、法律和宗教差异的二分法在各个地区陆续行不通了，因为这种二元对立概念只会导致王国内中干竭，使王国最终无法抵御外敌威胁，若非屈服于更强大的日耳曼部族（就像高卢地区的勃艮第人和西哥特人屈服于法兰克人，或者苏维汇人屈服于西班牙的西哥特人那样），便在查士丁尼一世时期落入光复失地的东罗马之手（就像北非的汪达尔王国和意大利的东哥特王国）。此中也有一些王国站稳了脚跟，它们要么从一开始就没有与阿里乌教派产生信仰分歧，要么是为了共同的天主教信仰及时消除了分歧。700 年前后，民族大迁徙以来欧洲大陆上仅剩的三个王国都属于这种情况，它们分别是：7 世纪时位于西班牙的、已在很大程度上罗马化了的西哥特政权；位于高卢地区的北部由法兰克人统治、南部保持罗马风格的墨洛温王朝（Merowinger）；以及位于意大利的逐渐被当地人同化的伦巴第政权，当时，它在整个亚平宁半岛上都无法成功抵御拜占庭帝国的势力。而不远处，曾经的罗马帝国行省不列颠尼亚的土地上出现了一些盎格鲁－撒克逊民族的小王国，只不过它们受古罗马影响明显较弱；它们的基督教信仰也不是从原住民处所沿袭，而是从外部吸收而来。

希腊化的罗马帝国

日耳曼民族大迁徙所带来的"同族原则"只在西部地区取得成功，在这片自395年以来逐渐分裂的土地上，罗马帝国在东部地区以君士坦丁堡为中心，勉力维持其统治，即便它已在巴尔干半岛上付出了惨重的代价。尤其从西罗马帝国灭亡（476年）以来，东罗马帝国在博斯普鲁斯海峡独自延续了古代的普世帝国理念，与从前一样，以罗马人的名义统领着许多民族，而且从位于亚欧交界处的"新罗马"的创建者——君士坦丁大帝（逝于337年）——开始，也为基督教信仰提供了政治框架。帝国君主大多出身于军队，十分依赖军队的忠诚度，其统治既涉及世俗事务，又涉及精神信仰层面的事务，因此，他们在希腊—东正教会的神学问题上不遗余力地强行推动帝国境内及其他地区基督教信仰的统一，可惜事与愿违。这一点也损害了他们与说拉丁语的西部地区的关系，在那里，皇帝干预教会事务的权力受到严重的制约，双方在6~8世纪动辄发生长达数十年的冲突，这也在政治层面上损害了罗马皇帝的权威。查士丁尼一世虽然费尽周折收复了意大利和北非，但是此举意义不大，因为从568年开始，意大利大部分地区（不包括罗马）已落入伦巴第人之手；鉴于帝国在其他战线上正遭受更大的威胁，剩余的前哨地区（设立了拉文纳和迦太基总督辖区）不得不自力更生。巴尔干半岛上，来自亚洲大草原腹地的阿瓦尔（Awaren）游牧民族步步逼近，所形成的进攻态势对查士丁尼一世的后继者来说尤为棘手，特别是当后者在东部地区疲于应战波斯萨珊王朝的时候。这种双重威胁在626年夏天达到最高峰，皇帝希拉克略（Herakleios，逝于641年）艰难地抵挡住阿瓦尔人和波斯人对君士坦丁堡的猛烈攻击，并对波斯和美索不达米亚地区发动反攻。在幼发拉底河河畔的胜利成果并没能维持很久，因为从633/634年起，阿拉伯民族大迁徙

就在整个东方世界发生，且以迅雷不及掩耳之势从拜占庭皇帝
手中夺走巴勒斯坦、叙利亚和埃及；阿拉伯舰队在 674~678
年对君士坦丁堡共发起五次进攻，战局态势达到顶峰。尽管帝
国都城再一次经受住了考验，北非却在此后不久失守。随着迦
太基的沦陷（698 年），地中海的南海岸与东海岸彻底为穆斯
林所占领，原本罗马帝国全境以希腊语为官方语言，现在希腊
语区已主要萎缩到小亚细亚、色雷斯、希腊、意大利各个区域
及周边岛屿。外敌紧咬不放使罗马帝国时刻处于警备状态，这
也对国内的政治结构造成了严重的负面影响。传统的行省管理
体制受到地区军事长官的挤兑，而此时的军队不仅招募专业雇
佣兵，还面向广大的农业人口征兵。

阿拉伯的扩张

事实上，7 世纪伊斯兰教的兴起与扩张是世界史上意义最
重大、影响最深远的事件，相当于在中东地区补上了拉丁西方
在 5~6 世纪就经历过的事情，也就是从古代向中世纪的过渡。
然而两者在形式上截然不同，因为在中东，这一转变仅由一个
男人推动，他就是先知穆罕默德（逝于 632 年）。穆罕默德以
一种新的宗教理念统一了阿拉伯民族，即尊真主为唯一主宰并
绝对顺服其意志，同时还针对一切对手发展出"圣战"概念。
13 不同于日耳曼民族大迁徙，在先知穆罕默德去世之后立即开始
的阿拉伯民族大迁徙，既非旨在夺取土地，或将不同民族的人
口安置下来从事农业生产，也不是为了对原本被视为阿拉伯人
之特权的伊斯兰教信仰进行暴力推广；大迁徙的目的在于征服
更多"无信仰者"，以便迫使他们缴税和服劳役。基督徒和犹
太教徒原则上应受到保护，他们也可以选择改信伊斯兰教；但
是拉丁西方那种由征服者对原住民实施的文化同化政策，在这
里是不可想象的。由于拜占庭帝国和波斯帝国在此前的战争中

元气大伤，先知的继承者们乘虚而入，短短几年间（634~642 年）便将东方的心脏地带以及基督教的发祥地收入囊中，建立起由"信士的长官"（Fürst der Gläubigen）——哈里发——统治的神权政体。哈里发不像罗马—拜占庭皇帝那样拥有君主实权，因为他没有立法和解释法律的权限，而且就连在猛烈扩张时，军队将领也并非无条件地听命于他。但是，统一各种信仰的理念实在太强大，即使伊斯兰教内部很快就出现分歧，伊斯兰国家和民族也没有像基督教世界那样四分五裂。争夺哈里发之位的血腥战争过后，政治中心转移到了大马士革，随后在倭马亚王朝（Omaijaden）领导下，第二次扩张于 670 年拉开了序幕。这次扩张直指君士坦丁堡，尽管没有成功，阿拉伯帝国却从北非地区一路攻至大西洋海岸。711 年，一支皈信伊斯兰教的柏柏尔（Berber）军队在塔里克·伊本·齐亚德（Tarik Ibn Sijad）的率领下从今天的摩洛哥出发，越过海峡，一头扎进西班牙地区哥特人王位之争的旋涡中，很快便一举终结了西哥特王国，占领了整个伊比利亚半岛，直到最北端［阿斯图里亚斯（Asturien）和巴斯克地区（Baskenland）］。阿拉伯帝国与欧洲的边界由此被跨越。穆斯林分散到各个区域设立稳固的据点，将科尔多瓦（Cordoba）设为首府，后来，一位由哈里发在大马士革宣布为合法人选的总督定居于此，[①] 建立了后倭马亚王朝。

14

早期斯拉夫文明

除了在东面和南面占据了广袤而宝贵土地的阿拉伯庞大帝国，巴尔干半岛上还有其他势力从北面向拜占庭帝国逼近。原本 5~6 世纪在彼处占统治地位的日耳曼部落联盟消失之后，前文提到的阿瓦尔人从中亚出发，逼近至君士坦丁堡城下，使

---

① 756 年，大马士革倭马亚王朝的最后继承人阿卜杜勒·拉赫曼在此定都，自称统治者。

多瑙河下游北部许多依赖土地、以农业为生的部族被迫迁移。对这些部族的记载目前最早可追溯到大约 550 年，拜占庭史料将其称为"斯拉夫人"（Slawen）。这个称谓和罗马语境中早 600 年出现的"日耳曼"（Germanen）概念一样，是一个以语言为界定标准的笼统的概括，它所涵盖的地域范围随着历史发展而变得越来越大。但是，与其说它是实体层面上从"发祥地"向外的持续扩张（即斯拉夫民族的"民族大迁徙"）的结果，不如说这是原本在语言和文化上各不相同的部族互相同化，并在阿瓦尔人占据优势地位的情况下形成区域性聚居的结果。当他们对帝国在多瑙河南岸的领土发动袭击，并在那里集结、驻扎时，拜占庭的侦察兵就发现，他们没有至高无上的君主，而很显然是在共同管理着所有事务。事实上，基督教没有在巴尔干半岛上扩张（这也导致这些部族缺少书写文化），而且罗马帝国晚期政治结构持续崩塌，使进犯的斯拉夫人不同于帝国西部的日耳曼人，几个世纪以来都维持着原状，没有发展出更先进的政治体制。来自法兰克的长途商贩萨摩（Samo）似乎姑且可算作一个例外。约 626 年后不久，在斯拉夫人起义反抗阿瓦尔人取胜之后，萨摩坐上第一把交椅，他所建立的"第一个斯拉夫国家"据说是一个以波希米亚为中心的王国，维持了长达 35 年的统治。这个王国抵挡住了法兰克王国的攻击，却在萨摩死后迅速瓦解。700 年前后，斯拉夫地区只有保加尔人（Bulgaren）的统治被记入史册，他们是突厥人的一支，于 7 世纪从伏尔加河下游沿黑海海岸向多瑙河入海口挺进，并成功介入阿瓦尔人和拜占庭帝国之间。东罗马皇帝战败后被迫于 681 年与保加尔人签订和约，承认由可汗阿斯巴鲁赫（Asparuch）领导的保加尔人拥有独立的主权，并且放弃向他们强行传播基督教信仰。保加尔人在古代罗马帝国的默西亚（Moesien）行省建立起松散的统治机构，并在随后的日子里向人数占绝对优势的斯拉夫民族靠拢（这一点和阿瓦尔人不同），融入其语言和文化。

北部与西部边境地区

在同时代的基督教文献中，对阿瓦尔人、斯拉夫人和保加尔人的记载屡屡可见，相反，700 年前后，整个欧洲北部仍处于"史前史"的半明半晦中。出土文物印证了该地区有人类活动的痕迹，而且根据语言学特征判断，他们使用的语言应属于波罗的海语族、芬兰 – 乌戈尔（finno-urgisch）语族和北日耳曼语支。这些文物或多或少透露了居住区、墓葬习俗和物质文化方面的情况，另外还有道路、船航和商品交换的信息，或许也提供了反映社会贫富差异的资料，却偏偏没有反映政治体制的内容。唯独丹麦人（Dänen）是个例外：这个民族的名称（他们甚至还有一位单独的国王）早在 6 世纪就被拉丁语和希腊语的史书编纂者提及，但又沉寂了一些时日，直到 700 年之后才重新出现在史书中。

中世纪早期，凯尔特民族（Kelten）所呈现的形象，与波罗的海周边及北海东岸诸国仍十分原始落后的状态很不一样。凯尔特民族的语言在古代就已向西欧、中欧和南欧广泛传播，但因罗马统治的扩张而被拉丁语盖过，只在欧洲西北部的两座大岛屿上得以保留。由于罗马人撤退后，不列颠南部和中部地区被来自大陆的说日耳曼语的盎格鲁 – 撒克逊人迅速占领，凯尔特文明故而完全被逼退至欧洲的外围地带。凯尔特不列颠人（Briten）还退到了不列颠岛屿最西端［威尔士、康沃尔（Cornwall）］和欧洲大陆的布列塔尼（Bretagne）地区，但最主要还是退到了爱尔兰，在那里居住的人被称为"Scotti"，他们也分散至大不列颠岛北部，并在那里渐渐建立起后来的苏格兰。在罗马帝国境外，爱尔兰是拉丁世界

16

边缘唯一一个在古代晚期基督教就已扎根的地方，因此也为一种独特的书写文化的出现提供了成熟的条件。早在 700 年前，这种书写文化不仅传播到拉丁语地区，还渗透到部族语言中，留下了数量可观的本土文献，镌刻下一个热爱饲养业而不喜海上贸易的农业社会的印象。当地在城市建构和罗马行政单元方面完全空白，导致了政治上的极端分裂，具体表现为 7~8 世纪有超过 100 位"国王"并立，不过他们实质上都只是一些氏族首领而已。他们相互对抗，随着时间的推移才慢慢确立一种等级差异，但是被称为"绿宝石岛"（Grüne Insel）的爱尔兰一直没有统一起来。独特的社会结构也影响了教会生活的秩序，大修道院依仗着权贵家族的支持，与有着严格划分的主教区分庭抗礼。

人口与定居

17

鉴于历史发展过程中各地区差异巨大，且这一点也恰恰反映在史料文献上，学界很难就 700 年前后的欧洲形成概述。因此，我们不便估算当时欧洲大陆的人口数量，因为考古学和文学所能提供的寥寥几条线索只对局部地区有统计意义，而无法呈现大观。相比之下，得出发展趋势的论断则稍微容易些。无论是在古希腊罗马时期还是在中世纪，欧洲的南部和西部，也就是罗马人的统治所及之处，人口总要比北部和东部稠密些。在任何时期，投身于日耳曼民族大迁徙的人数都几乎从未超过十万（多数时候还远小于这个数值），所以人们不能对此产生太不切实际的想象，像"斯堪的纳维亚地区经历了最早的人口过剩，致使人口迁移必然发生"这样的说法更是无稽之谈。此外，有证据表明，从 3 世纪起，帝国境内人口大规模下降，这为蛮族源源不断地进入该地区创造了有利条件。400 年后，战争、抢掠和瘟疫肆虐带来了更大的损失，直接造成部分聚居地

的萎缩乃至荒弃，不过比起讲拉丁语的西部，这种情况在希腊
化的东部地区要稍好。至少在欧洲中部，辟野拓荒①和兴建新
居的现象到 8 世纪终于渐渐多起来了，但在加洛林王朝统治时
期，穷山恶水之处（沼泽、荒原、丘陵、高山）依然荒无人
烟，直到随后的中世纪时期才被开垦利用。

罗马帝国高度发达的城市生活模式很难消化时代变迁所
带来的破坏，而且区域差异显著，不容忽视。巴尔干半岛、阿
尔卑斯山北麓以及不列颠群岛可谓彻底没落，与缺乏城市建制
的蛮族地带几无差异；在意大利、高卢和西班牙等地，被城墙
保卫着的城市（Civitates）②得以幸存，但人口明显缩减，建
筑遭受重创，离地中海越远的，坍塌得便越严重。要想存活下
去，最有效的保障莫过于凭借主教之位或世俗当权者的身份，
持久地发挥中心作用。毫无疑问，从古代向中世纪的过渡，与
社会重心从城市向农村的转移密切相关。以牺牲城市贸易和手
工业发展为代价，农业用地的价值不断上涨，同时它们不再是
城市发展的垫脚石，而是直接服务于本地生产。

经济基础

生产农作物、畜产品以及亚麻、盐、木材和金属等重要
原材料需要投入全欧洲绝大部分的劳动力，然而由于缺乏相应
的技术手段，农业增产和自然灾害防治难以实现，局面始终不
容乐观。歉收和饥荒成为持久的威胁，而且交通不便，人们也
很难从收成好的地区调度粮食，实现有效的平衡。比起小农生
产，由国王、贵族和教会组织掌握的规模较大的工场模式更能
承受经济风险，对于规模日渐庞大的、依附于此的劳动力，这

18

---

① 特指自中世纪起，欧洲全境开荒耕种，大规模兴建村庄和城镇的历史进程。

② 尤指拉丁语境中以城市为中心的、具有半自治性质的市民联盟。

种模式也能更好地提供（有等级之分的）保护和微薄的酬劳。财富和社会地位的基础不仅在于拥有土地，还在于对人口有支配权，能将之投入生产。除耕作外，人们还从事加工生产，形成了粮食自供、物物交换的自然经济模式。有别于拜占庭和阿拉伯地区，拉丁西方的货币流通量显著下降，罗马帝国税收体系逐渐解体的事实正好符合这种趋势。

可话虽如此，即便是在阿拉伯扩张的影响下，地中海地区的长途贸易从没有完全停滞过（尽管从古代晚期以来就不断收缩）。墨洛温王朝时期留存下来的法兰克史料显示，被统括为"叙利亚人"（Syrer）的东方商人不仅在海港城市，还沿着可以行船的河流深入内陆地区贩卖东方的奢侈品（香料、丝绸、贵金属、莎草纸等）。他们的航线与国内短途贸易的路线相互交织，其中，后者让酒、油、盐和粮食之类的并非随处可见的日用品普及开来。和英格兰、斯堪的纳维亚和东欧地区进行商品交换的意义越来越重大，贸易对于弗里斯人（Friesen）和盎格鲁－撒克逊人来说，甚至比对于法兰克人自己还更重要。从皮卡第（Pikardie）的冈多维克（Quentovic），到日德兰半岛与波罗的海水陆相接处的海泽比（Haithabu），再到特鲁索（Truso），这些靠近海岸的货物中转地如串珠般排列在维斯瓦河（Weichsel）入海口不远处。酒、陶瓷、武器甚至磨盘都被运送到这里，与毛皮、鱼、蜂蜡和蜂蜜等进行等价交换。最新研究成果显示，当中最重要的出口商品是"非自由人"，他们被当成奴隶出卖到拜占庭和伊斯兰领土上。

政治秩序的萌芽

19 世纪的浪漫主义思想还设想人类的原始状态是普遍平等的，直到从墓穴中挖掘的文物以及法律文本、编年报告等证据明确指向严重的社会差异现象。社会差异并非古代晚期以及拜占庭社会所特有的，尽管蛮族后来才逐渐与帝国有所接触，但这种现象从很久以前就存在于他们的社会里。哪里都有领导阶级，他们凭借对土地和人口的支配权而区别于其他所有人。领导阶级的势力范围和人员构成完全是可变的。显著的阶级流动无疑造就了大迁徙时代，促使蛮族在帝国的领土上建立政权，随之又为个人提供建立军功、获得财富的大好机会。但随着时间推移，这也开辟了罗马帝国和蛮族在贵族阶层的融合之路。此处所说的"贵族"是指拥有重要特权的阶层，这种优越性源于先代的名望，代代承袭下来；但所谓"贵族"并不是一个形态划一的类别，当中蕴含着形形色色的层级关系和对抗势力。

当中的最高级别为王权（Königtum）。王权之拥有者（国王）往往产生自贵族阶层，他们为罗马帝国和基督教领军人物所吸引，以之为榜样，有获得更高地位的潜力，通常还有着建立王朝的长远规划。他们可以通过赏罚黜陟，深度操控领导层的组织结构，但王权拥有者终归还是离不开贵族的忠诚。贵族可凭借在地方的势力和地位，保证王权在一定范围内具有效力，并且在必要时可以保证征集到有战斗力且有武器配备的兵力。而当国王无法与大多数高层人物达成共识，无法将异见者排除在外时，他将面临在政治上被排挤到边缘的危险，甚至被具有压倒性优势的贵族群体赶下台。

王权之拥有者与贵族阶层不仅是政治发展中起决定性作用的角色，他们还因为自身无与伦比的地位与广泛的影响力，成了民族意识的载体，也正是这种民族意识，对古代之后的各个国家产生了深远的影响。如果说 5 世纪，也就是各部族与西罗马帝国抗衡的时代，还存在一种不与特定部族相关的"跨越部族"（supragentil）的军事贵族阶层（Militäradel），那么从6世纪开始，随着各个国家势力的巩固，各自的身份认同越来越强，它们开始有意识地凭借从以前流传下来的，或者从现在开始（ad hoc）流行的共同的名字、起源和历史，与其他部族区别开来。这种"民族情感"（Nationalgefühl）极其强烈，因而万不得已时，它也能在王权没落后被残余的领导阶层延续下去，勃艮第人和伦巴第人就是这方面的典型例子。

基督教与教会

基督教是古代的遗产，和古老的犹太教及相对年轻一点的伊斯兰教一样起源于东方。在欧洲，这种宗教信仰因着君士坦丁堡的历史转折，从4世纪起就在整个罗马帝国中传播，成为帝国与国界另一边的蛮族世界相区别的重要特征。组织上，它由数个主教教会构成，按帝国行省来划分教区，并习惯于在遇到神学纷争时，接受来自皇帝及由其实际掌控的宗教会议的决定性指示。罗马帝国晚期使用希腊语、拉丁语两种语言的帝国教会在迦克敦公会议（Konzil von Chalkedon，451年）经历了最后一个高潮，会议上，大多数来自东方教会的主教将罗马主教的（被皇帝认可的）学说认定为准绳。[1]

从此以后，东西方教会分道扬镳。在东方，在皇帝的持续统治下，东正教拜占庭帝国教会在君士坦丁堡成形，而拉丁教会则随着西罗马帝国的瓦解，在蛮族的力量压制下遭受严重损失，教会内部的凝聚力也大大降低。古代晚期，基督教尤其在多瑙河地区、阿尔卑斯山北麓地区、北高卢和不列颠地区经历了严重的挫败。其余地区依照新兴国家重新划分的地域，并依托各自的王权和各自的宗教会议传统，纷纷建立起地方教会；

---

① 迦克敦公会议也译作卡尔西顿公会议，会议制定了《迦克敦信经》，界定了基督的神人二性，维护了基督单一位格的完整。

从 6 世纪中叶起已被拜占庭君主控制的罗马主教们，则只能和 它们维持零星的联系。

5 世纪以来，向蛮族传教的事业已经在凯尔特人控制的爱尔兰（即在帝国境外）取得成功。得益于教宗格里高利一世（Gregory I，逝于 604 年）的创举，从 590 年起，基督教就在不列颠群岛的盎格鲁－撒克逊人中间流行起来。不久之后，教廷还和爱尔兰的传教使者展开竞争，争先借助本土的力量，在法兰克王国的边缘陆地上确立自己的地位。到 7 世纪早期，他们已恢复了莱茵河畔的主教管区，并一路推进到阿雷曼人（Alemannen）和巴伐利亚人（Bajuwaren）的地盘。可若是与7 世纪伊斯兰教的军事扩张给基督教造成的沉重损失相比，这些成就或复兴就显得微不足道了。继东方和北非之后，711 年，伊比利亚半岛大部也被伊斯兰教收归囊中；基督教在该地未完全消亡，也陷入了长久的守势。直到阿拉伯扩张，欧洲才成为基督教世界的主要区域，不过它除已萎缩的拜占庭帝国外，也只涵盖了法兰克人的高卢、伦巴第人的意大利（包括罗马）及不列颠群岛和爱尔兰等受拉丁语教会影响甚深的地区。

文化与教育

文化和教育的发展也跟上了从古代向中世纪过渡的大潮流。异军突起的蛮族仅靠口口相传的宗教想象、历史故事和法律准则构建起自己的精神世界，故而没有形成一些能长久、稳固地留存下来的具体事务，供后人直接了解。相比之下，古希腊人和古罗马人的书写文化则立足于学院式的知识传递和技能习得，直到古代晚期，这种教育活动在许多地方都还是公开开展的。这类学校主要在君士坦丁堡和东罗马帝国的其他中心城市被保留下来，给拜占庭社会注入了强烈的传统意识。在西方，即使皇权没落，这种教育模式也没有立即随之而消失，但在蛮族地带，它逐渐失去了为政治和文学领域培养人才的传统功能。古典学校慢慢绝迹，虽然不至于像在不列颠和非洲发生得那么早、那么彻底，但在西班牙、高卢和意大利地区，它们在 7 世纪也终究迎来了终点。

700 年前后，衍生于实用需求的教会学校已占领了西方社会的版图，目的是为修道院培养后继人才，为全体教士提供严格按照程序完成礼拜仪式所必需的专业知识，帮助他们理解基督教信仰的内容，使他们也能向不识字的平信徒传播福音。基督教是"圣书的宗教"（Buchreligion）①（犹太教和伊斯兰教亦然），始终要求它的仆从至少具备基础的读写能力，因而它本身就成了推动书写文化在新皈依的蛮族人之中传播的至关重要的动力。哥特主教乌尔菲拉（Wulfila，逝于 383 年）虽有将《圣经》翻译为自己母语的壮举，其影响力却只局限在异端的阿里安"教会"之内，因此，接受基督教仪式和教义实际上就意味着向拉丁语靠拢，圣书也自然而然地成了通往古代精神文化遗产的桥梁。

没有任何地方比处于边缘地带的爱尔兰和英格兰更早地让由僧侣经办的教会学校繁荣发展。没有受到高卢、意大利和西班牙地区拉丁语口语变化的影响，7 世纪的爱尔兰教师在他们的凯尔特文化环境里，复兴了循蹈着古典法则的拉丁语语法，借此建立标准，不久还接受了盎格鲁－撒克逊教会的教育模式。这样一来，在 7 世纪经历过文艺繁荣的西班牙西哥特王国灭亡之后，8 世纪早期，人们可以在"老英格兰"（altes England）找到当时出类拔萃的作家：为宗教题材写下绝美诗

---

① 指拥有一部圣书，并严格以这部重要文本为导向开展信仰活动的宗教。

句的阿哈门主教（Aldhelm von Malmesbury，逝于 709 年），以及在圣经诠释、历法计算和民族历史三方面都颇负盛名的可敬者伯达（Beda der Ehrwürdige，逝于 735 年）。

第二章

加洛林家族统治下的欧洲：
700~900 年

欧洲在 8~9 世纪的历史进程主要是法兰克王国主导，在新兴的加洛林王朝的统治下，这个王国从古高卢出发，一路占领日耳曼尼亚（Germanien）——莱茵河东岸欧洲大陆的中心地带——以及整个阿尔卑斯山区和意大利大部，一跃成为拉丁语—基督教世界的霸主。其影响范围甚至超越了王国自身不断延展的疆土，不仅涵盖了生活在海峡对岸及保留了基督教信仰的伊比利亚半岛北缘上的弟兄（盎格鲁–撒克逊人和爱尔兰人），还触及斯堪的纳维亚和东方的异教民族。这个发展进程随着 800 年查理曼和罗马教宗利奥三世（Leo III，795~816 年在位）重振西方皇权，在各方面都显而易见地达到了巅峰，同时深刻地撼动了与传统霸主即君士坦丁堡的东罗马皇帝的关系。曾经，在 8 世纪的时候，地中海的大岛屿尚且能依靠军事力量与摩尔人（Mauren）统治的西班牙保持隔离，但不久之后，即到了 9 世纪，被称为"撒拉森人"（Sarazenen）的穆斯林势力就已经能够踏足这些岛屿，并在上面站稳脚跟了。

1　加洛林家族的崛起与法兰克王国的扩张

前　提

700 年的时候，人们还不能预见西方的领导地位将落入法兰克王国之手。国王克洛维一世（Chlodwig I，逝于 511 年）和他的儿子们在 6 世纪中叶之前建立的国家以卢瓦尔河（Loire）和莱茵河之间的法兰西亚（Francia）为根据地，曾陆续将从地中海和英吉利海峡到图林根（Thüringen）和东阿尔卑斯山脉之间的许多部族纳入版图，如今看来，它最辉煌的时代似乎已经过去了。王国领土被反复分割，而墨洛温家族的国王们又都运势不佳，再加上各自领土内实力相当的贵族集团连年反戈相向，王国内部的凝聚力被严重破坏。正当王国南部和东部边缘地带阿基坦（Aquitanien）、阿尔萨斯（Elsaß）、阿雷曼（Alemannien）、图林根 / 美因弗兰肯（Mainfranken）地区和巴伐利亚的公爵们进行独立统治的时候，7 世纪，在法兰克王国的核心区域，墨洛温家族最后的成员却越发被当时宫廷的实际统治者——宫相（Hausmeier）——控制。687 年，查理曼的曾祖父丕平二世（Pippin der Mittlere，逝于 714 年）① 在索姆河畔的特垂（Tertry an der Somme）战役中击败对手，终于在这个叱咤风云的家族连年不休的你争我夺中成功站上了最高位置。他是梅斯主教阿努尔夫（Bischof Arnulf von Metz，逝于 640 年）的孙子、"老丕平"（Pippin der Ältere，逝于 640 年）的外孙，是法兰西亚东面的奥斯特拉西亚（Austrien）野心勃勃的贵族的代表，自此以后，在西边的纽斯特利亚（Neustrien）也拥有了一定的影响力。作为全法兰克王国唯一的宫相，丕平二世同意保留墨洛温人的合法王位，他为在卢瓦尔河和莱茵河之间逐步形成一个统一的政权铺平了道路，同时他早就通过两个儿子卓戈（Drogo，逝于 708 年）和格里莫尔德（Grimoald，逝于 714 年）的协助达到了建立家族世袭统治的目标。

① 即赫斯塔尔丕平，史称"中丕平"，是"老丕平"（兰登丕平 / 丕平一世）的外孙，"小丕平"（"矮子"丕平 / 丕平三世）的祖父。

　　然而值得考究的是，他掌控下的法兰克王国是否有能力抵御来自外部的猛烈突袭，就像 711 年西班牙地区那个领导层早已支离破碎的西哥特王国所承受的那种致命打击。当伊斯兰教占领了南方邻国的时候，法兰克人并没有立即加强防御，而穆斯林开始翻越比利牛斯山且从 720 年起占领了西哥特人在南高卢［纳博讷（Narbonne）、卡尔卡松（Carcassonne）、尼姆（Nîmes）］的前哨，也给阿基坦公爵厄德（Eudo，逝于 735 年）带来了一定的挑战。然而长远来看，西班牙地区政权的覆灭实际上让法兰克人在欧洲大陆这个总体经历了萎缩的基督教世界里，明显占到更高的权重。除了他们，欧洲大陆上只剩伦巴第王国，但是它在向意大利不断挺进的过程中被东罗马皇帝坚不可摧的领土［从威尼斯和拉文纳穿越罗马和那不勒斯延伸到普利亚（Apulien）和卡拉布里亚（Kalabrien）］阻挡住了。而一旦法兰克王国利用强大的中央权力集结起所有力量，阿尔卑斯山以北广阔的生存和发展空间便能为其所用。

丕平二世和查理·马特

　　正如他的先辈几乎从未通过独特的政治远见成为奥斯特拉西亚的领导人物，当丕平二世在纽斯特利亚也夺得最高权力之后，他也更多只是为了眼前的目标而奋斗，而甚少为自己和后人考虑，应如何长远地保护他们在整个法兰西亚取得的统治地位不被任何一位劲敌夺走，尤其是对王权的实际掌控和对王位的独享。此外，既要谨慎对待大人物当中认为支持宫相统治有利可图的潜在伙伴，也要不畏与在法兰西亚地区外以"公爵"身份自成一方霸主的旧贵族正面交锋。从这一点看，丕平二世早已不满足于仅仅巩固他在莱茵河和卢瓦尔河之间的统治，709~712 年，他已经在征服阿雷曼之后攫取了更多土地，甚至大约早在 690 年时就野心勃勃，想要征服擅长航海的、至此仍未归顺法兰克王国的弗里斯兰人。丕平二世的宏图大志在他714 年逝世之后戛然而止，因为他未能顺利、平稳地将权力移交给下一代，以建立良好的王朝秩序：他的两个儿子都比他早逝，留下的孙辈要么未成年，要么没有合法继承权，因为丕平的遗孀普雷科特鲁德（Plektrud，逝于717 年）说服他废除了私生子查理·马特（Karl Martell）的继承权。家庭的不和导致奥斯特拉西亚的支持者产生分裂，纽斯特利亚方面也迅速集结力量，试图以某些墨洛温家族成员的名义将丕平家族从权力中心排挤出去。在持续多年的血腥斗争里，查理于 719 年战胜了所有对手，成为法兰克王国的新任领袖［也被称为"元首"（princeps）］，并从此建立了统治范围更广大的新王朝，即我们所说的加洛林王朝。

　　掌权之后，依然使用（效力过几任墨洛温国王的）宫相头衔的查理·马特从一开始就深思熟虑地要将他的统治权威扩散到法兰西亚之外，直至王国在 6 世纪时所抵达的最远的边界那里。因此他认真回顾了从以往的战争中，亦即他和奥斯特拉西亚受到弗里斯兰人、撒克逊人和阿基坦人攻击时获得的经验。此外，很明显的是，一直很注意与宫相们保持距离的莱茵河东岸公爵们如今也蠢蠢欲动，试图与法兰克王国内部反对加洛林家族的人联手，或者至少背地里提供支持和庇护。因此，查理于 718 年发动远征，兵至威悉河（Weser），以报复撒克逊人的突袭，之后直到 738 年，还显然是在没有明确征服意图的情况下发动了多次进攻。他在弗里斯兰（Friesland）利用公爵赖德鲍德（Radbod）逝世（719 年）之后的权力空档实现父亲未竟的征服愿望，先是向莱茵河入海口地区下手，然后于 733~734 年向北方沿海地区挺进。这个时期，眼前事态尚不甚明朗，例如 717 年后，以维尔茨堡（Würzburg）为中心的美因河法兰克 - 图林根领地（Dukat）被取消了，而 742 年

28

之后，阿尔萨斯公爵之位也被取消了。但人们很清楚的一点是，查理攻至巴伐利亚，在那里，一个家族从 6 世纪以来就以阿吉洛尔芬王朝（Agilolfinger）之名进行着广泛的统治。查理于 725 年首次兵临该地，又于 728 年再次发起进攻，导致公爵格里莫尔德（Herzog Grimoald）的垮台和死亡，然后他迎娶了公爵的亲戚斯万娜希尔德（Swanahild）为第二位妻子，以证明自己多么重视与旧贵族阿吉洛尔芬家族的平等关系，多么希望把他们纳入自己的统治家族。736 年，阿吉洛尔芬家族拥有阿雷曼血统的奥迪洛（Odilo，逝于 748 年）被任命为巴伐利亚公爵时，查理显然已经控制了整盘政治游戏。在阿雷曼地区，查理更进一步，于 730 年战胜公爵兰特弗雷德（Herzog Lantfrid）之后，拒绝承认其幸存的兄弟提乌德鲍德（Theudebald）为继位人，相当于取消了其领地。

抗击"撒拉森人"

在结束了法兰克王国内部的权力斗争之后，查理·马特依然大有理由干预卢瓦尔河以南地区，因为阿基坦公爵厄德（Eudo）曾经是查理在纽斯特利亚的反对者的盟友。但是查理·马特选择在 720 年签署停战协议，对厄德委以全权，命他对抗从西班牙地区向法兰克王国进攻的穆斯林［法兰克史料称之为"撒拉森人"或"伊斯玛仪人"（Ismaeliten）］军队。厄德在图卢兹（Toulouse，721 年）赢得一场胜利之后，努力与比利牛斯山附近的一位与哈里发在科尔多瓦的代理人敌对的柏柏尔贵族结盟。但是查理失算了：西班牙总督阿卜杜勒·拉赫曼（Abdarrahman al Ghafiki）① 将这位盟友打败了，他

---

① 阿卜杜勒·拉赫曼（全名为阿布·赛义德·阿卜杜勒·拉赫曼·伊本·阿卜杜拉，? ~732 年），阿拉伯军人，安达卢西亚埃米尔（西班牙被征服地区的总督，731~732 年在位）。

在 732 年迅速进攻阿基坦，在加龙河（Garonne）重挫厄德。查理·马特的时机来了，当穆斯林劫掠波尔多（Bordeaux）和普瓦捷（Poitier），并气势汹汹地向图尔的圣马丁大教堂进攻的时候，他正越过卢瓦尔河匆匆赶来，未等敌军到达目的地，732 年 10 月，战役已然打响。提到这个"不信神的撒拉森部族"时，和查理·马特同时代的法兰克编年史作家激动地写道："为了抗击他们，元首查理排兵布阵，并作为统帅英勇地上阵杀敌。基督护佑，他击毁他们的营帐，冲进战役中心，掀起一场大屠杀。他杀死了他们的领袖阿卜杜勒·拉赫曼，声讨他，指挥军队，战斗，直至取得胜利。他就是这样战胜了敌人的。"[1]

将这场战争粉饰成为基督而战、征服不信神的异教徒并不能抹杀一个事实，即若非阿基坦公爵已无招架之力，查理恐怕根本不会出兵抗敌，最终让自己在莱茵河东岸的影响力也扩张到卢瓦尔河南岸，乃至墨洛温王朝曾经统治的整片疆域。接下来的几年里，查理将这个目标放在中心位置，因为作战的重心转移到勃艮第南部和罗讷河（Rhône）流域了，他在那里时不时借着驱逐入侵的摩尔人，顺便排挤掉当地的当权者，并用自己身边可靠的人选取代他们，"他将勃艮第领土交给他最信赖的人，他们必须有能力控制这些密谋起义、不信神的部族"[2]。上文提到的那位编年史作家在记录查理于 733 年实施的政策时这样写道，这项政策使他能一路高歌猛进，攻下里昂（Lyon）、阿尔勒（Arles）和马赛（Marseille）。对手和撒拉森人串通一气，迫使查理在 737 年进军被他们占领的阿维尼翁（Avignon），再次挂帅出征，在离纳博讷不远的贝尔河（Berre）与一支来自西班牙的军队开战。战斗自此渐入尾声，主要是因为 738 年伦巴第国王利乌特普兰德（Liutprand，逝于 744 年）应查理之求前来增援，在普罗旺斯将穆斯林军队

30

打得落花流水。穆斯林军队被逼退至纳博讷附近的塞普提曼尼亚（Septimanien）狭长的沿海地带，直到查理的儿子丕平 ①于 759 年占领该地。

著名的图尔战役并不是查理与摩尔人控制下的西班牙爆发的唯一一次军事冲突。我们理应将双方的这种敌对置于查理·马特在法兰克王国内部实施的强权政治的语境中来看待，因为它决定了，继 717/718 年伊斯兰势力的进攻势头在东方君士坦丁堡城外被挫败之后，在欧洲西部，以国家形式出现的伊斯兰政权，到头来也无法突破伊比利亚半岛的范围。不过学界至今存疑，占领了科尔多瓦的穆斯林到底是否真有过攻占法兰克王国的长远计划，而不是只想行劫掠之事（即阿拉伯语动词 "Razzien"），大概他们对这个目标的决心远不如他们先辈征服西班牙时的决心大吧。几十万人丧生于这场 "与阿拉伯人的战争"（Araberschlacht），这是过了好几个世纪才被人们逐渐认清的事实。这个发现让人们意识到，基督徒与穆斯林的纷争史其实比之前想象的要长得多，而同时代人认为伊斯兰教是一个新出现的、不易被定性的现象，与这个事实是相悖的。在托莱多（Toledo）³ 发现的一部记载到 754 年为止的基督教编年史采用了一种独一无二的叙事方式，它声称 "欧洲人"（Europenses）在先知逝世 100 周年后，在图尔和普瓦捷阻止了其子孙们的攻势。这种叙事方式所反映的，恰恰不是法兰克人的自我认知，相反它传达了一种思想，即在以伊斯兰为主体的视角中，西班牙并不是欧洲的一部分。

751 年的王朝更迭

查理·马特自 737 年起，就在背后已经没有墨洛温国王

---

① 即丕平三世（714~768 年），人称 "矮子" 丕平、"小丕平"。

的情形下开展统治，① 直至 741 年 10 月 15 日或 22 日逝世。
他以第一个"加洛林人"的身份葬入位于巴黎郊区的圣但尼
（Saint-Denis）国王修道院，留下两段婚姻里所生的三个儿
子。两个年长的儿子——卡洛曼（Karlmann）② 和小丕平——
马上就排挤掉了他们的同父异母兄弟格里福（Grifo）。二人
分享了整个王国，共同以宫相之名推行强化中央权力的政策，
以对抗那些业已被削弱和被边缘化的当权者。大概是为了更
有力地对抗他们，两位宫相于 743 年初再次扶植了一位墨洛
温国王希尔德里克三世（Childerich III），尽管史家撰写的
作品没有提到这一点，但是我们可以从官方文件中确证这件
事。卡洛曼和丕平大概是打着希尔德里克三世的旗号在那一
年向巴伐利亚公爵奥迪洛发起攻击。奥迪洛凭借和他们的妹
妹希尔特鲁德（Hiltrud）的婚姻以及两人所生的儿子塔西
洛三世（Tassilo III，741 年生）打入他们家族内部，这一
点让兄弟俩相当反感，最终奥迪洛在莱希河（Lech）畔被
击败。当奥迪洛（通过付出某些代价）被允许保留爵位的时
候，阿基坦公爵厄德的儿子兼继承人胡诺尔德（Hunoald）
则在卢瓦尔河畔被打败，被迫退进修道院，将领地留给儿子
魏法尔（Waifar）。746 年，卡洛曼终于通过血腥镇压起义，
彻底清理了最初提乌德鲍德主张应由自己继承的阿雷曼公爵
领地。

随后一年，这对兄弟的双重统治就宣告终结，卡洛曼为了
他的小儿子卓戈（Drogo）放弃统治权，据称，他"迫不及待
要虔诚献身"⁴，去罗马开始他的宗教生活。很快，即最晚在

32

---

① 737 年法兰克国王去世后，查理·马特没有设立新的国王，而是直接以宫相的名义
管理国家。

② 也写作 Carloman，715~754 年。

748 年 ① 4 月 2 日第一个儿子出生的时候，丕平就剥夺了侄子卓戈的继承权。未来将成为皇帝的查理曼和 751 年出生的弟弟卡洛曼（Karlmann）② 一起守护了王朝的未来。749 年，丕平再次在巴伐利亚宣示他的霸主地位，这一次，他针对的是逃跑到那里去的同父异母的兄弟格里福。丕平委托（这时已经守寡的）妹妹希尔特鲁德监护渐渐长大的塔西洛。作为家族唯一的话事人以及唯一的宫相，丕平想到通过称王来正式宣示自己的统治地位。法兰克人显然怀有一种关于王位继承的根深蒂固的正统主义思想，眼看着现在这位希尔德里克三世遭到排挤，甚至应该说这个可以追溯到克洛维（Chlodwig）及传奇祖先墨洛维（Merowech）的家族已被人取代，他们心生抵触。这种正统主义思想的分量还侧面反映在一些历史文本中，因为这些文本为了将"政变"合理化，不遗余力地凸显了墨洛温家族的最后成员是多么无能，甚至可笑。丕平先下手为强，从外部寻找有力的支持，在 750~751 年向罗马的教宗扎加利（Papst Zacharias）派遣使者。当时就有记载证明他获得了一个于他的计划有利的答复 5，而至于这份答复具体是怎样写的，恐怕不太可能是像 40 年后教会年鉴所记录的那样。教会年鉴如此记录了其权力的惊人上升："当一个有实权的名义国王，也比当一个无实权的国王要好；教宗为了保护秩序不受破坏，用其圣徒之权将丕平加冕为王。"6 改朝换代真正取得合理性是 751 年丕平在苏瓦松（Soissons）通过"全体法兰克人的选举"，在欢呼、臣服和正式的加冕礼中获得王权的时候。希尔德里克三世则剪去长发，和儿子一起走进圣伯丁修道院（Kloster

---

① 史学界对查理曼的出生地点和时间目前尚未有定论，一般认为其出生年份在 742 年和 748 年之间。

② 751~771 年。

Saint-Bertin）。传闻法兰克的主教积极地参加了这次加冕典礼，不过，到底他们在典礼上（依照旧约传统）采用了受膏仪式还是仅仅给予祝福，后人就不得而知了。

意大利政治和教会国家的开始

　　丕平在教宗的支持下登上王位一事令他迅速陷入与意大利政治对手的纷争，进展之快甚至出乎他的意料。在意大利，罗马主教们名义上臣服于拜占庭皇帝，实际上却早已因是否允许偶像崇拜的问题与其不共戴天，伦巴第人更是从旁添乱。伦巴第国王艾斯图尔夫（Aistulf）已经占领了拜占庭帝国意大利教区（kaiserlicher Exarchat）的中心——拉文纳，竟得寸进尺地向教宗扎加利的继任者斯蒂芬二世（Stephan II）强硬索要贡品。后者于 753 年紧急向丕平求助，并于 754 年初史无前例地以教宗的身份亲至阿尔卑斯山北麓，请求对方出兵征讨艾斯图尔夫。由于法兰克王国有相当一部分人不愿意与伦巴第人撕破脸，国王丕平需要使出浑身解数招兵买马，于复活节之前在基耶尔济（Quierzy）下定决心进军意大利，毕竟他是要击败伦巴第人，帮助教宗斯蒂芬二世获得某种自治权。军队出发之前，斯蒂芬二世就在圣但尼为丕平和他的两个儿子举行受膏仪式，明确以逐出教会为威胁，警告法兰克人永远不得选另一个家族的成员为王。这样一来，丕平的王朝就得到了巩固。

　　军队于秋季浩浩荡荡地进发，要求躲在都城帕维亚（Pavia）的伦巴第国王马上让步。伦巴第国王同意签订和平协议，承认法兰克王国的统治地位，同意交还其最近在意大利的掠夺所得。可是当丕平撤退、斯蒂芬二世返回罗马之后，艾斯图尔夫就把承诺抛诸脑后，于 755~756 年冬季重新逼近"永恒之城"罗马。丕平于 756 年再度应教宗之求出兵，多次包围帕维亚，迫使艾斯图尔夫签订条款更严苛的和平协议。其中，艾斯图尔夫要交出他的王室宝藏的 1/3，还要每年进贡，但最重要的莫过于他之前占领的教区拉文纳现在要交由法兰克人管控。这次土地割让的受益人不是拜占庭皇帝，他派出的使者费尽口舌都未能得到这块土地；受益人其实是教宗，他以此为他的"罗马人的共和国"（res publica Romanorum）稳固了根基，也就是说，即使没有"丕平献土"里所献的基耶尔济那么大面积，他在意大利中部获得的一小块自治地已对他的自主权有着决定性的意义。

丕平的两次跨越阿尔卑斯山的南征让伦巴第人见识到他的军事优势，并让丕平首次与东罗马皇帝直接接触，这一点促使意大利地区和罗马脱离早已变得陌生、疏远的希腊化的东方，而转向越来越受法兰克人控制的西方。在那里，罗马的主教担当起牧养拉丁教会的至高无上且独一无二的角色。加洛林王朝的第一位国王还想象不到，这个"西方"会变成一个庞大的法兰克王国（fränkisches Großreich），乃至西方帝国（westliches Imperium），所以他仅仅满足于挫败伦巴第人，并让教宗感到满意。之后，他给自己的任务是继承父亲查理·马特之志，有计划地打败阿基坦公爵。从 760 年起，卢瓦尔河以南几乎每年都有战事被记录在册，其目的是摧毁将军魏法尔的力量根基。762 年，他们成功攻下布尔日（Bourges），766年抵达加龙河，768 年这个战斗计划取得了一个不太光荣的结果——最后一位阿基坦公爵被身边人谋杀，在当时那个年代，已经有人认为这是丕平授意的。丕平在 768 年 6 月班师回朝途中染上致命的疾病，最终于 9 月 24 日在巴黎撒手人寰。

查理曼 I：统治序幕与伦巴第人

统治危机再次出现了，因为根据丕平最后的愿望，权力应该平均地分给他已经受膏为王的却相处不睦的儿子们。卡

洛曼于 769 年跟随兄长查理曼应战阿基坦的又一次起义，
最后，查理曼独力镇压了该次起义。二人的生母贝尔特拉
德（Bertrada）为了调和关系，于 770 年不顾教宗的强烈
反对向伦巴第人示好，尤其是让查理曼与国王德西德里乌斯
（Desiderius）的一个女儿仓促结婚，这种摇摆态度引发的结
果就是 771 年罗马风云突变，亲法兰克的势力陷入困境。新的
权力联盟还未来得及生根发芽，卡洛曼就于 771 年 12 月 4 日
死于急病，查理曼于是毫不犹豫地利用起这个时机。像他父亲
一样，查理曼也毫不尊重他未成年的侄子的继承权。卡洛曼的
遗孀盖尔贝加（Gerberga）带着儿子匆匆离开伦巴第，与此
同时，查理曼与伦巴第的公主（姓名不详）解除婚约，重新从
高贵的法兰克 – 阿雷曼家族中选择了希尔德加德（Hildegard）
为配偶。为了他的统治未来——这个最终变成 42 年独裁的政
治生涯——他无疑竭力效仿自己声名显赫的祖先，甚至希望在
对内和对外的政治上都超越他们，扩大权力，并将清算伦巴第
人一事放在首位，不过没有证据表明他形成了一个深谋远虑的
统一西方各国的政治计划，更莫说最终要复兴罗马帝国。接下
来几十年的历程告诉我们，尽管他很早就下定决心要突破墨洛
温王朝的疆界，但他实际上也精准地抓住了一个个完全出乎意
料的机遇。

　　对伦巴第人的征讨始于新任教宗哈德良一世（Hadrian I，
逝于 795 年）的求救，这又一次将整个法兰克王国卷入战事。
查理曼参照了 773~774 年丕平对意大利的进攻模式，再次瞄准
王城帕维亚，即德西德里乌斯被围禁之处，而与此同时查理曼
的弟媳盖尔贝加带着她的孩子在维罗纳（Verona）投降。不同
于他父亲 20 年前的做法，查理曼短暂离开了围城的军队，目
的是在 774 年复活节以第一位法兰克统治者的身份亮相罗马，
在圣伯多禄大教堂庄严地与教宗重新缔结盟约。几个月后，帕

36

维亚沦陷，他拒绝了所有签订和平条约的建议，将德西德里乌斯赶进一个法兰克修道院里，抢占其王家财宝，并在没有正式的推举仪式的情况下夺取了伦巴第的统治权。他的第一份官方文书签署于 6 月 5 日，上面首次使用了"法兰克人和伦巴第人的国王"这一头衔。很快，这个头衔又添加了第三个元素"罗马人的贵族"（Patricius der Römer），象征着从此以后查理曼在阿尔卑斯山脉两侧都拥有前所未有的权力和地位。这个迅速取得的胜利是坚实、持久的，因为从 200 多年前，伦巴第王国就实行了君主制，因此，只要囚禁国王、攻下都城，就能顺利征服王国。唯一一次激烈的反抗发生在弗留利（Friaul），反抗者意图让德西德里乌斯那逃往拜占庭的儿子阿德奇思（Adelchis）复辟王朝。查理曼于 776 年再次亲临该地，快速镇压反抗。在查理曼的疆土之外，南方还有由德西德里乌斯女婿阿里基斯二世（Arichis II）统治的贝内文托（Benevent）公国。查理曼直到 787 年才攻至卡普亚（Capua），迫使其投降，并将贝内文托公国割让给教宗。不过，贝内文托公国从那之后就一直仅仅维持着松散的从属状态。

查理曼 II：萨克森和西班牙

萨克森（Sachsen）地区的状况和伦巴第迥然不同，那里缺少集约的政治组织，相互竞争的统治者们领导着各自的地区性小群体，共同控制着广大的区域。根据查理曼传记的作者艾因哈德（Einhard）的说法，由于没有一个能将大家联结起来的纲领，更莫说团结一心地贯彻这样一个纲领了，这片土地上发生了"法兰克部族最漫长的、最惨绝人寰的、最残酷的战争"，持续了 30 年。[7] 在此过程中，莱茵河下游和易北河之间的广袤空间才第一次有了直观可感的整体的概念。查理曼长久以来实行着广泛的征讨，此时他转而采取有计划的征服，于

775 年宣称要"一直攻打无信无义的萨克森部族，直到他们被战胜并皈信基督教，或者被灭族"[8]。777 年，查理曼在取得首捷之后认为目标已达成，就在帕德博恩（Paderborn），亦即首次在萨克森土地上召开王国会议（Reichsversammlung）。但是很快，贵族维度金德（Widukind）的倡议就发展成规模庞大的反抗。当萨克森领导层中有人与法兰克人串通一气时，这场军事行动也指向了领导层。一场旷日持久的、不断侵扰更多地区的征服战开始了，查理曼认为起义者在反抗他已经建立起来的统治权威，双方陷入苦战。经历了种种挫败，例如在威悉山地（Weserbergland）吃了一场连身边近卫都死伤惨重的败仗之后，国王（指查理曼）于 782 年以无情的惩罚［即"费尔登（Verden）血案"］①和威吓性的法律条例回敬了敌人。事件的高潮超出人们想象。784/785 年，法兰克国王选择在萨克森兰（Sachsenland）越冬，他的军队攻打到易北河下游，于是此时已逃到丹麦的维度金德投降认输了，在阿蒂尼行宫（Pfalz Attigny）受洗。表面上的安宁维持不了几年，从 792 年开始，萨克森地区又发生了新的动乱，这促使查理曼在 794~799 年每年都率兵到该地进行镇压，甚至远达今日的荷尔斯泰因（Holstein）地区。直到 804 年查理曼最后一次抵达易北河彼岸，漫长的斗争才算告一段落，因而，艾因哈德可以宣称，是查理曼"将萨克森人和法兰克人统一为一个民族"[9]。

科尔多瓦埃米尔（Emir von Córdoba）的反对者们恳求查理曼提供军事援助，帮助他们反抗这位霸主。于是 778 年夏天，在对萨克森人作战的过程中，查理曼明显是临时性地加入了一次征战，前往由穆斯林控制的西班牙。法兰克国王可能希望获得比利牛斯山南麓地区，但在萨拉戈萨（Zaragoza）附

38

---

① 查理曼于 782 年在费尔登下令处决了 4500 名反叛的萨克森人。

近碰壁而不得不中止计划。由于他们在归程中与信奉基督教的巴斯克人（Basken，或写作 Waskonen）成为敌人，这些人在山中袭击其殿后部队，杀死了许多人，当中就包括查理曼的十二武士之一罗兰（Hruodland），亦即后来以异教徒战争为主题的《罗兰之歌》（Rolandslied）中的主人公。直到几年后，即于 793 年再次遭受穆斯林的攻击（这次甚至打到了纳博讷和卡尔卡松）之后，阿基坦的区域性军事力量——当中包括从摩尔人控制的西班牙逃过来的难民——才对后来被称为"加泰罗尼亚"（Katalonien）的地区发起新的进攻，并于 801 年在时任阿基坦副王（Unterkönig）的"虔诚者"路易（Ludwig der Fromme）率领下，占领巴塞罗那，达到顶峰。由于没能达到什么远大的目标，例如划定埃布罗河（Ebro）为界，很长时间里，法兰克军队只能止步于比利牛斯山南侧的前哨位置（该处不久后就被划定为西班牙边区）。

查理曼 III：巴伐利亚和阿瓦尔

查理曼还把手伸向巴伐利亚地区，在那里，他的表兄塔西洛三世担任公爵，他跟随先辈的计划逐步清扫了墨洛温王朝边缘地带的公爵领地（Dukat），但这个过程漫长得出人意料。关于塔西洛有一段丑闻，很可能是后人编造的。它称塔西洛于 757 年宣誓臣服于国王丕平（和他的儿子们），然后却背信弃义，于 763 年逃跑到阿基坦地区。可事实上，这位巴伐利亚公爵（他自己是阿吉洛尔芬家族的一员，母亲来自加洛林家族，他约在 765 年与伦巴第国王德西德里乌斯的一个女儿结了婚）数十年一直保持着独立的统治地位，而这一点也体现在 772 年他成功地请教宗为儿子狄奥多（Theodo）施洗一事上。直到 781 年塔西洛和查理曼二人才第一次见面，地点是沃尔姆斯（Worms），由哈德良一世牵线搭桥，不过教宗之后就不再插手二人的关系，因为 787 年查理曼就开启了双方的对峙，他刚在萨克森地区挺过了最恶劣的境况，并让贝内文托的阿里基斯（Arichis）臣服于自己。法兰克军队从三面向巴伐利亚地区逼近，巴伐利亚人的抗击都是徒劳，这恰恰也反映了查理曼其实在很久之前就已拉拢了该地的大部分贵族和神职人员。塔西洛无力抵抗，在莱希费尔德〔Lechfeld，位于奥格斯堡（Augsburg）附近〕投降，并在公证人的监督下宣誓臣服于查理曼，按照查理曼的要求他必须于 788 年 6 月前往英格尔海姆（Ingelheim），出现在宫廷会议（Hoftag）上。他在会议上受到审判，被"忠诚的巴伐利亚人"指控为背信弃义；[10] 一个由法兰克人、巴伐利亚人、伦巴第人和萨克森人共同组成的法庭先是以（所谓的）25 年前的叛逃为罪名，判处他死刑，后来查理曼"大发慈悲"，才改判这位表兄和他的家人终生幽禁在修道院。788 年秋天，查理曼就已经占领了阿吉洛尔芬家族的治所雷根斯堡（Regensburg），委托妻舅格罗尔德（Gerold）管理巴伐利亚人的聚居地。至此，该地区在法律和教会两个层面上都已被确定为一个行政单位。

不满足于获得巴伐利亚地区，查理曼很快又觊觎起新的目标——坐落在恩斯河（Enns）彼岸多瑙 - 蒂萨平原（Donau-Theiß-Ebene）的阿瓦尔汗国。6 世纪推进至此的游牧民族尽管已随着时间推移丧失了大部分战斗力，但仍然常常被法兰克史料冠以"匈人"（Hunnen）之名，意指他们所到之处，恐惧四起。正因如此，查理曼在对他们发起进攻之前做了不少准备，他的计划甚至可能包括在美因河和多瑙河之间挖掘运河。791年，他从雷根斯堡出发，上溯多瑙河来到拉布河（Raab），而他的儿子丕平 ① 从意大利出发向该地突进。但是进攻计划落空

40

---

　　①　即与第一任妻子所生的儿子"驼背"丕平，为意大利国王。

了，因为敌人巧妙躲开了，而且一场马瘟连同着季节的更替，
迫使查理曼他们停止进攻。792 年查理曼全年都停留在雷根斯
堡，显然是计划着第二次向东南方的进攻，不过最终还是决定
回到再次出现骚乱的萨克森地区，把阿瓦尔人的命运交给边
疆伯爵（Markgraf）弗留利的埃里克（Erich von Friaul）处
置。这位边疆伯爵于 795 年在斯拉夫人的帮助下攻入阿瓦尔汗
国的中心，即位于蒂萨河附近的、藏有大量宝藏的"塞堡圈"
（Ring）①。他的行动为后来意大利国王丕平于 796 年在该处征
服阿瓦尔首领（即可汗）及其部下铺平了道路。艾因哈德自豪
地记录道，法兰克人经历了无数战争，丕平夺取的战利品是有
史以来最多的。[11] 归根结底，即便人们最初并未料到如此，但
相比起土地的扩张，物质的极大丰富实际上对历史的影响要大
得多。毕竟法兰克人安于 800 年不久后形成的巴伐利亚和弗留
利边区。疲弱的阿瓦尔人则继续向东移动，渐渐被东边的斯拉
夫原住民征服，最终 822 年之后，就再也没有在同时代的文史
资料中出现过了。

扩张的终结

随着阿瓦尔汗国的毁灭，贯穿整个 8 世纪、主导着加洛林
王朝政策的扩张热情也衰竭了。法兰克不再继续扩张，并不是
因为军事力量不足或者受强敌阻碍，而是因为缺少明确的、有
吸引力的目标。连查理曼自己于 789 年在易北河彼岸对斯拉
夫人开启征战时，目的也只是威吓和劫掠，而没想过进行彻底
的征服和实现基督教化。到他的儿子查理二世［史称青年查理

---

① 即阿瓦尔人御敌自守的环形阵法，据说阿瓦尔汗国共由九个环形堡垒环绕着保护
起来，多为木质结构，彼此间隔一定距离，约等于从康斯坦茨到苏黎世那么远。
汗国最中心的环形堡垒为可汗（Khagans）所在地，据说收藏着阿瓦尔人的大量
宝藏。

（Karl der Jüngere）] 在 805/806 年攻打波希米亚地区的时候，尽管把该地打得几乎寸草不生并且征收了贡品，青年查理却也未想过要推翻当地政权。生活在波罗的海南岸的阿博德利特人（Abodriten）属于斯拉夫民族，他们与萨克森人为敌，是法兰克人的盟友，从 795 年起就多次介入易北河下游的战事。他们和丹麦人（Dänen）①一样安静地待在法兰克王国国境之外。法兰克王国和丹麦人的历任国王之间也没有发生过严重的冲突，811 年双方在艾德河（Eider）处确定了边界。800 年后，法兰克人着重在北部和易北河中游强化了边界的防御工事。

2　基督教信仰的传播和法兰克王国教会的扩张

盎格鲁 - 撒克逊人登场

8 世纪，基督教信仰和教会制度在中欧的传播，与加洛林王朝在莱茵河流域新兴的中央政权的扩张行动紧密相关。这种前所未有的传播现象最初并不是由法兰克统治者主动推动的。倒不如说这是英格兰的神职人员（多数为僧侣）在经历了家乡海岛的基督教化之后，以传教士的身份来到大陆上，对法兰克王国北部和东部前沿地带语言相近的异教徒传教。他们的行动完全独立于对大陆毫无政治野心的盎格鲁 - 撒克逊国王，却从很久以前就选择向加洛林的宫相寻求保护和支持。因为这些来自他乡的信仰使者想凭一己之力，走进异教徒的部落社会，深入他们的生活世界（Lebenswelt）②，鼓励人们受洗，而惨痛的

---

① 部分资料译作"丹人"，但应注意与科特迪瓦中西部山区的"丹人"（Dan）部族区分开来。

② "生活世界"在现象学中指人与周围世界的关系、各种具体的经验和行动之总和。

42

800年前后的欧洲

瑞典

波罗的海

普萨拉　锡格蒂纳

诺夫哥罗德

特鲁索

布格河

维斯瓦河

聂伯河

伏尔加河

奥卡河

第聂伯河

基辅

可萨汗国

顿涅茨河

顿河

火尔加河

罗斯托夫

克拉格　希亚

摩拉维亚

堡

德涅斯特河

蒂萨河

保加利亚第一帝国

贝尔格莱德

多瑙河

普利斯卡

克尔松

黑　海

锡诺普　特拉比松

德拉瓦河

萨瓦河

拉

尼什

科托尔

拉古萨

亚得里亚海

文托

巴里

塔兰托

奥特朗托

文托公国

雷焦

锡拉库扎

岛

斯科普里

菲利波波利

都拉斯

塞萨洛尼基

拉里萨

爱琴海

底比斯

科林斯　雅典

米利都

亚德里亚堡

尼西亚

阿马斯拉

君士坦丁堡

帕加马　安卡拉

阿摩利翁

士麦那

以弗所　以哥念

凯撒利亚

马拉蒂亚

阿纳扎尔博斯

阿勒颇

安提阿

拜占庭帝国

塞浦路斯

的黎波里

赛达　大马士革

海法

雅法

阿斯卡隆　耶路撒冷

克里特岛

地　中　海

巴尔卡

巴尔卡

亚历山德里亚

巴比伦　（开罗）

福斯塔特　尼罗河

阿拔斯王朝哈里发国

44 教训告诉他们，如果他们祈祷的神不是占主导地位的法兰克人的神，那么传教行动将徒劳无功。在前现代社会里，宗教信仰不属于私密领域，而是一项社会性的实践，通过集体的崇拜行动塑造着每个民族共同体的世界观和自我认知。因此，背弃原本世代信奉的神明，转而接受一个由外乡人介绍过来的万能神（universaler Gott），是一个非常深刻的转折事件，这个事件只能被置于集体语境中理解，而且动力往往来自社会的统治阶级。统治阶级的做法也决定了，他们到底是坚持世代形成并留存下来的集体身份，还是寻求和日益强大的法兰克王国结盟。因为根据我们对那个时代的理解，对于信奉基督教的法兰克统治者来说，拥有未受洗的、不遵守教会规范的臣服者，是不可能之事。

因此，690 年，当僧侣威利布罗德（Willibroad，逝于739 年）带着几个同伴从北英格兰（Nordengland）前来法兰克，请求得到在弗里斯兰人中间传教的许可时，丕平二世很乐意地答应了。事实上，传教活动从他们臣服于宫相的时候就开始了。除这项政治支持以外，威利布罗德还尝试向教宗申请传教授权（Missionsauftrag）并于 692 年在罗马得偿所愿，这一举措也令盎格鲁－撒克逊人的登场充满了先锋意味。695 年时，威利布罗德就已被授予弗里斯兰总主教（Erzbischof der Friesen）之位（教座在乌德勒支），但实际上，距离这种新的信仰传播到莱茵河入海口和更北部地区，还需要几十年时间。对罗马的紧密依赖和对稳固的教会组织的渴望，使盎格鲁－撒克逊人有别于比他们更早抵达这片大陆的爱尔兰人（苏格兰

45 人），后者所追求的大抵只是摆脱越发愁苦的漂泊状态，觅得一处修道院安度余生，而甚少考虑要劝导异教徒皈依。不过，这两队人员都带来了书籍、书法艺术和丰富的知识，所到之处，为拉丁语言文字提供了生长发育的土壤。

　　盎格鲁－撒克逊传教活动由威利布罗德交棒给比他年轻一代的同胞温弗里德（Winfrid），并在后者所处的时期达到最高峰。温弗里德从 719 年第一次瞻仰圣伯多禄大教堂之后就开始使用罗马名字博尼法提乌斯（Bonifatius）。最初他随威利布罗德在弗里斯兰传教，后于 721 年前往表面上"基督教化"、实质上越来越"法兰克化"的黑森（Hessen）和图林根地区，一方面倚靠于 722 年在罗马被授予的主教圣职，另一方面凭借宫相查理·马特开具的保护函（Schutzbrief）而行动，其中，宫相的保护函向各色"主教、公爵、伯爵、子爵、管理者、代理人、使者"推荐了这位异乡人。[12] 因此，在法兰克防御工事——弗利茨拉尔附近的布拉堡（Büraburg bei Fritzlar）——的阴影下，终归发生了这样的事情：723/724 年，博尼法提乌斯于众目睽睽之下砍倒了盖斯马尔（Geismar）附近作为雷神崇拜象征物的橡树。他面前的"一大群异教徒，心里疯狂诅咒着他们的神明的敌人"[13]，却不得不承认他们怀抱至今的信仰已经站不住脚了。除了基本的传教活动，博尼法提乌斯自然还朝思暮想着建立以修道院为中心的体制，为此，他从英格兰故乡带来了教会助手（有男性也有女性），同样不遗余力地推进一种有着罗马传统的、盎格鲁－撒克逊模式的清规戒律的教会生活，有时甚至要在一些过于细究的问题上向教宗提出质询。尽管博尼法提乌斯于 732 年从罗马获得授权，作为总主教有权授予其他主教圣职，但他数年来一直无法在莱茵河右岸（即东岸）建立一个设有固定主教府的教会等级体系。不过，在第三次赴罗马并被擢升为"日耳曼人的使节"（Legaten für Germanen）①之后，739 年，他在巴伐利亚的奥迪洛公爵那里得到了将雷根斯堡、弗赖津（Freising）、萨尔茨堡（Salzburg）和帕绍（Passau）

――――――――――

① Legate 指教宗派出的教士代表，可行使广泛的教宗权力。

46　　几个主教管区分开，并首次给它们分别指派教区主教的机会。742 年时，他已经可以从黑森地区、图林根地区和美因弗兰肯地区向教宗报告他在各地分别新设主教府的事宜了，这些地点是布拉堡、埃尔福特（Erfurt）和维尔茨堡，它们因为缺少古代文化渊源而被委托给了盎格鲁－撒克逊神职人员进行管理。建立以科隆为中心的广袤的总主教区的计划破产之后，起初几任主教的早逝令布拉堡和埃尔福特脱离了博尼法提乌斯于 746/747 年亲自接管的、日渐壮大的美因茨主教管区。年迈的他喜欢待在他任职的莱茵河右岸的富尔达修道院里，这座修道院是他于 744 年在宫相卡洛曼的支持下，"在听我们布道的民众中间"（inmitten der Völker unserer Predigt）[14] 修建的。这座修道院原本也将是他的安息之所，不过他在 754 年前往弗里斯兰传教时遭强盗袭击，最终以殉道者的身份逝于该地。

加洛林王朝的教会改革

　　博尼法提乌斯和他的盎格鲁－撒克逊同伴试图为莱茵河右岸发展起来的教会建立符合正典传统的规制，一如当初英格兰从罗马那里继承了这种传统。这番努力并未少受到法兰克教会的阻力，因为受墨洛温王朝分裂、贵族混战的影响，法兰克的教会生活实际上和这些传统原则相去甚远。但是博尼法提乌斯在 742 年致信教宗肯定地说，他询问了年长者，他们告诉他，法兰克大约有 80 年没举行过主教会议了，那里也很久没有任命总主教／都主教（Erzbischof / Metropoliten）了。[15] 为了改变这种状况，从此，他以"总主教和圣彼得的使者"的身份定期召开主教会议，第一次会议就是"日耳曼宗教会议"（Concilium Germanicum）①（地点不明），只有他管辖

---

① 于 742 年 4 月 21 日由博尼法提乌斯主持召开的以推动日耳曼教会改革为目的的主教会议。

图 1 圣卜尼法斯接受洗礼并殉教（微型画，约 975 年）

区域的 6 位主教出席。但很快，参与者就多了起来，他们达成
的决议由两位宫相宣布为教规（Verordnungen），或称"法
令"（Kapitularien）①。这些宗教会议为接下来长达几个世代的
法兰克教会改革拉开了序幕。丕平在位期间，梅斯总主教克罗
德冈（Erzbischof Chrodegang von Metz，逝于 766 年）等
国内势力已经取得领导地位；之后，查理曼通过更多的宗教会
议，以及一些非会议期间颁布的法令［例如 789 年的《大劝谕
书》（Admonitio generalis）］，完成了这个过程。814 年之
后，教会改革的发展在"虔诚者"路易统治的最初几个年头达
到顶峰。

加洛林教会改革的目标对中世纪教会的形象有着深远
持久的影响。针对修院主教（Klosterbischof）和流浪主教
（Wanderbischof）②的现象，教会选择回归到封闭的主教区形

① 指加洛林国王颁布的法令，尤其常用来指查理曼的法令。

② 拉丁语为 Episcopi Vagantes，也译作自由主教，指不依合法程序当选、不被任何
主流教会（尤其是罗马天主教教会）承认的自治教区主教，或者是被解除职务的
主教。

式和都主教制度（Metopolitanverfassung），其中，都主教制度也可以在没有罗马传统的地区实行，这一点有别于总主教以及总主教之下的副主教（Suffraganbischof）的情况。教会还定期举办宗教会议；收回流失的教会财产（部分是通过征收什一税来偿付）；统一礼拜仪式和确定神职人员的生活规范，包括禁止去酒馆、打猎和使用武器，也不得与女性同居。对于普通信徒而言，则主要是禁止近亲结婚和离婚，规定应守星期日为圣日，遵守斋戒规定，缴纳什一税，抵制各种形式的异教迷信。随着时间推移，改革越发强调，要将在方方面面都严守本笃会规的僧侣修会，与依附于较大教会的"神职人员集体"［他们建立了自己的一套规则，后来于 816 年在亚琛被称为"法规学者"（Kanoniker）①］区别开来。女性信徒团体也有类似的规范。

改革的核心动力源于加洛林王朝政教合一的统治理念。统治者最晚在 754 年时就已受膏为王，身边围聚着一众宗教顾问，并且在政治上与教宗互为盟友，以促进法兰克教会繁荣发展为神圣义务。教会占据着主导地位，在"由神加冕的伟大而倡导和平的皇帝"16 查理曼治下，还拥有了国家教会的地位。法兰克教会在发起宗教会议、颁布法令、推选主教、动用教会财产实现经济和军事目的等各方面，乃至在裁决神学问题上，都积极行事，这实际上已经让教宗的司法裁判权几无用武之地。尽管如此，作为从盎格鲁－撒克逊人那里沿袭过来的传统，人们对圣彼得之墓和罗马教廷的敬意依然崇高，在改革所牵涉的许多问题上，这种尊敬的态度实质上或表面上都指引人们在整个法兰克王国遵循罗马的典范，摒弃与之相异的做法。

---

① 也译作"法政牧师""圣典学者"等，即那些不属于修会的神职人员被鼓励在主教座堂附近集体居住，并依照教会法（Canon）过着有纪律的生活。

不过，与其说它要求"事事"皆唯教廷马首是瞻，倒不如说它更期望人们"处处"统一，即广大的西方地区各区域间应保持步调一致、相互平衡。实际上在罗马教廷，最迟从教宗尤金二世（Eugen II，824~827 在位）时期开始，加洛林教会改革想要推行的头等事项早已通行无阻了。

法兰克王国的传教活动

王国和教会之间的进一步融合让查理曼得以持续征服异教民族，并让他们皈信基督教。萨克森人很清楚地感受到，如果法兰克王国没有在明面上表示国家层面的支持，那么盎格鲁－撒克逊信仰使者的传教行动就会一直遭到抵制。于是 772 年，作为一个象征性的举动，查理曼在他的第一轮征战中果断前往萨克森，摧毁了通往威悉河途中的一个异教圣地——"伊尔明苏尔"（Irminsul）①。法兰克的历史文献还喜欢以受洗人数来彰显查理曼在萨克森地区取得的成功。基督教信仰的传播被宣布为法兰克国家教会的共同任务，最初被委托给富尔达（Fulda）的修道院院长圣斯多米（Sturmi，逝于 779 年）来领导。780 年，在维度金德率领的起义期间，教会成功将萨克森兰划分为多个传教区，配有不同的法兰克主教管区和修道院。法兰克人以武力迫使他们放弃异教崇拜和传统的生活方式，所激起的愤怒反抗间接导致 782 年查理曼颁布《关于萨克森地区的法令》（Capitulatio de partibus Saxoniae）。这是一项严格的特殊法令，对于破坏教会、杀死神职人员、公然藐视基督教斋期、实行异教火葬、烧死所谓的女巫以及进行人祭等做法，皆要以死刑为惩。这些规定最终发展为广泛强迫萨克森人受洗，而这

49

---

① 伊尔明苏尔直译为"世界之柱"，是泛日耳曼神话中的神树，据说是一棵被雕刻过的巨大白蜡树，连通和支撑着天地，是萨克森人崇拜的神圣之物。

又成了萨克森人有义务向教会缴纳什一税的理由。[17] 尽管历史文献无法证明它的实际执行情况如何，但作为一种明确的、公开用武力推行基督教传播的尝试，这项法令在中世纪早期绝对是独一无二的。然而毫无疑问，纵然尚不完善，一种教会生活至少已在萨克森地区建立起来了，它完全是由血腥的战争推动的，在此期间，法兰克人也没少遭遇反击，但最终随着时间推移占据了上风。直到维度金德受洗之后，787 年，不来梅（Bremen）才首先建立起一个固定的主教区，随后在 789 年，它最初的负责人盎格鲁－撒克逊的维勒哈德（Willehad）逝世后，又很快被废除了。帕德博恩在 799 年落成了一座特别宏伟的教堂，但是似乎直到所有战事都结束之后，才得以确定一种规范的、管区划分明确的主教管区制度，因为直到 805 年前后，米米格尔纳德福/明斯特（Mimigernaford/Münster）、奥斯纳布吕克（Osnabrück）、明登（Minden）、（以及再次涉及）不来梅才几乎同时有确切的证明显示，它们任命了第一批主教，而且都被划归科隆教省管理。帕德博恩也差不多是在那时设立了主教；而除它以外，814 年之后，在美因茨地区之下也设立了希尔德斯海姆（Hildesheim）、哈尔伯施塔特（Halberstadt）和费尔登附属主教区。萨克森地区最早的修道院大概可以追溯到 800 年前后，它们悉数坐落在西部［威尔登/鲁尔（Werden/Ruhr）、赫尔福德（Herford），815/822 年科维（Corvey）也落成了一座］，很快高卢地区和罗马的圣人遗骨迁入此处，这将基督教开辟的新天地与许多既有的教会组织联系了起来。

　　萨克森地区的传教经历还历历在目，795/796 年阿瓦尔人的降服又直接向法兰克人双手奉上了一个亟待进行宗教融合的异教王国。我们从一个宗教会议得知，796 年，教会人士聚集在国王丕平位于多瑙河畔的战场营地里，就洗礼的具体实践进行讨论。他们想做得比在萨克森地区更好，尤其是不想再在对方一皈信时就马上施洗。查理曼博学的英格兰朋友兼顾问阿尔琴（Alkuin）贡献了权威的意见，他从遥远的图尔寄来的简短书信中如是告诫道："圣奥古斯丁说，信仰当是自由的，而不应是强迫的……如果人们能像征收什一税那样，像对最轻微的违反信条的行为责以重罚那样，以那种孜孜不倦的态度，将基督温柔的约束加诸冥顽不化的萨克森人身上，那么他们大概将不那么厌恶洗礼。我们这些信仰上的老师，终究当以使徒和传道者为榜样，而不是向劫掠者学习呀！"[18] 这些理论后来到底有多少实现了，在萨尔茨堡和阿奎莱亚（Aquileja）的教会沿着德拉瓦河（Drau）划分传教区之后，就很难一一辨别了。相比萨克森人，被征服的阿瓦尔人（和斯拉夫人）做出的反抗要弱许多，但是法兰克人的攻势同样也较弱，他们被挡在维也纳森林附近，暂时只能让受过洗的代理人在这里实行统治，至此还没能建立起独立的教区。由于基督教的传教活动也止步于加洛林王朝的现行边界，所以传教并不是脱离于查理曼的扩张政策而独立存在的目标；针对易北河和萨勒河（Saale）彼岸及波希米亚地区的斯拉夫人，零星推进的传教活动也已经表明，它们在教会建制方面并没有什么建树。

51

第一次向斯堪的纳维亚进发

直到查理曼之子"虔诚者"路易执政，由于这位新君不再实施富有攻击性的对外政策，人们才能重新在不以军事征服为目标的情况下，向法兰克国境以外传播基督教。同时，改换信仰和建立君主制统治之间马上呈现了一种紧密的联系，在随后几个世纪里，这种联系将变得更加显著。

维度金德和其他萨克森领袖逃亡至丹麦人处，不久就在一位名叫哥特弗里德（Gotfrid）的国王的领导下，袭击了与法兰克人结盟的、波罗的海沿岸的（信奉异教的）阿博德利特人，这在查理曼在位时制造了相当紧张的局势。810 年，年迈的皇帝发起了最后一次征战，却在得知哥特弗里德被杀害的消息之后，在阿勒尔河（Aller）畔中止了进发。811 年，国王的侄子和继承者海明（Hemming）以维持艾德河畔的现状为条件，与皇帝媾和。海明随后就于 812 年逝世了。王位争夺者们手足相残，日德兰半岛和周边岛屿陷入连年混战。在这个不稳定的阶段，新任皇帝路易身边的幕僚建言称，向丹麦传教定会大获成功。兰斯（Reims）总主教埃博（Ebo）在 822 年被派往罗马，受教宗委托向北部的民族传布福音。整个 823 年的夏天，他都在法兰克边境要塞伊策霍（Itzehoe）的保护下，以那里为据点，向可以接触到的丹麦人传教。但他之后又返回兰斯，把传教的任务留给来自索姆河畔科尔比修道院（Abtei Corbie）的僧侣安斯加尔（Ansgar），后者由此找到了让他奉献毕生心血的事业。安斯加尔与一位王位角逐者——哈拉尔德·克拉克（Harald Klak）——结交，此人已两度在丹麦内部的权力争斗中落败，此时正急于寻求法兰克王国的支持。为此，他乐于接受法兰克人的信仰，因为就如安斯加尔的传记作者所证实的那样，"如果双方信仰的是同一位神，那么基督教信众将会更乐意帮助他和他的支持者"[19]。洗礼于 826 年在美因茨隆重举行，皇帝路易、皇后以及继任皇帝洛泰尔一世（Lothar I）作为哈拉尔德及其妻儿的教父或教母出席。很显然，当在法兰克帝国之外出现了一个崭新的基督教王国时，应该建立宗教权威，但是这很快就失败了，因为这一次，哈拉尔德在他的家乡仍然无法夺取政权，皇帝再也不愿，同时也不能为他撑腰了。827 年时，哈拉尔德已经回到法兰克境内，与他同行的是安斯加尔，他的传教事业暂时只能限定在艾德河南岸了。

829 年，一位使节带来了崭新的前景，他由"瑞典人"（Schweden）的国王派出，向法兰克皇帝寻求建交，还请求对方派出传教使者，因为"他的民众中有许多人希望接受基督教信仰"[20]。安斯加尔再次被派出，他在梅拉伦湖（Mälarsee，今斯德哥尔摩以西）畔重要的商贸中心比尔卡（Birka）偶遇了已经受洗的商人和奴隶。尽管国王比约恩（Björn）自己没有改宗，但是他似乎容得下传教者安斯加尔一行人，后者 18 个月里做的其中一件事就是争取比尔卡的"总督"（Präfekt）支持他们为当地人施洗并建立第一所教堂。返程途中，安斯加尔于 831 年在汉堡落脚，而已经开启的瑞典传教事业则被埃博交由其亲戚高茨贝尔特（Gauzbert）负责，后者也因此被授予主教圣职。安斯加尔在随后的岁月里忙于在附近地区兴建教堂，却直到 845 年都无法再度踏上丹麦的领土。在此期间，哥特弗里德的一个儿子——国王赫利一世（Horich I.）——正在这片土地上竭力巩固自己的统治。据法兰克历史文献记载，这位国王发动了毁灭性的攻击。845 年一艘敌舰洗劫了汉堡，同年，比尔卡发生的一场血腥起义也导致当地的传教行动失败。安斯加尔不得不放弃汉堡，以主教身份在不来梅驻扎下来，高茨贝尔特则逃往奥斯布吕克（Osnabrück）教区。不过，关于安斯加尔的传记也记录了之后一段时间里，缓和下来的局势允许他从不来梅前往赫利的宫廷，并且允许他在商贸中心海泽比附近的石勒苏益格（Schleswig）建立一座教堂；不仅如此，传记还记录了他后来继续向北，在里伯（Ripen/Ribe）也建立了教会。[21] 852/854 年，他总算得以再度前往比尔卡。而当赫利于 854 年在与侄子们的权力斗争中被杀死后，安斯加尔的处境再度变得艰难，直到他自己最终于 865 年在不来梅逝世。这再一次证明了传教要想取得成功，必须依赖当权者的支持和魄力。由于安斯加尔与哈拉尔德·克拉克联手失败，再也无法说服其他国王受洗，可以说，他毕生的宏愿并没有换来持久的成果，欧洲北部的基督教化到了 10 世纪又得从头再来。

53

斯拉夫地区的早期传教活动

在说斯拉夫语言的部族那里，我们也可以看到，改宗与民族身份的形成，以及相邻的基督教强国的政治野心之间有着紧密的联系。

我们最早可以从东阿尔卑斯山脉南缘［今奥地利克恩滕州（Kärnten）和施蒂利亚州（Steiermark）、斯洛文尼亚］的卡兰塔尼亚人（Karantanen）那里观察到这一现象。8 世纪中叶之前，这个民族在一位首领（dux）的指挥下摆脱了阿瓦尔人的统治，臣服于巴伐利亚公爵的权威。这意味着从萨尔茨堡出发的传教事业由此开启，它以作为人质被送往巴伐利亚的卡兰塔尼亚首领之子受洗为开端，又在公爵塔西洛三世镇压了一场起义（772 年）之后取得突破。萨尔茨堡教会试图阻止一个独立主教区的出现；而到了 828 年，卡兰塔尼亚首领的地位也要屈居巴伐利亚伯爵之下。

波希米亚地区的发展情况则没有这么显著。805/806 年，与父亲查理曼同名的查理（即上文的青年查理）领导法兰克军队袭击了该地，但是并未将其收入囊中。一个偶然的消息透露，845 年，14 名波希米亚首领在雷根斯堡接受东法兰克国王路易安排的洗礼，很难评估这个事件的影响究竟有多大。纵然那时基督教信仰已在后来被称为"捷克人"的部族中传播，他们仍依附于雷根斯堡教会，而没有属于自己的主教。不过没过多久，他们就被卷入东边邻居摩拉维亚（Mährer）地区的旋涡，当地权力集中的进程相对更快。

阿瓦尔汗国覆灭后，多瑙河中游以北建立了一个幅员辽阔的摩拉维亚（Marvani）政权 ①（直到 822 年才有历史文献对其

---

① Marvani 是摩拉维亚地区最古老的名字，新建立的这个政权即大摩拉维亚国。

进行记载），它原本是巴伐利亚传教活动的一个传教区域，现在则是从萨尔茨堡和帕绍出发的传教活动的目标。在东法兰克国王路易发起一场军事袭击（846 年）之后，已经受洗的罗斯蒂斯拉夫（Rastislaw）掌握大权，并立刻在他的国家努力推动教会独立。他向身在君士坦丁堡的皇帝请求派遣一位"主教和老师"[22]，863 年，来自塞萨洛尼基（Thessaloniki）的博学的康斯坦丁（Konstantinos）和美多德（Methodios）兄弟被派到这里。二人虽然没有主教职衔，却凭着语言知识创造了一套格拉戈尔（glagolitisch）字母，用以书写斯拉夫的礼仪规范。这与拉丁教会形成了冲突，而国王路易①也从巴伐利亚赶来，以武力介入其中。最终，兄弟俩认为除了去罗马，别无选择。康斯坦丁以西里尔（Kyrillos）为教名成为教士后不久，就于 869 年在罗马与世长辞。美多德则争取到教宗哈德良二世对斯拉夫礼仪规范的认同，并被授予潘诺尼亚（Pannonien）／摩拉维亚总主教圣职［该教区是借助 6 世纪被废除的西米乌姆（Sirmium）都主教区建立起来的，位于今天的塞尔维亚］，却在返回摩拉维亚途中遇到局势大变，因为罗斯蒂斯拉夫被他那与法兰克王国串通一气的侄子斯瓦托普卢克（Swatopluk）②赶下了台。美多德被引渡到这里，870 年末在一个雷根斯堡宗教会议上被判幽禁于修道院，地点可能是埃尔旺根（Ellwangen）或赖兴瑙岛（Reichenau）。873 年，教宗若望八世宣布释放他并准许他返回摩拉维亚，却宣布废弃斯拉夫礼仪规范。斯瓦托普卢克在随后的日子里力主摩拉维亚教会独立；自从波希米亚公爵博日沃伊（Bořivoj）在效力于摩

55

---

① 即巴伐利亚公爵和东法兰克国王"日耳曼人"路易。

② 斯瓦托普卢克在日耳曼路易死后获得了大批斯拉夫民众，他在位时大摩拉维亚国进入鼎盛时期。

拉维亚宫廷期间（872~885 年）①接受了洗礼，摩拉维亚教会也包括了波希米亚的势力范围，并通过与罗马保持直接联系而确保了自身地位。而与此同时，斯瓦托普卢克也越发依赖于前去罗马领受圣职的威钦（Wiching）②的支持，这位主教出生于阿雷曼地区，主教府位于尼特拉（Neutra/Nitra，位于今斯洛伐克）。若望八世在880年赞扬这位摩拉维亚大公，称他"藐视此世的君王，而在各方面视大使徒圣彼得和其继承者为资助人、帮助者和保护人"²³，这首次表明，未来教宗将是这个新的基督教国家保持独立的支持者。美多德留在国内，继续忙于用他创造的斯拉夫文字翻译宗教经典。在他逝世（885年）后，罗马甚至还向摩拉维亚派出了一位新的总主教和数位主教，巴伐利亚的一众主教对此颇有怨言，还在900年向教宗抱怨了这一点。可就在这时，匈牙利人的冲击使此地的人们建立一个斯拉夫"国家教会"的初次尝试戛然而止。

56 　　发生这一切的时候，保加尔人也正经历着类似的变迁，尽管几乎可以说是刚好相反的过程。早在 7 世纪时，他们已经在多瑙河下游建立王国，一如既往地与拜占庭帝国为敌。恰恰在摩拉维亚的罗斯蒂斯拉夫大公请求君士坦丁堡派遣传教士之际，保加利亚可汗鲍里斯一世（Boris I，852~889 在位）也在 863 年试图向遥远的东法兰克王国靠拢，表示甘愿受洗。正如国王路易以武力回应来宣示自己在摩拉维亚地区的影响力一样，同年，拜占庭皇帝米海尔三世（Michael III）也以胜者姿态逼进保加利亚地区，要求鲍里斯的洗礼必须由希腊教会的神父施行，还要求他用皇帝的名字米海尔为教名。然而保加利

---

① 博日沃伊在位时曾臣服于大摩拉维亚国，由美多德施洗；大摩拉维亚国包括了波希米亚、西里西亚、斯洛伐克西部、波兰南部等地区。

② 美多德在世时，斯拉夫教士占有优势，但是在其逝世后，尼特拉主教威钦禁止美多德的信徒在摩拉维亚活动，致使他们中的多数人迁移到保加利亚。

亚可汗无心归顺拜占庭国家教会，因而他于 866 年向罗马教宗尼古拉一世（Nikolaus I）派遣了使者，而教宗彼时正与君士坦丁堡牧首佛提乌斯（Photios）争得不可开交。教宗用一篇详尽的、包含 106 个条目的指示，回应了可汗有关基督教信仰与礼仪指引的请求。这篇指示中明显流露了对希腊教会的反感，却也回避了有关保加利亚设立自己的牧首的请求。[24] 反过来，为了给罗马教廷赢得这片土地，教宗也向鲍里斯派出了一名级别很高的使者，不过双方未能就期望的总主教人选达成一致。面对这种情形，可汗转向了君士坦丁堡。经历了米海尔皇帝被谋杀、佛提乌斯被废黜（867 年）之后，君士坦丁堡采取了相对温和的态度，愿意在希腊教会内为保加尔人开通特权。因此，870 年，第八次大公会议也顺带通过了在保加利亚设立正教教会、设立自己的总主教并由牧首授予圣职的根本性决定，主教府就设在可汗的治所普利斯卡（Pliska）。鲍里斯之子西美昂（Symeon，893~927 年在位）统治期间，保加利亚与拜占庭关系再度恶化，依照康斯坦丁（西里尔）和美多德兄弟模式树立起来的斯拉夫礼仪规范取缔了希腊教会的礼仪规范。918 年，位于新都城［今普雷斯拉夫（Preslav）］的保加利亚总主教宣布升为牧首，927 年，拜占庭也不得不对此结果表示承认。

57

3　加洛林庞大王国：未来发展的动力

从易北河下游到台伯河（Tiber），从埃布罗河到巴拉顿湖（Plattensee），查理曼及其继任者的疆土几乎囊括了欧洲大陆上所有信奉基督教的民众（西班牙北部和意大利南部除外）。从 751 年到 840 年，这个国家几乎无间断地由一个最高统治者执掌，且几乎每一个统治者都不情不愿地将权位交由下一任继承，因而长此以往，这对于融合广大地区及调和不同部分之间的发展差异都十分有利。尽管加洛林王朝未必总是刻意采取这种政治策略，但它确实在不同的生活领域构建起了统一的规范和习俗，不仅塑造西欧和中欧的历史道路，还影响了整个欧洲大陆。

一个多民族国家

与墨洛温王朝相比，加洛林王朝更具有民族多样性。与从前一样，这个国家名为"法兰克王国"（regnum Francorum），外界也是这样看待它的。然而所谓的"法兰克"充其量只是卢瓦尔河和莱茵河之间的核心地区"法兰西亚"（Francia），这个名字所指涉的地理空间在 9 世纪才逐渐向东扩展到美因地区（Mainlande）。那些被加洛林中央权力一步步吸收的民族尽管没有形成君主制的最高权力，却也继续存在着，并且凭借独立的军队以及自己的法律传统，在领土划分时清晰地呈现为地理意义上的"王国"（regna）。只有伦巴第王国与法兰克王国（自 774 年起）是共主国家；勃艮第人、阿基坦地区的罗曼人、阿雷曼人、巴伐利亚人、弗里斯兰人、萨克森人和图林根人彼此间地位则是平等的。要让他们彼此融合为单一的民族，实在是超乎想象。除受法兰克的《萨利克法典》（Lex Salica，6 世纪）①和《里普利安法典》（Lex Ribuaria，7 世纪）②影响之外，这些部族多数时候仍坚守着各自的习惯法，它们依循的是"法的人格原则"（Personalität des Rechts）③；而且正如前两部

---

① 该法典由法兰克国王克洛维于 6 世纪初汇编而成，收录了萨利克部族中通行的各种习惯法，后成为查理曼的帝国法律的基础。该部族生活在北海沿岸下莱茵地区。

② 该法典收录了日耳曼部族里普利安的习惯法。该部族为法兰克人的一支，4~5 世纪居住在莱茵河畔，6 世纪初被法兰克国王克洛维征服。

③ 尤指中世纪法兰克王国时期，生活在王国不同区域的人们遵守着各自部族沿袭下来的法律，而非适用于整个王国的法律。与之相对的是"法的领土原则"（Territorialität des Rechtes），意味着适用于整片领土的法律具有更高的权威性，生活在这片领土之上的人应当优先遵守它。

法律一样，这些习惯法在小丕平和查理曼的主持下被重写和增补，部分甚至首次被编译成拉丁文。此外，新登基的皇帝心中越发强烈的历史使命感，给了他在 802/803 年通过修正法律来适应法兰克模式的动力，而这也是实际需求使然。而亲身经历了这种变革的艾因哈德认为，查理曼把所有民族那些未成文的法律都确定和记录了下来，纳入了自己的统治系统。[25]

正如手抄本所显示的，当时的法律还旨在在这些民族聚居地之外的地区，尤其是意大利发挥效力，但与此同时我们也应充分认识到，这部被记录和流传下来的《萨利克法典》偏偏缺少在实际法律应用中的具体证明。查理曼强调要尊重这些部族的法律（Leges），或许更多是出于对国家统治下不同民族各自特性的保护，而并非主要为了贯彻某种法律政策。后者的实现主要依赖的是颁布具有普遍效力的法律（例如法令，它们是不涉及同化原则的），以及召开主教会议。里昂总主教阿高巴德（Agobard，逝于 840 年）身边的一位宗教界精英在"虔诚者"路易统治时期，致力于依照基督教的精神克服"部落法的多样性"，因为在上帝面前，"阿基坦人和伦巴第人、勃艮第人、阿雷曼人"之间并无甚区别；他希望创建一部具有普适性的《法兰克人法》（Lex Francorum）[26]，但是这部法律无法产生政治效力，因为它明显与现实中占主导地位的地区差异性相抵触。查理曼早就走上了一条更具可行性的融合之路，那就是，不仅法兰克出身的侍从，各部族领导层的人也都可以参与统治，并且与法兰克贵族联姻，从中获得利好。查理曼自己就是一个典型例子，他先后与伦巴第、阿雷曼、法兰克女子结婚，后来还娶了一名萨克森姑娘。在短短几十年间，一批权贵家族诞生了，他们通过在分布广泛的各个地区担任官职来为加洛林王国服务，积累财富，并建立姻亲关系。他们在历史研究中被称为"王国贵族"。大约 9 世纪末，正是他们当中的某些

59

人攫取了权力，把加洛林家族成员从王位上踢了下去。

民族多样性也体现在语言差异上，但是语言本身并不是决定集体身份认同的最重要的因素。不过，813年，人们第一次在作为教会语言/书面语言的拉丁语中，有理有据地对罗曼方言和日耳曼方言（rustica Romana lingua aut Theotisca）做出了概念性的区分。[27] 842年，"日耳曼人"路易（Ludwig der Deutsche）和"秃头"查理（Karl der Kahle）这对加洛林兄弟在斯特拉斯堡结盟时，分别用两军各自的语言，即路易用古法语、查理用古高地德语宣读了誓言，这一点非常关键。[28] "theodiscus"（德语）这个术语似乎起源于查理曼统治初年，也许是在与教宗联络的时候创造出来的，好使用一个拉丁语词语来给这种日常口头语言命名。这个派生自日耳曼语单词"theoda"的外来词原意其实是"民族的"（volkhaft），它最初并没有什么政治含义，786年的时候尚且可以用在盎格鲁-撒克逊民族身上，到了9世纪却在极少数应用语境里充当了"法兰克的"的近义词，830年出现的高雅一点的变体"teutonicus"（条顿的、日耳曼的）也是如此。由于"theodiscus"和"teutonicus"二者在方言里面都找不到准确的对应词，对于这种从某个民族中抽象出一个概念的做法，我们也不必太高估它的影响力。要说有谁小心翼翼地推动了民族语言——法兰克语——的发展，就不得不提到查理曼了。艾因哈德在他的著作中反复提到查理曼对古老的"蛮族"歌谣以及月份和风的本土叫法[29]十分在意。不过这种推动到底开展到什么程度、效果如何，我们并不清楚。不管怎样，语言学上认为加洛林时期罗曼语和日耳曼语之间的分野变得清晰，这一点对王国的政治版图其实并没有太大影响，毕竟这条语言分界线两侧都不存在自成一体的、交流无阻的语言区。

对庞大王国的统治

　　维持一个庞大王国的团结统一，无疑是国王的职责，而从 751 年到 887 年，这个尊位都被查理·马特的男性后裔包揽了。王位虽对血统有严格要求，却没有排除一种可能性，即在涉及遗产分配和权力交接的时候，当事者可以得到大人物的极力支持，这使人们在 9 世纪晚期面对加洛林家族的壮大时，得以重

图 2　查理曼位于亚琛的（八角形）宫殿礼拜堂

新掌握一定的选择余地。受膏仪式标志着国王获得了上帝的恩典，仪式本身也帮助君主隆重地展示自己的威仪。它提供了一种神圣的合法性，随着时间推移，后来也包含了一种思想，即国王之职是由上帝赋予，并由教会居间授予的。因此，加洛林时期出现了一些理论文献，它们以圣经传统、教父神学和古代榜样为依据，试图从道德伦理层面确定国王的角色和职责。君主权能的根源是军事统帅的广泛的裁量权，无所谓好与不好，在实践中，这种权能本质上依托于他的个人权威，以及他将贵族统治阶层团结起来的手段。叛乱从来都不是直接针对君主制的，其爆发往往是因为有人对君主更偏爱另一个贵族圈子心怀不满，这样的叛乱就连在查理曼统治时期也没有缺席。9 世纪，随着加洛林家族内部你争我夺，叛乱更是成为长久的威胁，这反映了贵族认为深入参与政治决策是他们应有的权利。

国王的宫廷是议政的平台，也是统治一个日渐扩大的王国的工具。882 年，兰斯总主教欣克马尔（Hinkmar von Reims）回忆并描写了查理曼时期的宫廷形式[30]，这种宫廷形式在整个中世纪影响深远。王后和其余家眷构成了宫廷的核心，在宫相一职被撤除之后，王室事务由四位年长的宫廷官吏承担，分别是司库（Kämmerer）、司膳（Seneschalk/Truchseß）、司酒（Mundschenk）和司马（Stallgraf/Marschall）。但是他们会把基础的照料任务交给属下，自己则充当起国王的亲信，管理国王的财产和收入，处理军事和外交事务，并且担任政治顾问。从墨洛温王朝保留下来的官职还有"宫伯"（Pfalzgraf）①，他帮助国王履行司法职责，并且在越来越多的情况下担任国王的代表；同时依据丕平时期的传统，王朝重新规划宫廷内的

---

① 宫伯在此处指国王宫廷内的法官和国王的全权代表，在其他语境里也可指行宫领主，负责管理君主的行宫。

61

62

宗教事务，设立一个由最高神父（oberster Kapellan）①掌管的"宫廷礼拜堂"（Hofkapelle）。最高神父周围形成了一个神职人员团体，这个团体生活在他身边，听从他个人差遣，受他之托管理那些象征着胜利的圣物，并按君主仪制操办礼拜仪式。除此之外，神职人员还要承担墨洛温时期由平信徒担任的文书助理（referendarii）角色，负责所有的通信工作。因此，宫廷礼拜堂里面就形成了一个专门处理文件和书信的"公证员"（Notaren）小组，他们在一位"最高文书长"（oberster Kanzler）的带领下起草王室的各种政治决定。而在筹备起草的过程中，根据国王的个人判断，世俗层面和宗教层面的一些大人物也会参与其中，他们轮流在宫中逗留，如有需要，也会在正式的宫廷会议中提出他们的建议。随着时间推移，人们也谋求形成议政的平台，建立一个像军队集会那样的、同样是由贵族参与的王国会议，为做出更大的政治决定提供框架。

　　这种宫廷咨政模式具备纲领性的特点，上文提到的"法令"（Kapitularien）就充分反映了这一点。法兰克王国的法令有着严谨的编目，涵盖范围广泛，从一般性的行政指令到信仰方面的训导，面面俱到。个别法令，例如 789 年 [31] 查理曼的《大劝谕书》和 825 年 [32] "虔诚者"路易的《对王国所有等级的谕令》（Admonitio ad omnes regni ordines），则反映了普遍的改革理念。这些法令由于对王国全境（或者以某种方式限定了地域范围）都具有约束力，而从根本上有别于单个民族的法律，不过它们至少也借鉴了一些民族的法律以作补充。这些法令的法律基础是国王所拥有的广泛的统治权，但是

①　Kapellan，也写作 Kaplan，一般由贵族担任，有些可升任至更高职位，乃至主教；封建诸侯也模仿国王，在自己的宫廷中设置类似职位，但可以由非贵族担任。该词后用于指一般的教会助理人员。

国王也往往必须在王国会议上获得认同，很多时候也要在非正式场合下与其他重要人物建立共识，毕竟要行使他的统治权，就离不开这些人的支持。将内容以书面形式固定下来也保障了法令的效力。相比口头形式，书面布告逐渐占据更大的比例，后来甚至成为颁布法令时的更优选项。这充分体现了中世纪早期存在着一种显著的自信，即人们有信心用文字记载的指令去掌控一个素来以口头文化为主导的社会。这些法令文本最初各自零散传播，不久就有私人收集整理它们，很快，圣旺德里耶（Saint Wandrille）修道院院长安塞吉斯（Ansegis）于827 年汇编完成的版本就成了最权威的版本 [33]。为了让权力中心所传达的意志尽可能得到广泛的尊重，人们做出了种种努力。其中一个做法是，有一部分法令是针对王室使节颁布的，他们从宫廷出发，被派遣到特定的地区，即所谓的"遣使区"（missaticum），去监督该地的行政事务和司法裁决，要求该地宣誓效忠，又或是干预该地的不良发展。这样做效果如何，我们不得而知，因为要想被严肃对待，这些使者（missi）——不管是平信徒还是神职人员——都理应和受管辖者一样出身于贵族领导阶层，并且能和地方统治者形成一定的权力制衡。而随着时间推移，地方统治者在 9 世纪也逐渐懂得如何利用遣使区特权（Missatgewalt），将之作为一种额外的、具有法律效力的合法头衔为己所用。尽管实践中有种种阻力，但是查理曼和"虔诚者"路易建立中央权力的意愿放在历史长河里看，无疑是相当特别的。

在特定条件下着手开展的改革不仅涉及宗教领域，还涉及世俗层面，它们渗透到社会的方方面面，并产生了深远持久的影响。一个重要的改革案例就是货币改革。长期以来，不同地方各自主持铸币，货币流通情况一片混乱。改革中，王室重新取得铸币大权，从 793/794 年起在广大的统治疆域内统一发行一种 1.7 克重的第纳尔银币（Silberdenar），以之为基础建立稳定的货币秩序［当中包含币值更高的货币单位：1 索里德 / 先令（Solidus/Schilling）=12 第纳尔银币，1 镑（Pfund）=20 索里德］。而在政治方面，更重大的改革是法兰克军队的转型，因为传统的军队模式，即由一大群能使用武器的自由民组成的兵团，已经无法适应庞大王国的军事需求了。查理曼在 800 年后减少了臣民随军出征的义务（Heerfolgepflicht），按自由民拥有地产的面积把他们划分成不同等级，同时采用战时后备军（Landwehr）来应对紧急情况。他越来越倾向于将重要的骑兵战交给权贵们的武装随从，权贵们由此进一步获得了更高的地位。司法方面，既有的缺陷也被归因于陈规旧习，为了革除旧弊，人们把强制性的庭审次数限定为每年三次，如此一来，也不必每次开庭都专门任命裁判官（Urteilsfinder），而只需要改为常设陪审员，后者平时也可以审理其他案件。还有一项革新是设立所谓的"惩戒证人"（Rügezeugen），这类证人宣誓会将犯罪行为告上法庭，哪怕受侵害一方不能或不愿提起诉讼——这样一种制度显然是为了防止人们擅用武器自卫而设立的。

地方势力

65

　　一国之君不仅希望能广泛贯彻他的统治意志，还希望对分布于王国全境的资源保持控制，因而需要在各个地区安插忠诚的代理人。加洛林家族沿袭了墨洛温王朝的爵位体系。这种爵位体系广泛应用于古老的高卢地区，主要根据既有的政治区域和自然地理环境来划分领地；在新占领的莱茵河右岸地区和阿尔卑斯山南麓，分封制度也有出现，但并没有形成一个边界分明、滴水不漏的格局。伯爵（comites）被视为国王在各方面事务上的代理人，首要任务是维护和平、授予国王特许

权（Königsschutz）①、征收税款、征募兵员等。伯爵作为公共
权力的参与者，自然是从贵族中产生的。贵族优越的社会地位
以这种方式得到承认，并被纳入君主制总体秩序中。受不同地
方的权力关系影响，伯爵的势力有时以自己赢得的私有财产为
基础，有时则更依托于从国王那里受封的土地，但不论是哪种
情况，都渐渐催生了对爵位的世袭主张，但代价是削弱了国王
的自由的、"官方"的处置权，就连查理曼和他的儿子都很少
做出干预。正是这种继承权使伯爵的司法裁判权（他们有常设
的陪审员）发展成一种象征，宣示他们拥有国王般的权威。大
批官僚充当着伯爵的代表并为其服务，他们被称为"百户长"
（centenarius）②，这个官职名所代表的职能原本主要针对人而
不是空间；他们最初也主要因从事巡回审判而知名。

　　一般来说，伯爵的身份地位主要是以法令为准绳来界定
的，但是在实践中，在王国的不同地区，却需要根据不同的
历史传统灵活变通，甚至还必须容忍不少人员或机构的特权。
尤其是一些规模较大的、拥有一定财产和一群附庸人员的教
会，它们在获得加洛林王朝的国王特许权的同时，也获得了豁
免权（Immunität），因而得以免受伯爵和百户长的管辖。不
过，这只是表面上打破了主流的秩序，因为哪怕出现这种法
律上的特殊情况，也依然需要一位"世俗执行官"（laikaler
Vogt/advocatus）来履行职责，即对外在法庭上充当主教和修
道院院长的代表，对内也要承担司法裁判的义务。尽管他只是
代为履行职责，但是他获得了合法头衔，可以独立地行使权
力，因而哪怕他本身并不属于贵族行列，他也很快会成长为当

---

① 指个人、团体（如商人、神职人员、犹太人）或组织（如教会、修道院）获得由
　国王授予的特权或保护函，从而受国王管辖，相应地也要缴纳税款。

② 古代晚期和中世纪早期的官职名，是指对百户区有管辖权并主持百户区法庭的
　官员。

地的一位大人物。而另外一些有权有势的地主仗着他们的财产和影响力，也可以通过不那么正规的方式宣称自己拥有类似于伯爵的权威，并在现实中实际地行使了这种权力，而无须获得国王的承认。这个在政治实践中不可或缺的阶层拥有强烈的自我意识，不仅从一开始就对各种管理理念造成了限制，甚至早在"虔诚者"路易时期就迫使加洛林王朝做出种种让步，让一些家族获得了多个伯爵领地，并通过担任执行官和承担教会职能，构成了新的、事实上可世袭的地方势力。

在伯爵层级之上，到 788 年为止，加洛林王朝已经取消了所有从墨洛温时期沿袭下来的公爵领地（Dukate），因而在整整一个世纪内，都不容许有那样的中间势力存在。但是在法兰克王国遥远的边缘地带，例如布列塔尼、巴斯克、贝内文托、克恩滕等地方（由罗马主教构成的教宗国情况也类似），查理曼和"虔诚者"路易却愿意对这些地方诸侯不同程度的自治主权予以承认。这些地方诸侯实行家族政治，通过让自己的子嗣在阿基坦和意大利，814 年之后也在巴伐利亚地区分别建立王国，构筑起新的、庞大的政治单元。与此同时，他们也力图保住对领土的管控。其中，边境地带的伯爵较为特殊，他们管辖的行政区域格外辽阔，所掌握的军权经过了强化，为的是能够遏制潜在的外敌。9 世纪，他们获得了"边伯"（marchio/Markgraf）这个称谓，相应地拥有特殊的法律地位。他们出现在易北河下游（Unterelbe）北岸，又或与布列塔尼人（Bretonen）遥相对望，与受穆斯林统治的西班牙人毗邻而居，此外，在东部易北斯拉夫人／索布人（Elbslawen/Sorben）边上，以及在多瑙河中游和弗留利地区，也都可以见到他们的身影。强大而特殊的地位使他们当中的一些人在加洛林王朝末期的诸侯争霸中获得了决定性的优势地位。

物质条件

国王乃至整个世俗的、宗教的统治阶层都依赖农业收成而生存，在加洛林王朝（及其后一段时期里），最主要的农业组织形式用现代概念来说，就是"庄园制"（Grundherrschaft）。这些大型庄园分工明确，在经历了早期的萌芽和雏形阶段之后，8 世纪在塞纳河和莱茵河之间的地带发展出经久不衰的形态，原因显然是它们能为亟待扩大的农业生产提供最有利的发展框架。可以说，所向披靡的庄园经济抚平了阶级、法律、地区方面原有的种种差异，并且在空间上不断拓展，甚至超越了"法兰西亚"地区。其基本模式是："领主宅邸"（villa/curtis dominica）、领主直接经营的"自留地"（Salland/terra indominicata）以及由农户耕种的一块块土地"胡符"（Hufe）[①]之间密切关联；其中，依据法律规定的租赁关系，农户有义务向庄园主支付实物税和提供劳动。土地的租赁形式，以及相应要提供的劳动形式和劳动范围，在各地截然不同，但为的都是：一、哪怕是在耕作和收成最忙碌的时节，也要保证庄园有充足的供给和劳动力；二、"较高级别的"农民能够有一定的生活保障。为此，庄园主转让出去的土地事实上且持久性地变成了可代代相传的土地，根据不同用途，可以充当田地、牧场等，并拥有各种"土地特许权"（Gerechtsame）[②]，总的来说，生产盈余可以用于缴税。除了经济上依附于庄园主，与土地紧紧绑定在一起的劳动力还必须在方方面面绝对服从于庄园主的命令。

与法兰克王国的扩张同时发生的，还有国王控制下

---

① 中世纪土地计量单位，合 7~15 公顷。

② 指除继承、出售、抵押外，土地拥有者还可以对某片土地行使特定使用权，具体可细分为采矿特许权、酿酒特许权、酒馆特许权、印刷特许权、道路特许权、牧场特许权、水利特许权、医药特许权等。

封建领主统治、大贵族家族和教会组织的快速扩大。他们把自己的田产委托给"管家"（villicus/Meier），后者需要在一系列广袤的地产上完成他的任务［称作庄园系统（Villikationssystem）］①。庄园经济活动并不限于农业生产，还包括交通运输和生活所需的一切手工业行当（磨坊、烘焙坊、制革坊、铁匠铺、制陶坊等）；在专设的女性工作坊里，人们还从事纺织物生产和加工。这样，庄园就成为一个自给自足的经济体，虽然它几乎不需要市场交易来满足自己的日常需求，但它也可以做到为市场交易提供货物。在查理曼统治时期，庄园经济规模便已发展到新的量级，经营管理需要制定书面文件。多亏它们留存了下来，我们得以很好地了解当时的劳动分配和收益。其中，"国库"（fisci）的情况最为清晰，在多份书面文件中我们可以看到，国库既是统治者决策的"舞台"，也是决策的"对象"，其管理和赢利基本依循书面文件的指示。值得注意的是颁布于 800 年前后的《田产法令》（Capitulare de villis）。该法令对领地的物资配置、税款缴纳、簿记核算等进行了精细的规定，[34] 但是，我们更应该将之理解为应对现实中的经营弊病而订立的规范，而不是对既有经营方式的总结和提炼。国库的收入来源广泛，不光承担宫廷的生活开销，还承担其代理人行走四方的花销，以及扩充军备所需要的费用，此外还能为官员、封臣和高级神职人员等提供充足的资金资助。广袤土地上的农业收成不仅允许，而且也要求普遍实行一种灵活的、流动性的统治方式。统治者喜欢建立"普法尔茨"（Pfalz）②，尤其是偏好寻找附带农家庭院的、没有设防的豪华

69

---

① 地主一般拥有一个自己使用和管理的领主宅邸（Herrenhof，即上文的 curtis dominica），或译作"主庄园"；除此之外，还分设多个分布广泛的次庄园/管家庄园（Nebenhöfe/Meierhöfen）。整个庄园系统由特定的管理者管理，自给自足。

② 或译作"行宫伯爵领"。

建筑作为其临时行宫，但繁华的教会场所有时也被他们用作下榻的地方。不过，一个例外是，在查理曼生命最后 20 年和"虔诚者"路易执政初期，政治活动基本上都集中在普法尔茨亚琛，这是因为扩张政策已进入尾声，同时也表明，中央集权的物资供给在此时达到了前所未有的效率。

　　除了财政收入，关税和铸币、司法费用和罚金、从有缴税义务的个人那里征收的税款，以及采邑和教会根据不成文的规定献上的"礼物"，也为王室带来了无法估量的收入，它们都是以货币或未铸成货币的贵金属形式支付的。关税似乎尤其重要：过路税（Verkehrszölle）至少可以根据需要，为维护道路、桥梁和港口提供资金；交易税（Marktzölle）产生于商品交易的过程，用于贸易市场的开办和保护，并且为 9 世纪王室监管货物流通铺平了道路。统治者颁布法令和文书，宣布了许多商品实施免税，为的是在商贸中优先扶持一些特殊项目。这对教会和修道院尤其有利，它们因为收益情况见好，从而能为周边地区提供慈善服务。我们从出土的硬币上可以看到，查理曼幅员辽阔的王国为商品交换提供了多少利好，贸易范围包括莱茵河以东和多瑙河以北的地域，一直延伸到英格兰和斯堪的纳维亚。一方面，查理曼在 805 年前颁布的《迪登霍芬法令》（Diedenhofener Kapitular）①反映了远程贸易也被统治者时刻关注着，边境检查站应严查向斯拉夫人占据的东部地带出口武器的行为；[35] 另一方面，"虔诚者"路易也向个别商人授予了皇帝保护令和别的一些优先权，使他们除了为宫廷和其他委托

---

① 查理曼在该法令中确定埃尔福特为王国东部的边境贸易中心，安排 Hredi、Aito、Madalgaudus、Audulfus、Warnarius 等人分别监督巴多维克（Bardowieck）、埃尔福特、马格德堡、福希海姆（Forchheim）、不来梅、洛尔希（Lorch）等重要城市的货物交易，还规定来自西部地区的商人不得向斯拉夫人和阿瓦尔人出售武器，等等。

方提供货物，还可以自主从遥远地区购进高价值的货物。[36] 在这个背景下，犹太商人也获得了保护，他们在加洛林王朝统治下，渐渐从意大利和南高卢向北迁移扩散，到 9 世纪末时就已经在莱茵河左岸的东法兰克王国扎下根来了。

教育和科学的革新

早从丕平和查理曼时期起，统治者就力图挽救教育和科学的没落。这项振兴事业投入时间长、涉及范围广，在法兰克王国，这一点尤其体现在与爱尔兰和盎格鲁－撒克逊学者的交往上。但它并非为了"复兴"古罗马文化，而是关乎教会改革，为的是革除礼仪和教义中的错误和粗鄙之处。由此，人们需要有更多的教导、更好的文本和跨地区的交流。"由于圣书里面穿插着大量修辞格、场景等（schemata, tropi et cetera），毫无疑问，读者越早全面地接受文学教育（in litterarum magisterio），就能越快地理解这些内容。"查理曼在 789 年颁布的律令中如是说道，而按照他的设想，修道院及其所属的教堂应当承担起文化教育的职责。[37] 国王的宫廷提供了核心动力，查理曼从大约 780 年起，就让德高望重的外国学者聚集在他身边，例如后来成为阿奎莱亚（Aquileia）宗主教的伦巴第人保罗（Paulinus，逝于 802 年）、来自蒙特卡西诺（Montecassino）的保罗·迪亚科努斯（Paulus Diaconus，逝于 799 年），还有以约克的阿尔琴（逝于 804 年）为首的盎格鲁－撒克逊学者、以邓格尔（Dungal，逝于 830 年后）为核心的爱尔兰学者圈，以及西哥特人狄奥多夫（Theodulf，逝于 802 年），即后来的奥尔良主教。他们不仅构成了查理曼甚为重视的文人圈子，还受委托经营宫廷学校、兴建图书馆、起草意见、编写教科书和范文，以及修订拉丁文版《圣经》。在传统的"七艺"的框架内，他们的兴趣也延伸到了自然科学领

71

域，例如天文学，以及与之相关的、长远地影响着历法体系的计算科学（Komputistik）。他们用这种方式对来自全国各地的有天赋的学生进行培养。很快，像安吉尔伯特（Angilbert，逝于 814 年）、艾因哈德（逝于 840 年）、莫杜因（Modoin，逝于 840/843 年）这样的法兰克人也进入了学者圈子，一段时间之后就接替前辈成为领军人物。

宫廷学校里的学习热情在大型修道院和占据中心地位的教会当中也不乏效仿者，他们孜孜不倦地培养着宗教信仰方面的新生力量。其中一项尤为基础的工作是读写教育，在艾因哈德记载的逸事中，查理曼自身年逾古稀还在努力学习。[38] 另一项基础任务是拉丁语教育，到 8 世纪的时候，这门语言在各地发展出巨大差异，因而需要统一拉丁语的使用规范，以古典标准对它进行净化。在藏书方面，我们也可以看到一个大规模的互相弥补、平衡的过程，因为最初抄本十分紧缺，应学校教育之需，没有比坚持大量抄录书籍更迫切的事情了，而需要抄录的也不能局限于当地所拥有的文本。幸好查理曼的帝国疆域辽阔；此外，一种经过简化的新字体的传播也对抄录事业大有裨益，那就是加洛林王朝的"拉丁文小写字母"（Minuskel）。在查理曼施政的几十年里，这种字体兴起于西法兰克的书写学校，一路高歌猛进地传播开来，从此以后，拉丁文所经历的一切发展都以它为基础。这种字母还为我们留下了无比珍贵的证据，证明查理曼经由宗教领域对书写文化进行的复兴，也使不太掌握拉丁文的平信徒们能够深刻铭记基督教的教义，甚至逐渐将一些尚未形成文字系统的方言固定了下来。例如用古萨克森语宣读的洗礼誓词，用古高地德语吟诵的《主祷文》，以及最早的、在查理曼统治时期就已做出的翻译《圣经》的尝试。

在他的儿子"虔诚者"路易统治时期，其身边仅有少数爱尔兰人被载入史册，宫廷学校总体而言渐渐不再占据核心地位，修道院教育机构则由此蓬勃发展，当中图尔（Tours）、科尔比（Corbie）、富尔达（Fulda）、费里耶尔（Ferrières）、圣加仑（St. Gallen）、赖兴瑙岛等地表现尤为突出。在"虔诚者"路易颁布的法令中，教育革新方面的要求所占据的地位远不及查理曼时代，这也是为什么 829 年颁布的一份教令中甚至明文规定不应减少"公共教育"（scholae publicae），因为不仅教会，皇帝本身也可从中获得巨大的利益。[39] 不过抛却这一点，我们仍然可以清楚地看到，由查理曼和他的宫廷学者推动的革新上升到了一个更高的文化水准，它的性质决定了它需要时间慢慢发展成熟，到 814 年后，它获得了更大的活力。一个证据是，越来越多以"更好的"拉丁文写成的文本从路易的宫廷中诞生，但与此同时，还有越来越多的专业的抄写室流出大量手抄本。流传至今的成千上万份手稿证明了，当时的人们是如何耐心又热切地吸收着神学、文学和各种日常的知识的。这个"文本宝库"里有数量显著的文学作品，它们往往是汇编成集的。因为人们有意识地将流传下来的各种知识汇集了起来，加工成具有教育意义的文本，所以这些书往往能切中时代的要害。9 世纪中期之后不久，加洛林时代的文化繁荣就在西法兰克王国迎来高潮，相较于东法兰克更为昌盛，尽管在后者的领土上诞生了第一批伟大的德语作品［例如《希尔德布兰特之歌》（*Hildebrandslied*）、《救世主》（*Heliand*）、奥特弗里德（Otfrid）的福音文学等］。等到诺曼人和匈牙利人的侵略越来越严重地影响到教会生活和政治秩序时，这种发展才在 9 世纪和 10 世纪之交迎来终结。但是直到当时，人们积累下来的书面文本已然汗牛充栋，足够接下来的几个世纪慢慢消化了。

4　信仰基督教的两位皇帝

8 世纪的拜占庭和西方

博斯普鲁斯海峡旁的东罗马皇帝［在希腊语中这个头衔叫"巴西琉斯"（Basileus）］自视为古代众皇帝的唯一合法后继者，对 476 年就走到尽头的西罗马帝国毫无缅怀之情。如今的帝国边界之外的所有统治者不论是否受洗，一概被视作野蛮人。拜占庭皇帝不过是姑且容忍着他们的存在，但实际上，他们理应臣服于皇帝的权威之下。理论上，皇帝主张拥有的领土主权范围之广，覆盖了从前的整个古罗马帝国；除此之外，皇帝还声称拥有对帝国教会（Reichskirche）的控制权，后者以君士坦丁转折事件（Konstantische Wende）为发端，将皇帝置于基督教世界的中心位置。因而，在拜占庭皇帝看来，除了染指君士坦丁堡和希腊教会，还很有必要介入拉丁西方。从 6 世纪起，整个拉丁西方，无论是历史悠久的帝国都城罗马，还是西方最后一个皇都拉文纳，抑或意大利其他地区，都臣服于拜占庭的权威之下。710 年，教宗君士坦丁一世（708~715 年在位）应皇帝之邀现身君士坦丁堡和尼科米底亚（Nikomedia），直到 20 世纪之前，再也没有第二位罗马主教前往该处。

皇帝基于历史做出的自我评价，和当时真实的局势之间有一道鸿沟。7 世纪，拜占庭帝国在巴尔干半岛（对阵阿瓦尔人、斯拉夫人和保加尔人）和东方（对阵阿拉伯人）遭遇了戏剧性的失败之后，哈里发国又铆足劲发起了新一轮进攻，在征服了迦太基（698 年）和整个从属于拉丁教会的北非之后，很快又向着君士坦丁堡进发，使拜占庭内部陷入一场严重的动乱。711~717 年，短短几年间就经历了四位巴西琉斯的权力更替，直到出生于叙利亚北部的身经百战的名将利奥三世（717~741

年在位）登上皇位，建立起伊苏里亚王朝（Isaurier）。他在保加尔人的支持下，成功地于717/718年粉碎了阿拉伯人对皇都长达12个月的海陆封锁，逼退了哈里发奥马尔二世（717~720年在位）先前就已驻扎在博斯普鲁斯海峡西侧的军队。相比732年法兰克宫相查理·马特在西方对阵"撒拉森人"时取得的胜利，利奥三世在防御上的此番成功，对于欧洲东部意义更为重大。但是这并未能帮助拜占庭摆脱在军事力量上占优势的穆斯林持续不断的威胁。拜占庭皇帝必须用尽各种办法保卫作为帝国核心地区的小亚细亚，长期以来，这成了他开展统治最重要的目标；相比之下，对在意大利宣示主权的追求则没有那么热切。

　　拉文纳帝国总督区（Exarch）下辖的地区以北部的潟湖为起点，经拉文纳、佩鲁贾（Perugia）、罗马和那不勒斯，一直延伸到普利亚和西西里。这片土地屡受伦巴第人骚扰，从很久以前就在军事上自生自灭，还公开表现出分裂倾向。君士坦丁堡围城期间，这片土地上发生了一场叛乱。利奥三世把叛乱镇压下去之后，很快就因为要弥补东部战事造成的损失，而开始额外征收苛捐杂税，激起了新的不满。当教宗格里高利二世（715~731年在位）对广泛的抗议表示支持时，皇帝反应十分激烈。他不仅没收了罗马教会在意大利南部和西西里岛面积广大的地产，还剥夺了教宗对君士坦丁堡牧首区内各教会和巴尔干半岛广大地区的管辖权。利奥三世从730年开始反对东方教会特别兴盛的圣像崇拜，罢黜了违抗他命令的牧首，并下令销毁圣像，使局势进一步恶化。此事在拉丁西方，特别是在罗马，完全得不到理解，还勾起了人们对几个世纪以来，东罗马皇帝试图独断专横地强行解决教会分歧的不好的回忆。新任教宗格里高利三世（731~741年在位）在一次罗马宗教会议上对所有"蔑视或破坏"圣像者做出谴责，[40]暗示皇帝本人也在其中。这位巴西琉斯"因为罗马和意大利的叛教行为而对教宗勃然大怒"[41]，派出一支舰队作为回应。不过，这支舰队于 732/733 年冬天在一场海上风暴中覆没，皇帝故而不得不忍受伦巴第国王利乌特普兰德（712~744 年在位）趁帝国境内民情汹涌之机发起新的征服行动，并于 732 年攫取了拉文纳。尽管逃往威尼斯的总督不到一年时间就能从海上发起进攻，夺回他的辖地，但是他此后一直处于守势，伦巴第国王利乌特普兰德则不断扩大势力范围，对南部的斯波莱托（Spoleto）公国和贝内文托公国发起攻击。当他于 743 年重新站在拉文纳城下时，教宗扎加利（741~752 年在位）不得不亲自出面议和。对谋求政治独立性的罗马主教来说，比起面对皇帝的攻击、在总督区维护自己的权力，对伦巴第人扩张势头的遏制在此间更显紧迫。因而在 739 年，格里高利三世就已经向法兰克人发出了第一次求救的呼号，然而并没有得到答复。在维持了几年的休战期过后，国王艾斯图尔夫（749~756 年在位）重拾利乌特普兰德富有攻击性的方针，在 751 年彻底拿下了拉文纳及其周边地区，结束了帝国总督区的存在。他的出场给教宗带来了巨大的威胁，促使斯蒂芬二世（752~757 年在位）请求丕平国王以武力介入意大利；而同年（754 年），拜占庭皇帝君士坦丁五世（741~775 年在位）进一步加深了与西方的裂痕，因为他在一次帝国宗教会议上宣告所有圣像崇拜行为都是异端行为，都有违基督教信仰。

在这种情况下，对屡战屡胜的法兰克人来说，754/756 年时，自然就不应该把从伦巴第人手中夺下的地方（拉文纳及其周边地区）归还原主，即信仰上和他们有分歧的拜占庭皇帝，而是像曾许诺的那样，应该交给罗马教宗，并让其在此基础上建立起教宗国——一个所谓的"罗马共和国"（res publica Romanorum）。然而直到很久以后，罗马可以独立于罗马帝国之外这个理念才被普遍接受。尽管教宗扎加利在位时就已不再向君士坦丁堡发出"就位信函"（Antrittsschreiben），但在斯蒂芬二世时期，罗马仍在铸造带有皇帝头像的硬币，而且直到哈德良一世时期（772~795年在位）才废除了按巴西琉斯执政年份对教宗文书进行归档整理的做法。与此同时，在778年的一份教宗文书中，第一次出现和君士坦丁大帝有关的信息，称他曾"把管理这片西方土地（Hesperiae）的权力赠给"罗马教会，⁴²也就是所谓的《君士坦丁献土》。这份伪造的文件到了9世纪才得以流传，但很显然，它存在的意义是给754/756年局势变化以来教宗的这种新的独立性提供历史证明。这份文件试图宣告一种真实的现状，即不存在凌驾于教宗之上的皇帝，后者在西方的统治范围已经萎缩到西西里岛和亚平宁半岛的最南端，并且也只是名义上对威尼斯和伊斯特拉（Istrien）地区、那不勒斯以及坎帕尼亚（Kampanien）地区的海滨城市拥有主权。

通往西方皇权之路

法兰克国王查理曼自774年起也成为伦巴第人的国王，并自称"罗马人的贵族"（Patricius der Römer）。在罗马和意大利经过漫长的蛰伏，终于在8世纪脱离东部帝国之前，他加冕为皇帝，这是不可想象的。他那节节上升、几乎势不可当的权力在800年圣诞节当日的加冕仪式上达到了顶峰，那是加洛林人有史以来拥有的最大的权力。尽管如此，我们还是需要注意，在回顾查理曼通往新皇位的道路时，不要以为当中有很多深谋远虑。如今，我们没有证据证明800年前的人曾目标明确地追求皇帝之位，这一点儿也不出奇。查理曼以身为法兰克人国王而自豪，他是所有民族中的最强者，远胜罗马人甚至希腊人（后者在军事上已多年无甚建树）。已是万民主宰的他，还需要进一步获得皇帝尊荣吗？要知道，几个世纪以来，这个所

77

谓的"皇帝之位"就只是在遥远的君士坦丁堡代代相传，却又反复落入"有着真正信仰"的敌人之手，正如不久之前发生的那样。而且不管是和拜占庭和睦共处，还是与之水火不容，身处西方的人们到底要以何种方式接续这个消亡已久的西罗马皇帝传统呢？毕竟此时还根本不存在可以拥立皇帝的帝国军队。

查理曼当然知道，他父亲丕平在位时，就在意大利第一次与东罗马就归还总督区一事发生对峙；他也知道不久之后，东罗马就派出了和亲使者，请求让他的妹妹吉塞拉（Gisela）嫁给皇太子利奥四世（Leon IV，775~780 年在位）；他还知道，767 年人们在让蒂伊（Gentilly，位于巴黎附近）和希腊神学家之间就圣像崇拜一事爆发了争论；但是，他本人和拜占庭的接触却是相当晚才发生的。781 年，在第二次拜访罗马时，他会见了伊琳娜女皇（Kaiserin Eirene，逝于 803 年）派来的使者。她的夫君利奥四世英年早逝，未成年的儿子君士坦丁六世（780~797 年在位）继位之后，伊琳娜女皇垂帘听政，为了周全地稳固她饱受争议的统治而提议结盟。查理曼同意了他尚且年幼的女儿罗特鲁德（Rotrud）与年轻皇帝之间的亲事，但是 6 年之后，当再一次前往意大利送准新娘（这几年里已接受安排学会了希腊语）出嫁时，事情却戛然而止，原因是伊琳娜女皇对查理曼全副武装地进入意大利南部地区非常反感；而查理曼又对女皇的做法相当生气，因为尽管有两位教宗使节参加了她于 787 年举行的涉及整个基督教世界、恢复了圣像崇拜的第二次尼西亚公会议①，却没有哪怕一位法兰克主教能列席其中。

从那以后，查理曼在和拜占庭打交道时，就力求在神学问题上压倒对方。数年之后，当他收到经过哈德良教宗批准的，

---

① 会议指责圣像破坏运动为异端行为，并宣布圣像可以被尊养，但不可以被当成神来崇拜。

却出现了重大翻译错误的拉丁文版尼西亚公会议决议时，他委托宫廷学者写下他的态度，即《加洛林书》（Libri Carolini，全称 Opus Caroli regis contra synodum，直译为《查理国王反对宗教会议书》），当中不仅反对尼西亚公会议采用的决议程序，而且驳斥了会议通过的决议，同时也驳斥了此前对圣像的禁令。此实非理智之举，但这份文书被视为查理曼的权威表态，而且标题把他标榜为"统治高卢、日耳曼、意大利和其他毗邻省份的法兰克国王"[43]。直到查理曼于 794 年 6 月在法兰克福召开大公会议，人们所提出的宗教主张，才算是涵盖了整个基督教西方，因为这回除了两位教宗使节，来自法兰克王国全境乃至西班牙（阿斯图里亚斯）和英格兰地区的主教们也都出席了。按照东罗马皇帝的方式，查理曼国王还为自己添加了"上帝神圣教会的儿子和保护者"[44]的头衔，宣布"嗣子说"（Adoptianismus）（一种源自西班牙地区的神学观点）为"渎神的异端"，并在公布一系列教会改革决议之前，先在法令中讨论了"这场新的希腊宗教会议的问题"，即有关（被人们认定为）"圣像崇拜"[45]信条的问题。

此举意味着他的君主权能堪比巴西琉斯，如果不是马上发生了不可预见之事加速了局势的发展，情况很可能就这样保持下去。797 年，博斯普鲁斯海峡边上，君士坦丁六世在一场宫廷政变中被废黜，还被刺瞎了双眼，他的母亲伊琳娜从此打破传统，以自己的名义开启统治。她立马采取积极的外交攻势，向亚琛派出使者。根据《帝国年鉴》（*Reichsannalen*）的记载，798 年，她的使者向亚琛方面提出签订和约。[46]来自科隆的一份非常简洁的记录显示，她甚至提议让查理曼参与皇帝统治，不管以什么形式。[47]与此同时，查理曼倚靠东罗马的帮助，和远在巴格达的哈里发哈伦·拉希德（Harunal Raschid）互遣使者。最后，799 年，遭强大对手敌视、几乎为千夫所指

79 的罗马教宗利奥三世成了一场突袭的受害者，险些被刺瞎双眼、割掉舌头和被废黜。但是暗杀行动没有成功，教宗受了些轻伤，不久之后就被法兰克王国的使者保护起来。初时人们以为教宗双眼真的被刺瞎了，得知这个错误消息的学者阿尔琴写信给查理曼，对世界局势做出了这样的判断：人世间拥有至高权力的三个人，即教宗、拜占庭皇帝和法兰克国王，前两个已被野蛮的暴力摧残，现在只剩查理曼拥有基督之教会的救赎；因而他当是"罪行的复仇者、迷途羔羊的指引者、悲伤之人的安慰者、善行的佑护者"[48]。

查理曼和利奥三世

查理曼决定和这位被背弃的教宗站在同一阵线，但不是把他接到亚琛，而是接到帕德博恩，如此一来，他就可以作为萨克森异教徒之征服者，在那里登场亮相。尽管从来没有明确的证据，但我们不难想象，799 年 9 月的这次会晤一锤定音，通过了让教宗为皇帝行加冕礼的构想。与古代或拜占庭皇帝登基的仪式不同，此举意味着皇帝和罗马教会将建立起紧密的联系。查理曼暂且以极高的礼待将利奥三世送回台伯河畔，并安排高级官员缉拿刺客，押送到法兰克王国。查理曼则隔了整整一年，即直到 800 年 11 月底才前往罗马，这一次他不再以贵族（Patricius）的身份觐见教宗，而是明显有皇帝的风范。他在圣伯多禄大教堂主持了长达 4 周的宗教会议，逐一处理针对教宗的指控，最终 12 月 23 日，利奥三世（起码从形式上看是自愿的）宣誓自己清白无辜。教宗的名誉由此恢复。根据《劳伦斯年鉴》（*Lorscher Annalen*，即 *Annales Laureshamenses*）① 的记载，宗教会议的全体在场者也"必须

---

① 也译作《洛尔施年鉴》。

称查理，法兰克的国王，为皇帝"。因为这个尊荣，即"英白拉多之名"（nomen imperatoris），是从希腊人那里拿来的，而且查理曼从此将统治罗马以及皇帝在西方拥有的其他都城。"查理国王勉为其难地答应了他们不合情理的请求，只好怀着对上帝极大的谦卑，在最高祭司和全体基督信众的请求下，通过利奥教宗主持的庄严仪式，于我主降生之日接受皇帝之名。"[49]罗马圣座年鉴（Papstbuch）和法兰克帝国年鉴一致记载了圣诞节这一天在圣伯多禄大教堂发生的事情，利奥教宗在弥撒仪式上将一个造价高昂的皇冠戴到国王头上，被召集在一起的罗马人高呼"查理，奥古斯都，上帝加冕的、伟大的、守护和平的皇帝"[50]。此外，史料还记载了一点：利奥教宗在新晋皇帝面前下跪以示效忠，并为查理曼的儿子查理二世（即青年查理）傅油，加冕其为国王。

　　加冕庆典的过程表明整件事是经过精心准备的。艾因哈德记载了查理曼的一番声明，这段话也被历史研究者反复咀嚼："尽管这是一场至关重要的庆典，可倘若他事先知晓教宗的计划，他必不会在这一天踏进教堂。"[51]我们很难将这番话解读为，他当真对加于自身的荣耀感到惊讶；实际上它的意思应该是，仪式和他设想的情景不一样。教宗突出强调的"罗马人的皇帝"这个角色可能对他造成了困扰，因为这意味着和东罗马帝国分庭抗礼，也有损法兰克民族的至上地位。正因如此，法兰克方面的史料纷纷努力传递一种印象，即查理曼早就凭借自己的力量掌握权能之"实"，而接受这一系列权位之"名"，不过是"实至名归"。然而，皇帝之位的历史渊源决定了它既是"罗马的"，也是"世界的"，它没有明确指涉别的某个民族，所以该怎么把它和已有的"文明的"法兰克国王之位联系起来，很是伤人脑筋。人们思前想后得出的结论是，给加冕礼上人们高呼的尊号再添加一些元素——"统治罗马帝国的、领受上帝恩典的、法兰克人和伦巴第人的国王"[52]，构成了第一个复杂的皇帝头衔，目前已知最早出现在 801 年 5 月查理曼颁布的官文中。没等查理曼对皇帝之位做出这样的解释，利奥三世就利用那场圣诞弥撒的时机，以及他作为教宗为皇帝赋予了神圣色彩的既成事实，授予查理曼审判罗马城反对派的最高司法权力。总之，查理曼在皇帝之位上执行的第一个行动是，不等教宗施恩以放逐了事，就于 801 年 1 月初以古代的皇帝权力（Kaiserrecht）为依据，直接给行刺教宗的罪魁祸首判了死刑。

罗马主教未经君士坦丁堡认可就加冕了一位"对立皇帝"（Gegenkaisertum），这个结果显然不是伊琳娜女皇在之前的外交行动中所追求的，在博斯普鲁斯海峡边上的帝国眼里，这无疑是狂妄野蛮之举。为了试探查理曼的统治野心，女皇向亚琛派出使者。作为回应，802 年，法兰克王国和教宗也向拜占庭帝国遣使。根据一位希腊编年史家的看法，双方无意于通过查理曼和伊琳娜的联姻解决当下的所有问题，[53] 提出联姻方案主要是出于对查理曼皇帝头衔的尊重，以及某种程度上想要共同行使皇权统治。而在 802 年底再度发生政变，伊琳娜被推翻，新的统治者尼基弗鲁斯一世（Nikephoros I，802~811 年在位）结束了罗马皇帝的"空位"（Vakanz）状态之后①，东西双方仍打算这么做。尼基弗鲁斯一世也派出了使者，于 803年夏天抵达查理曼面前，但双方未能达成共识，外交联系一度中断。直到两个帝国在亚得里亚海（Adria）北部的军事冲突难分胜负，双方才在 810 年重新建立联系。由于保加尔人对帝国威胁升级，且尼基弗鲁士一世也在 811 年与他们战斗时命丧沙场，君士坦丁堡已决定和西方帝国全面修正关系。受米海尔一世（Michael I，811~813 年在位）委托，拜占庭使者

---

① 伊琳娜虽作为女皇掌握实权，但时人认为女性不能成为皇帝，因而罗马皇帝之位处于所谓的"空缺"状态。

于 812 年在亚琛认可查理曼为巴西琉斯 / 英白拉多（basileus/imperator），条件是法兰克人放弃对威尼斯的控制。[54] 但是这只承认了双方拥有的"皇权"是平等的，而没有承认他们在"罗马"（Römertum）问题上的平等性，因为从那以后，查理曼头衔里（以及后来加洛林统治者头衔里）和罗马相关的字样都消失不见了，这显然是双方约定的结果；而博斯普鲁斯海峡边的帝国不久之后就正式使用起从前只在文献中出现过的"罗马人的皇帝"之称。

800 年后的皇权和教权

就像艾因哈德所看到的那样，查理曼对其加冕仪式有一种疏离感，这种感觉也继续体现在他对待新获得的皇帝尊荣的态度上。以皇帝身份执政的 13 个年头里，他再也没有前往罗马，而是选择于 804/805 年冬天，在兰斯（Reims）、基耶尔济（Quierzy）和亚琛接待利奥教宗。当他于 806 年依照法兰克王国既有的传位方式，在《分国诏书》（Divisio Regnorum）中规定未来将帝国分给三个有继承权的儿子查理二世、意大利的丕平和"虔诚者"路易时（其实早在 800 年前他就做出这个决定了），他并没有丧失对理应不可分割的皇权的话语权。[55]直到其中两个儿子先后撒手人寰，813 年，查理曼在没有罗马人和教宗参与的情况下，将唯一健在的儿子"虔诚者"路易（814~840 年在位）封为（共治）皇帝，他亲自从亚琛宫廷礼拜堂（die Aachener Pfalzkapelle，即现在的亚琛大教堂）的圣坛上拿起金冠，戴在儿子头上。比起 800 年在罗马的加冕仪式，这种传位方式更符合拜占庭的传统，也许是人们与希腊人打交道时才接触到的。这至少表明了，查理曼在生命的最后时日，把在罗马圣伯多禄大教堂获得的西方皇帝之位，当作联结加洛林王朝每一代家族统治者的遗产。查理曼的继承者路易也是这个想法，即位后不久，他就以 817 年《帝国诏令》（Ordinatio imperii）规定了王朝的未来，在皇权的普世属性和法兰克王权的可分割性之间寻求平衡。[56] 具体做法是，他亲自为长子洛泰尔一世加冕，地点又选在亚琛，而且是在没有教廷参与的情况下加冕的；然后他立马将帝国最核心的地区连同皇权一起交给长子，年轻的儿子们在父亲死后只能得到之前承诺的相对次要的地位。

　　然而，教宗们是不会放任与皇权的联系就此脱手的。利奥教宗的继任者斯蒂芬四世（816~817 年在位）816 年亲赴兰斯面见"虔诚者"路易，主张有充分的理由为皇帝伉俪加冕，并且要用他自己带来的、据说曾属于君士坦丁的皇冠来进行加冕，尽管法律没有规定，但是皇帝应当记得，皇权之源在罗马。从 817 年起就是副帝（Junior-Kaiser）、自 822 年起单独统治意大利的洛泰尔一世，823 年复活节一过，就应教宗帕斯夏一世（817~824 年在位）之邀前往罗马，在圣伯多禄大教堂接受了庄严盛大的傅油和加冕礼，确认了他继承父亲主要遗产的资格。自 800 年以来，时隔多年，皇权又回到了它最初的起点。10 年后，格里高利四世（827~844 年在位）越过阿尔卑斯山，力图平息皇子们反对路易皇帝的起义，"重建和平与和睦"[57]，可惜也未能促使他们在未来的继承顺序上达成一致。再也无法影响局面的教宗主张皇帝洛泰尔——"虔诚者"路易逝世（840 年）后的血腥继承战中的落败者——只掌管《凡尔登条约》（843 年）划定的查理曼帝国中部包括亚琛和罗马在内的那 1/3 领土。洛泰尔将意大利的统治权交给长子路易二世，让他于 844 年在罗马由教宗塞吉阿斯二世（Sergius II，844~847 年在位）傅油，[58] 加冕为"伦巴第人的国王"，又让其于 850 年由利奥四世（847~855 年在位）加冕为皇帝，由此保证路易二世得到教宗的支持。至此，在皇权授予的问题上，教宗重新掌握决定权。路易二世（850~875 年在位）在父亲逝世（855 年）后，独立统治南部领土 20 年之久；而在他无话事权的阿尔卑斯山北麓，人们称呼他为"意大利皇帝"。[59]

　　路易二世没有男性继承人，使皇帝的加冕者——教宗——地位进一步提升，因为西法兰克国王"秃头"查理和东法兰克王国最年长的王子卡洛曼（Karlmann）正在争夺继承权，尤其是意大利王国的统治权。"秃头"查理获得教宗若望八世（Johannes VIII，872~882 年在位）的青睐，于 875 年圣诞节，也就是祖父查理曼加冕 75 周年之际，在圣伯多禄大教堂戴上了皇冠。他试图成为全法兰克真正的最高统治者，却很快失败了，877 年在他的第二次意大利之行返程中溘然长逝。此后，皇帝之位多年空悬，因为没有一个加洛林家族成员愿意前往罗马，帮助教宗抗击撒拉森人、罗马城里的反对者以及意大利中部的大地主们。直到 881 年初，查理三世（Karl III）[①]，即两位东法兰克国王中较年轻的那一位，听从若望八世的话，前往罗马加冕为皇帝。在后来的年岁里，他四度前往意大利，每次停留数周乃至数月（但没有去罗马），两次与教宗会面，却仍无法保障领土的稳定；也只是因为加洛林家族两个分支的后代在短时间内接连辞世，到 884 年末，他才一步步完成整个帝国的统一。查理三世在抵御诺曼人的战争中失败，加之病重体弱，他声望日微，最终在 887 年 11 月被东法兰克王国的权势者们推翻，不久就撒手人寰。

　　在四分五裂的查理曼帝国，皇帝的统治权实际上已然萎缩为意大利地区的统治权。此外，与查理三世及教宗们敌对的斯波莱托公爵圭多二世（Wido II von Spoleto）[②]起初掌握了

84

---

① 史称"胖子"查理。

② 或译作居伊二世。

话事权，889 年 2 月，他在世俗和教会大人物们的支持下，在帕维亚当选为意大利国王。获得越来越广泛的认可之后，891年 2 月，他又凭借一次罗马之行，成功让原本敌对的教宗斯蒂芬五世（885~891 年在位）将他加冕为第一位非加洛林家族出身的皇帝。他的儿子朗贝尔（Lambert）也于 892 年在拉文纳由下一任教宗福尔摩苏斯（Formosus，891~896 年在位）加冕为皇帝，但福尔摩苏斯与此同时也在盘算着依靠谁来摆脱掉那位离罗马太近的"暴君圭多"。教宗把希望寄托在东法兰克的加洛林人阿努尔夫（Arnolf）[60]身上。此人在圭多逝世（894 年）后出兵一路攻至罗马，无视逃跑的朗贝尔，于895 年 2 月由福尔摩苏斯加冕为（对立）皇帝。可是教宗终究也未能对圭多统治下的斯波莱托施加有力的干预，因为阿努尔夫很快就患上重疾，急于返回巴伐利亚。899 年底，阿努尔夫在雷根斯堡与世长辞，年轻的皇帝朗贝尔则于 898 年在一次打猎中不幸丧生，比他先一步离开人世。皇位空悬期间，路易二世的外孙下勃艮第（普罗旺斯）的路易国王（Ludwig von Niederburgund）① 于 900 年 10 月在帕维亚即位，成为意大利王国的新一任国王。和拜占庭联姻（可能是经教宗牵线搭桥）彰显了他的勃勃野心，900/902 年，他迎娶拜占庭皇帝利奥六世（Leon VI）的私生女安娜，后者给他生下一个儿子，取了一个特别的名字：卡尔·康斯坦丁（Karl Konstantin）。可惜路易国王要求教宗本笃四世（Benedikt IV，900~903 年在位）于 901 年 2 月为他进行的皇帝加冕礼没能带来好运，才到 902 年年中，他便被迫屈服于意大利弗留利的贝伦加尔（Berengars von Friaul）。贝伦加尔于 888 年正式成为国王，并且和路易一样，他的母亲也是加洛林家族的后代。当路易于

---

① 史称"瞎子"路易。

905 年违背誓言，再度进军意大利并挺进至维罗纳时，对手俘虏了他，刺瞎了他的双眼，使其无法再进行统治，然后将他送回普罗旺斯。直到 928 年逝世，"瞎子"路易在当地一直保留着皇帝的头衔，却不再掌握实权。罗马方面则因为顾及仍然在世的皇帝"瞎子"路易，多年来一直对屡战屡胜的贝伦加尔持保留意见，因此直到 915 年末，贝伦加尔才从出身拉文纳，并且又在那里和他结盟的教宗若望十世（Johannes Ⅹ，914~928 年在位）手中获得皇帝的尊荣。作为查理曼的第十位继任者，贝伦加尔掌权期间，在意大利北部以外几乎得不到多少尊重。随着他在 924 年被谋杀，加洛林王朝的皇帝统治确凿无疑地走向了终结。身居君士坦丁堡的巴西琉斯再一次冠绝天下、无人可敌，因为城主阿尔贝里奇（Alberich，逝于 954 年）① 治下的罗马不再指靠外来统治者——皇帝——的力量了。

9 世纪两大帝国并立

812 年，人们在亚琛宣布在"两个皇帝"的问题上各让一步，并订立条约② 加以巩固。可没过多久，东西方教会之间又生龃龉，起因是皇帝利奥五世（Leon Ⅴ，813~820 年在位）在多次军事失利后再度挑起圣像之争，并自 815 年起对圣像崇拜者施以重罚，其中一些圣像崇拜者逃到罗马寻求庇护。此事使下一任皇帝米海尔二世（Michael Ⅱ，820~829 年在位），即阿摩里奥王朝的建立者，在 824 年写信向"虔诚者"路易（该信保留了下来，信头称呼对方为"兄弟路易，法兰克人和伦巴第人光荣的国王和皇帝"61）发出请求，表示希望教宗在神学上居中调停，不过他的愿望落空了。再下一任皇帝狄奥斐

① 即斯波莱托公爵。

② 即《亚琛条约》。

卢斯（Theophilos，829~842 年在位）的求救同样未得到回应。他于 838/839 年和 842 年两度向"虔诚者"路易求援，后来又向洛泰尔一世求援，请求他们提供军事援助，助他抗击阿拉伯人。但在皇帝米海尔三世（842~867 年在位）尚且年幼、由他人摄政期间，843 年圣像崇拜被彻底恢复，拜占庭帝国和以法兰克人为代表的西方关系不再紧密。随着 847 年由皇太后任命的牧首伊格纳提乌斯（Ignatios）被废黜，新的对立出现了。858 年，博学的平信徒佛提乌斯（Photios）取而代之，为此，他必须急速晋升，在短时间内跨越所有教阶。人们对这件事的不满传到了罗马，教宗尼古拉一世（858~867 年在位）自然不会错过在东方施展其教宗威权的大好机会。863 年，他拒绝承认佛提乌斯的合法地位，佛提乌斯则反过来于 867 年召开了一次宗教会议，宣布罢黜教宗尼古拉一世并施以绝罚，还邀请皇帝路易二世前往意大利见证这项判决的执行。没等这一切正式生效，867 年 9 月 23/24 日，米海尔三世就被共治皇帝巴西尔一世（867~886 年在位）谋杀，结果是，伊格纳提乌斯重新取代佛提乌斯成为牧首。在 869/870 年于君士坦丁堡举行的第八次大公会议上，东西方关系重归于好，但不久后，也就是伊格纳提乌斯逝世（877 年）之后，教宗若望八世再度将佛提乌斯扶上牧首之位，879/880 年于博斯普鲁斯海峡岸边举行的大公会议巩固了这种新局势。

巴西尔一世发动政变后，东西方教会和平共处的那些年里，两个帝国也在意大利南部共同采取军事行动，对抗不断进犯的阿拉伯人，彼时后者已经在巴里（Bari）中心建立了一个埃米尔国。869 年两个帝国缔结盟约，并约定不久后让路易二世的女儿伊明加德（Irmingard）和拜占庭皇子康斯坦丁（Konstantin）结为连理。联手之后，法兰克人和拜占庭帝国分别从陆地和海上对固若金汤的巴里发起进攻，最终于 871 年

2 月初将其攻下。可甫一告捷，两位胜者之间又爆发了冲突，双方围绕优先地位和皇帝权威的问题争执不休。从路易二世怒气冲冲的书信中我们可以读到，[62] 巴西琉斯质疑他的皇帝头衔，声称皇帝头衔只应由君士坦丁堡的统治者拥有，这份尊荣早在查理曼那时就被非法窃取了；而由于路易二世从未对法兰克王国全境进行统治，所以他不该被称为"法兰克人的皇帝"，更遑论"罗马人的皇帝"了。对此，路易二世坚持认为他的尊荣来自罗马，他是在那里接受教宗傅油的；法兰克人对罗马帝国有统治权，理由是他们有着正统的信仰，希腊人则恰恰相反，他们因为信奉异端邪说而丢失了正统的信仰，而且他们不光抛弃了罗马城，还抛弃了罗马民众，甚至抛弃了拉丁文。这个争端清楚地显示了，加洛林王朝对皇权的理解已经和教廷对皇权的理解非常接近了，只是这件事到头来也没有什么下文，因为路易二世的满腔自信很快就被浇灭了。他被贝内文托的阿德奇思公爵（Herzog Adelchis von Benevent）囚禁了一个月，后者看在他发了誓的份上才将他释放，此后他再未踏足贝内文托公国。① 直到教宗哈德良二世（867~872 年在位）于 872 年圣灵降临节那一周在罗马为他加冕，并且解除了他受迫时做出的誓言，路易二世才重新树立个人威望，但他实际上再也没有进军意大利南部。不久之后，巴里又重新归东罗马帝国所有。

88

5　在两个帝国之外

从 9 世纪之初开始，　　　　和君士坦丁堡就是两个帝国的中

---

① 阿德奇思与撒拉　　　　时曾求助路易二世，取胜后路易二世进入贝内文托，准备掌控该公国　　　奇思发动政变囚禁路易二世，迫使其发誓不再入侵贝内文托后才将其释

心。帝国统治者以它们为原点开展的统治覆盖了基督教世界的绝大部分地区，但绝非整个欧洲。若撇开由伊斯兰文明主宰、以科尔多瓦为首府的西班牙不看，那么在两个帝国的疆域里，可以看到拉丁语—天主教文化圈和希腊语—东正教文化圈开始逐渐形成，到将近 1000 年的时候，它们才达到长期以来相对稳定的规模。

加洛林王朝的周边地区 I：
意大利南部和西班牙北部

庞大的法兰克王国南边与一系列信奉基督教的小国接壤，它们在伦巴第和西哥特王国灭亡后幸存下来，并成为拜占庭和阿拉伯势力范围之间的缓冲地带。在意大利南部，贝内文托的几代公爵在 774 年之后就自封为"伦巴第人的王公"，并延续了以前伦巴第国王的立法权。他们知道如何让法兰克人的霸权美梦化为泡影，自己却和拜占庭名义上掌控的海滨城市——那不勒斯、阿马尔菲（Amalfi）和苏莲托（Sorrent）——冲突不断，这些城市凭借自治地位和贸易利益，也懂得如何不被他人攫取。而撒拉森人的持续攻击造成的挑战与日俱增，加之（自 9 世纪 40 年代起）萨勒诺（Salerno）和卡普亚两个亲王国分裂出去，进一步冲击了贝内文托的霸主地位。自从皇帝路易二世遭遇惨败（871 年），拜占庭帝国就加强计划，从巴里出发，征服了几乎整个南海岸和大片腹地，并将其设定为"伦巴第亚军区"（Thema Langobardia）。891 年，他们甚至暂时性地夺得贝内文托城，但和之前的加洛林王朝一样，他们也没能实现统一意大利南部的宏图伟业。就这样，意大利南部的一群蕞尔小国保持着岌岌可危的平衡，对于正在抗击撒拉森人的拜占庭帝国来说，它们作为军事后备力量是不可或缺的。在"伦巴第"这个身份意识逐渐弱化的同时，"希腊性"

（Griechentum）在语言和宗教层面正不断拓展；两个层面共同作用，使此处无法像在欧洲其他地方那样，在同族原则的基础上建立起一个君主制帝国。

伊比利亚半岛最北部，也就是基督教退守的区域，则显出了完全不一样的态势，该区域在 711 年后，成功躲过了阿拉伯人对西哥特王国的征服。根据后世充满赞颂和美化的记载，（可能在 722 年）哥特贵族佩拉约（Pelagius）在科法敦加（Covadunga）第一次成功击退了“来自整个西班牙的极为庞大的军队”。[63] 由此，他保住了一个小小的王国，这个小王国自罗马帝国时代起就由著名的山地民族阿斯图里亚斯人和逃到此处的哥特人组成，因为信奉基督教而有别于周边环境。佩拉约的女婿阿方索一世（739~757 年在位）作为阿斯图里亚斯国王，驱逐了来自加利西亚（Galicien）和坎塔布里亚（Kantabrien）的穆斯林，加倍接收了来自南方的基督教移民，并开始对人口消失殆尽的边境地带进行建设，以应对阿拉伯人的入侵。到阿方索二世（791~842 年在位）执政时，他的出生地奥维耶多（Oviedo）被提升为首都，在其治下，可以清楚看到王国有意识地强化了哥特人的传统。在宗教信仰上（围绕“嗣子说”争端），国王让阿斯图里亚王国和处于伊斯兰控制下的古老大都市托莱多划清界限，而与查理曼建立关系，并加强了对使徒雅各的信奉——彼时雅各之墓在加利西亚的阿玛亚［Amaia，即后来的孔波斯特拉（Compostela）］“被发现”，不久后就成为基督教的“精神圣地”。在复杂多变的战争中，继任者阿方索三世（866~910 年在位）继续向南扩张，抵达杜罗河（Duero）畔，迁都莱昂（León），将阿斯图里亚斯王国扩展成莱昂王国。

比利牛斯山区及其南边地带受法兰克人的影响更强烈。800 年前，潘普洛纳（Pamplona）周围形成了一个信奉基督

90

教的小王国巴斯克［Basken，后称纳瓦拉（Navarra）］和一个特殊的阿拉贡伯爵领。两个小政权都没有参与牵制阿拉伯人，却都为了保护自己的独立性而与加洛林王朝对抗。而在更东边，法兰克人为了抵御穆斯林对高卢地区的进犯（他们最终于 793 年发动进攻），也强势地跨越了比利牛斯山。801 年被"虔诚者"路易占领的巴塞罗那城，此时成了一个关键地区的重要支柱，这个地区很快就被叙事作品赋予"西班牙边区"（Marca Hispánica）之名，[64] 它由多个伯爵领组成，隶属于法兰克王国，和南高卢紧密相连。来自西班牙的哥特人获得特权，安居在比利牛斯山两侧，大约从 830 年开始，这里就发展出一个独特的地理称谓：哥特恩（Gothien）。地方势力由当地的贵族家族掌控着，他们在 9 世纪渐渐脱离西法兰克王国的管控。而"加泰罗尼亚"这个名称直到 12 世纪才首次出现。

加洛林王朝的周边地区 II：
盎格鲁－撒克逊人和凯尔特人

和生活在前罗马行省高卢地区的法兰克人不同，从大陆出发向南方和大不列颠岛中部推进的盎格鲁人、撒克逊人和朱特人（Jüten）几个世纪以来都没有形成一个政治统一体。经历 7 世纪的基督教化之后，他们除语言和法律的共性外，还拥有了一个以大都市坎特伯雷（Canterbury）和约克（York）为中心的、覆盖全英格兰的教会组织。可即便如此，根据历史作家比德（Beda，逝于 735 年）的记载，"七国时代"群雄并立，肯特王国（Kent）、苏塞克斯王国（Sussex，意为南撒克逊）、埃塞克斯王国（Essex，意为东撒克逊）、威塞克斯王国（Wessex，意为西撒克逊）、东盎格利亚王国（Ostanglien，又译东英吉利）、默西亚王国（Mercien，又译麦西亚）和诺森布里亚王国（Northumbrien）构成了多重竞争关系。[65] 按照规定，诸王中的最强者将获得优势地位，9 世纪的盎格鲁 - 撒克逊编年史尊称其为"不列颠统治者"（Bretwalda）。[66] 起初，这个角色意味着拥有最高军事指挥权，能够集结全盎格鲁 - 撒克逊的力量来对抗不列颠人或皮克特人（Pikten）；根据比德的说法，[67] 当诺森布里亚国王奥西乌（Oswius，642~670 年在位）死后，"不列颠统治者"的权力实际上已明显削弱，此后，诸王的地位也绝不平等。威塞克斯国王因尼（Ine，688~726 年在位）率先脱颖而出成为立法者，后来则轮到默西亚王国在整整一个世纪里占据统治地位。国王埃塞尔巴德（Aethelbald，716~757 年在位）和国王奥发（Offa，757~796 年在位）逐步将统治权威拓展到埃塞克斯、肯特和苏塞克斯，那些地方的国王之位虽被保留下来，实际上却已被他们视作"附属国君主"（subreguli）或"地方首领"（duces）。国王奥发就是著名的"奥发大堤"（Offa's Dyke）的修建者，这个巨型防御工事是用来抵御西边的凯尔特人的，修筑于784~796 年，长度超过 100 公里。他发行了铸有其名字的硬币，和查理曼保持来往。此外，他还试图让儿子和女儿都与法兰克国王的孩子联姻，可惜愿望并未达成；不过，他在 796 年通过王国法庭（Königliche Gerichte）顺利和对方缔结了保护商人的平等互惠条约。[68]

古老的英格兰在诺曼人开始大举进犯时迎来了历史转折点，793 年，他们第一次攻打的地点是建有修道院的林迪斯法恩岛（Lindisfarne）。最迟从 9 世纪 30 年代起，抵御斯堪的纳维亚入侵者（主要是丹麦人）成了当务之急，迫使盎格鲁 - 撒克逊的各股势力逐步联合起来。在此期间，威塞克斯王国［首都为温切斯特（Winchester）］拔得头筹，其国王埃格伯特（Egbert，802~839 年在位）在艾兰敦（Ellandun）战役（825年）中取胜，将默西亚王国拉下霸主之位，一举成为整个不列

颠岛南部的主宰者。埃格伯特年轻时曾被流放到法兰克王国，
颠沛多年，很可能进入过查理曼的宫廷，也因此吸取了加洛林
王朝的一项统治经验，在世的时候就把肯特、萨里（Surrey）
和苏塞克斯交付儿子埃塞尔沃夫（Aethelwulf）治理。作为父
亲的继任者，埃塞尔沃夫（839~858 年在位）又让自己的长
子埃塞尔斯坦（Aethelstan，852 年逝世）作为肯特的副王对
抗丹麦人，参与了一些分散的战役。埃塞尔沃夫本人又于 856
年缔结了第二段婚姻作为共同对抗北方侵略者的象征，结婚对
象是西法兰克国王"秃头"查理的女儿朱迪斯（Judith）。逝
世（858 年）之后，他的领土完全按照加洛林王朝的传统划分
给了三个当时已成年的儿子，遗憾的是他们都英年早逝。丹麦
人便如入无人之境，自 866 年攫取约克后，就从诺森布里亚
出发，一路攻下默西亚和东盎格利亚，直捣威塞克斯，将广
袤的土地收入囊中。埃塞尔沃夫的幼子阿尔弗雷德（Alfred，
871~899 年在位，史称阿尔弗雷德大帝）在保卫战中成为灵魂
人物，最初他被迫退守康沃尔（Cornwall），但从 878 年开始，
他一方面通过军事胜利，另一方面又通过接受进贡，成功夺回
威塞克斯全域和默西亚的大部分，886 年又拿下了伦敦。随后
的统治岁月里，他虽然只是居中调停，维持了一个并不算稳固
的和平局面，但这已足够让他成为盎格鲁－撒克逊各方势力公
认的唯一国王，他无须屈从于丹麦人的统治，并且还能充当其
他人的庇护者。阿尔弗雷德大帝开启了盎格鲁－撒克逊晚期的
王权统治（10~11 世纪）；而将盎格鲁－撒克逊的法律编纂成
法典，将大量拉丁语文本翻译成古英语，也让他名垂青史。

在欧洲遥远的西端，孤立的凯尔特文明此刻正在艰难地保
卫自己的地位。来自大陆的布列塔尼人开始大张旗鼓地建立自
己的王国，他们总是能成功摆脱法兰克王国的征服。其领袖诺
米诺埃（Nominoë）最初是"虔诚者"路易的宫廷使者，后来

发迹，利用皇帝驾崩（840 年）的时机，促使布列塔尼地区在政治和宗教上都实现独立。他在多尔（Dol）设立总主教区，又让那里的宗主教在 850 年前后将他加冕为国王；"秃头"查理遭遇军事失利后别无选择，不得不在 851 年将"国王的法衣和父亲的统治权"[69] 授予诺米诺埃之子——已经接过父辈权杖的埃利斯贝（Erispoë），而罗马没有批准其脱离图尔教省的申请。在第三位国王萨洛蒙（Salomon）被谋杀（874 年）之后，内部的纷争和诺曼人日益增强的外部威胁使之渐渐衰败，最终，布列塔尼在 10 世纪早期落入诺曼人之手。

与之相对，在不列颠人居住的威尔士（在奥发大堤以西），多山的地形有助于 4 个小王国生存下来，王朝统治世代相传，并对应形成了 4 个教区。而在政治局势更分裂的爱尔兰，"至高王"（Ard Rí）的治所位于塔拉［Tara，即康诺特（Connaught）］，该头衔自 7 世纪起就为开枝散叶的乌尼尔（Uí Néill）家族所掌握，但与其说他们真的握有一众公认的实权，不如说他们只是表达了实施统治的主张。（挪威）维京人的侵略给当地势力的持续拉锯增加了一个新的元素。795 年，维京人首次登陆这座"绿宝石岛"，9 世纪又有越来越多维京人抵达。抗敌成功可以增进统治者的权威，马拉奇一世（Malachias I，846~862 年在位）就是一个例子。他以塔拉为据点，首度实现了有效的王权统治，可惜也非长久之治。9 世纪的爱尔兰对欧洲大陆的文化影响力明显变弱，也并非意外之事。最终，"苏格兰"——得名于自 5 世纪起大量迁居至此的"Scotti（Iren）"部族——在整个 8 世纪里仍由自古以来定居于此的皮克特人主宰着，他们由受过洗的国王领导，与南方的盎格鲁－撒克逊政权诺森布里亚王国进行边境战争，还将受爱尔兰影响的西部地区置于自己的主权之下。然而，这个过程似乎也伴随着语言文化受爱尔兰同化的现象。9 世纪，在遭到诺曼人侵略威胁的情况下，这种同化趋势帮助国王肯尼思一世（Kenneth I，843~858 年在位）在两个民族的基础上建立一个王国，最初它有一个中立的名字"亚尔宾"（Albania，也译作阿尔巴），后来改称"苏格兰"（Scotia）。

加洛林王朝的周边地区 III：
北日耳曼人和西斯拉夫人

在斯堪的纳维亚半岛，丹麦、瑞典和挪威三个大国很早就呈现了国家的形态，但在数代人之后，才成为自成一体的、具备政治行动能力的王国。丹麦是最早开始这个发展进程的国家［当时它的领土包括了今天瑞典南部的斯科纳（Schonen）］，法兰克王国的史料证明它在 777~873 年经历了好几任国王的统治。这些国王似乎都来自一个分支众多的大宗族，并且往往同时实施统治，时而协商共存，时而针锋相对，但不管怎样，他们都只拥有有限的权威。他们蛰伏在自 8 世纪开始修筑的"丹麦墙"［Danevirke，位于艾德河和施莱湾（Schlei）之间］后面，和法兰克王国保持着距离，最多能容忍安斯加尔和其他传教士开展零星的传教活动，而没有接受洗礼。大约成书于 830 年的安斯加尔个人生平录提到的一位国王也留给我们相符的印象，此人统治一方，在梅拉伦湖附近领导着"瑞典人"（Sveonen），但具体影响范围有多大、拥有多少财产，并没有清楚记录。[70] 差不多到 9 世纪末，所有关于北欧国王的消息都中断了，10 世纪的文献中却记录了较早的文本里完全没出现过的名字，哈拉尔德王（Harald）除外。而之所以出现这个问题，很可能不仅仅是史料混乱的缘故。

9 世纪，北日耳曼人不是通过在自己的故土发展壮大来让欧洲人刮目相看的，而是作为"维京人"（意为海盗），通过海上武装攻击让欧洲大陆陷入了惊恐。值得注意的是，这本质上

并不是北方异教君民与南方基督教国家之间的战争（这一点对
法兰克人来说很难理解）。某种程度上，这其实是斯堪的纳维
亚半岛领导阶级里某些首领的个人行为，他们受冒险欲和掠夺
心驱使，异常大胆地私自开启远征之旅；也不排除当中有一些
人是在国内的权力争斗中落败而出走远方，一段时间之后，为
自己和追随者们赢得了容身之地。他们乘着不仅用桨，还用帆
驱动的行驶航程更远的快船，自 8 世纪末起就开始袭击英格兰、
爱尔兰和法兰克王国西部的近岸小岛和防御不力的海岸地带，
并且趁被袭击者惊慌失措时，大肆掠夺金银和其他价值高昂的
宝物，还喜欢抓捕俘虏，把他们当作奴隶出售或勒索赎金。自 9
世纪 30 年代起（也就是"虔诚者"路易陷入统治危机的时期，
这大概也不是巧合），维京人的攻击变得越来越频繁和猛烈。英
格兰南部和法兰克王国西部主要受丹麦人侵袭，英格兰北部、
苏格兰、爱尔兰和北方岛屿——赫布里底群岛（Hebriden）、
奥克尼群岛（Orkneys）、法罗群岛（Färöer）——则主要受
挪威人侵袭。教堂、修道院和开放的贸易市场首当其冲，这些
地方有着丰富的战利品；自从维京人学会从河口进入内陆，并
且建起能越冬的据点，他们便更肆无忌惮地掠夺整个地带了。
由于很难用传统的军事手段击败这些敌人，法兰克人只好强化
堡垒、加固河堤，可是更多时候他们也无能为力，不得不向敌
人双手奉上对方本就打算武力夺取的东西。

　　9 世纪中叶之后不久，这些"北方人"决定不回自己家乡
了，他们选择在西欧争取永久性的生存空间和统治权，这让
人们不由得联想起 5~6 世纪的民族大迁徙。因此，都柏林——
诺曼人在爱尔兰东岸建立起的基地——自 853 年起就成了一个
海上王国的中心，它从马恩岛（Man）延伸到苏格兰的局部地
区，再一直延伸到奥克尼群岛，并向爱尔兰内陆的凯尔特国王
征收贡品。在英格兰，维京人占领了诺森布里亚、东盎格利亚

和默西亚的部分地区，并把 866 年夺取的约克当作他们"丹法区"（Danelag）①的首府，在这片领土上实行丹麦自己的法律。在和盎格鲁－撒克逊人争斗的过程中，诺曼人里的多个不同的部落自 865 年起汇合为一支有能力进行大规模会战的"大军"。但是到了 878 年征服威塞克斯的企图失败时，一股强大的诺曼人势力越过海峡，抵达法兰克王国所在的陆地——在那里，弗里斯兰和莱茵河入海口地带早在 841 年的时候就已经被割让给丹麦维京人了。在其南边，也就是今天比利时之地，诺曼人于 879 年占领和掠夺了大片区域。882 年，皇帝查理三世（即"胖子"查理）动用自己的人马包围了该地，到了关键时刻却没敢和对方作战，而是选择同意他们撤军，并向他们缴纳贡金。结果是，维京人继续向西法兰克迁徙，885~886 年，他们围攻了巴黎将近一年，这对加洛林王朝统治来讲无疑是一个凶兆：奥多（Odo）伯爵英勇保卫塞纳岛（Seineinsel）②的时候，皇帝却花钱买来敌人的撤退。在随后的几年里，诺曼人的几次失利证明他们势头不再，他们因而掉头回去攻打英格兰（威塞克斯王朝）。但是他们仍然保留了在塞纳河下游的军事力量，并从远在北方的家乡获得增援。诺曼人的一位首领名叫罗洛（Rollo），根据后世的记载，他约在 911 年和西法兰克国王"傻瓜"查理缔约，从其手中接管鲁昂（Ruoen），随时准备好接受洗礼并保护该地区（免受其他蛮族侵扰）。[71] 我们回顾历史，就会看到，这大概就是诺曼底公国诞生的时刻。

法兰克王国几乎不必为来自国境以东的异教世界的这类进犯而担忧。从波罗的海到多瑙河中游，有许多说斯拉夫语的部落零零星星地散布定居，法兰克王国的史料记录下了它们的

---

① 也写作 Danelaw，指实行丹麦法律和惯例的地区。

② 即西岱岛。

名字。这些部族并没有形成一种能将它们团结起来的民族意
识，它们各自产生首领，权威都只局限于固定的地方。但有一
样事物非常有助于他们政治意识的发展，那就是所有斯拉夫人
对"国王"有一个统一的称谓——"kral"或"krol"，渊源
正是查理曼之名。阿博德利特人 ① 在今天的梅克伦堡（西部）
和荷尔斯泰因地区建立了较大的聚居地，在世袭诸侯的领导下
和查理曼联手对抗萨克森人，其后却受丹麦人影响更深；索
布人 ② 也大规模定居在易北河和萨勒河之间，有迹象表明他们
的诸侯是选举产生的。而早在 9 世纪的时候，波希米亚盆地的
斯拉夫人也已经在多位首领的领导下构建起部族联盟，他们在
一定程度上对基督教信仰持开放态度，但自从摩拉维亚建立起
公国并从阿瓦尔人的衰落中获得最大利好后，此处的斯拉夫人
很快就黯然失色了。大摩拉维亚国的第一位统治者是莫吉米
尔（Mojmir）公爵，830 年后不久，他就将治所诺特拉 / 尼特
拉（Neutra/Nitra，在今斯洛伐克西部）的一位对手赶出摩拉
瓦河河谷，将自己的主权范围一步步扩展到多瑙河和喀尔巴阡
山（Karpaten）之间。东法兰克国王路易无法坐视摩拉维亚势
力日隆，于 846 年发动战役。他要么是在这场战斗中直接击败
了莫吉米尔，要么是在其死后插手了公国内部的继任问题，总
而言之，最终结果是将莫吉米尔受过洗的侄子罗斯蒂斯拉夫扶
上了大位。但罗斯蒂斯拉夫对路易的忠诚也并未持续很久，这
位新君竭力谋求政治和宗教上的独立，在 855 年击退了东法兰
克王国的又一轮军事进攻后，尝试与罗马教宗以及君士坦丁堡
皇帝建立联系。即使是 864 年在摩拉维亚中部败给了和保加尔
人结盟的"日耳曼人"路易，局面也没有彻底扭转，原因是罗

---

① 西北斯拉夫人中的分支。

② 西斯拉夫人中的分支。

斯蒂斯拉夫仍可指望得到巴伐利亚贵族乃至国王路易的反叛儿子们的支持。直到 870 年被与法兰克人串通一气的侄子斯瓦托普卢克赶下台，押送到雷根斯堡接受审判，他的统治才宣告终结。但就连斯瓦托普卢克也迫不及待地踢开了他的共谋者，874 年在福希海姆（Forchheim）缔结了一项协议，该协议事实上承认了他的独立。从此，他不受阻挠地将势力扩张到波希米亚、西里西亚和后来的匈牙利所在的部分地区，同时利用和教宗的直接往来，将最初由希腊传教士、主教美多德奠基的特殊教会建立起来。至此，教宗已不再称斯瓦托普卢克为"诸侯"了，[72] 885 年，教宗将其封为"斯拉夫人的国王"。然而斯瓦托普卢克逝世（894 年）后，两个儿子的相互争斗及波希米亚地区自我意识的觉醒导致摩拉维亚国力迅速衰落，而匈牙利人扩张势头正猛，短短几年就拿下了多瑙河中游地带，更是为这个败局火上浇油。

拜占庭帝国的周边地区： 南斯拉夫人和东斯拉夫人

8~9 世纪的拜占庭帝国在东方与阿拉伯人常年对峙，它朝向欧洲的一侧则在多瑙河下游迎来劲敌：受斯拉夫文化同化的保加尔人。保加尔人建立的王国自 681 年起得到拜占庭皇帝承认，由于它实行的是信奉异教的可汗统治并形成了相对连贯的王朝统治，境内却有一小部分信奉基督教的人口，所以它在当时的欧洲可谓特例，存续了将近 200 年（直到 864/865 年鲍里斯受洗）。这段时期里，保加利亚王国不仅懂得如何在与拜占庭帝国复杂多变的关系里保护自己的地位，而且通过不断地向北和向西扩张，取代阿瓦尔人成为巴尔干半岛上的霸主。克鲁姆汗（803~814 年在位）统治时期，保加利亚王国迎来发展高潮，他于 809 年拿下了古代的重要城市撒底迦〔Sardica，今

索非亚（Sofia）]，811 年又让拜占庭人尝到败果，甚至杀死
了拜占庭皇帝尼基弗鲁斯一世。814/816 年缔结和约后，奥
莫尔塔格汗（Khan Omurtag，814~831 年在位）于 824/825
年首次向"虔诚者"路易的宫廷派遣使者，期望法兰克王国
和保加利亚王国双方将多瑙河和蒂萨河确定为边界。事实上，
828/829 年，德拉瓦河（Drau）畔爆发了几场武装冲突，直到
845 年，保加利亚王国才再次派出使者和"日耳曼人"路易在
帕德博恩会面。东法兰克王国和保加利亚王国为对抗摩拉维亚
而结成联盟，和此事紧密相关的是，9 世纪 60 年代早期，鲍里
斯汗曾费尽心思希望以独立的、不受干预的方式皈信基督教，
然而他这样做的结果却是让保加尔人在此后很长一段时间里，
站到了拜占庭帝国那一边。

　　在向西北方扩张的过程中，已经吸纳了多个斯拉夫部族的
保加利亚王国和一些正在发展萌芽的民族兵戎相见。这些民族
在 9 世纪走出了晦暗不明的"史前史"，来到时代的聚光灯下，
恰恰也是因为他们的首领成功抵御了东西方强大势力的夹击。
克罗地亚人就是一个例子。尽管他们不是在潘诺尼亚地区建立
国家，但是从克里斯［Klis，位于港口城市斯普利特（Split）
旁］的米斯拉夫大公（Mislaw，逝于 845 年）和他的继任者特
皮米尔一世（Trpimir I，845~864 年在位）开始，他们在达尔
马提亚海岸的腹地实现了持续的统治。尤其是特皮米尔一世，
有文献记载他为"克罗地亚人的首领"（dux Chroatorum），
建立了说拉丁语的宁主教区（Bistum Nin）①。10 世纪拜占庭
的一部著名文献也对这一时段的塞尔维亚人有着非常相似的记
载，当中特意将南方"受过洗的塞尔维亚人"与北方异教徒区
分开来。[73] 850 年前，弗拉斯基米尔（Vlastimir）就在对抗保

---

①　也称 Nona、Aenona，在今天的扎达尔县（Zadar）。

加尔人的战争中崭露头角，他的儿子穆基米尔（Mutimir，约850~891 年在位）驱逐了自己的兄弟，并按东正教仪制接受了基督教信仰。他们的后代竭尽全力，在克罗地亚人、保加尔人和拜占庭帝国中间夹缝求生。

以君士坦丁堡为参照，东斯拉夫人也从各方面着手开启了他们的建国大业，其政权中心基辅（Kiev）最早在一份拉丁语文献中得到记载。同时代的西法兰克文献《圣伯丁编年史》（*Annales Bertinian*）记载了 839 年拜占庭使者抵达因格尔海姆（Ingelheim）觐见"虔诚者"路易一事，当中提到了来自罗斯（Rhos）民族的一群男性，他们代表国王 / 可汗（Kagan）请求"虔诚者"路易派人护送他们安全返回家乡，彼时法兰克人把他们当成了瑞典人。[74] 12 世纪早期著名的《涅斯托尔编年史》（*Nestor Chronik*）① 也为我们提供了相关消息。这部史书从这段历史的开端——852 年——写起，很快就写到两位瓦良格人（斯堪的纳维亚的职业战士）的故事：此二人占领了壁垒森严的基辅，又接来更多瓦良格人，征服了定居在那里的斯拉夫部族波里安人（Poljanen）②，确定了（此前一直主宰着该地区的）可萨人 ③ 的纳贡义务之后将他们释放。[75] 早在 860 年，在史书中被等同于瓦良格战士的罗斯人就已经用战舰发起进攻（尽管功亏一篑），把君士坦丁堡吓了个措手不及，以至于有充分证据证明，君士坦丁堡方面颇费了一番功夫，总算让"掠夺成性的、以残忍著称的罗斯人皈信了基督教"。[76]《涅斯托尔编年史》将这个古罗斯首领家族的源头追溯到瓦良格三兄弟，

① 也称《往年纪事》，是基辅修士涅斯托尔所著的编年体通史，书写了斯拉夫人的起源、古罗斯国的建立、与周边其他政权的交相往来等。

② "波里安"意为"平原"，该部族为 6~9 世纪生活在第聂伯河畔的斯拉夫部族，后分为东西两支，东支发展为乌克兰人，西支发展为波兰人。

③ 也译作"哈扎尔人""卡札尔人"等。

称他们被大海那边争斗得水火不容的当地部族请去当领袖，因而最早在北方拉多加湖（Ladoga）和诺夫哥罗德（Novgorod）附近站稳了脚跟。三兄弟中就数留里克（一说逝于 879 年）活得最久，成为一代王朝的开创者。他的亲戚奥列格（逝于912/913 年）于 882 年开赴基辅，赶走了那里的瓦良格人，并在 911 年对君士坦丁堡发动了一次军事进攻后，与巴西琉斯达成了十分有利的贸易协定，直至留里克的遗孤伊戈尔（Igor，逝于 945/946 年）进一步扩张统治，与拜占庭帝国反戈相向。至于历史真相到底是什么样的，因各家史料相互矛盾，个中亦不乏传奇色彩，始终难有定论。但彼时铸造的钱币和后世出土的文物清楚地证明了从波罗的海到黑海（乃至拜占庭和东方）的远程贸易是多么重要，不难理解这些商路是多么需要切实有效的保护，因而一个规模虽小但胜在强干的斯堪的纳维亚人群体，很有可能促使广大的东欧地区建立起政治体，不过，这些斯堪的纳维亚人很快就在语言和文化上被人数占优的斯拉夫民族同化了。从此以后，伊戈尔的继任者，也就是留里克王朝的统治者，不再使用北欧斯堪的纳维亚名字，而改用了斯拉夫名字。

伊斯兰统治下的西班牙和地中海的撒拉森人

自 711 年起，几乎整个伊比利亚半岛（最初只有最北端除外）成了伊斯兰世界的西方要地，政治上和以大马士革为中心的哈里发国紧密相连。从大马士革派出的总督在科尔多瓦驻扎下来，一直到 8 世纪 30 年代末为止还多次向比利牛斯山另一侧发动进攻。在其统治下，一个由少数阿拉伯人组成的领导层在军事上依托着规模庞大的北非柏柏尔人，不断扩张统治势力。由于阿拉伯人更喜欢居住在土壤肥沃的南部，即后来所称的安达卢西亚［该区域自 716 年起被阿拉伯人称为“安达卢

101

斯"（al-Andalus），这个概念被用以指代由穆斯林统治的整个西班牙地区］，半岛的西部和北部于是就被让给了非洲人（摩尔人）。根据穆斯林订立的原则，信仰基督教的占人口多数的哥特人和罗曼人（另外还有犹太人）必须缴纳人头税并效忠于统治者，他们被允许保留自己的教会组织，但须断绝与西班牙以外的基督教世界的联系。单是为了收税，穆斯林统治者不是特别热衷于传教，但很快就有越来越多的基督徒改信伊斯兰教，他们作为"新皈信者"（Muladíes），身份和地位是世代继承的，久而久之就形成了一个享有有限权利的群体。余下的基督徒不管是被迫还是自愿融入这个带着阿拉伯文化印记的环境，也形成了一种独特的生存方式，他们被称为"阿拉伯化的人"（Mozaraber）。

在这样的背景下，巩固安达卢斯内部的统治并不是一件容易的事。在最初几十年里，主要是穆斯林内部出现了派系斗争，有一部分矛盾冲突还是当初从阿拉伯半岛的家乡带过来的，之后则发展成阿拉伯人和柏柏尔人之间的地位之争。740/741年马格里布爆发的一场柏柏尔人起义以实现所有穆斯林群体的平等为诉求，当权者动用了来自东方的军队才暂时镇压了起义者，却并未彻底击败他们，结果到了749/750年，大马士革发生了一场血腥的政变。始于661年的倭马亚王朝不仅被没多久就将政治中心迁至巴格达的阿拔斯王朝挤下历史舞台，最终王室成员几乎被其屠杀殆尽了。作为倭马亚王朝仅剩的男性后代，阿卜杜勒·拉赫曼一世（Abdarrahman I，756~788年在位）得以幸存下来，奋力逃到西班牙，于756年以科尔多瓦埃米尔的名号建立起独立于哈里发国的统治。他以叙利亚的统治经验为参照，开始推行统一政策，后由其继任者继续实施，并于阿卜杜勒·拉赫曼二世时期（822~852年在位）达到顶峰。在此过程中，某些地方下级统治者和个别城市谋求自治，阻碍了政策的实施，还有大批"新皈信者"怨声载道，他们的叛乱遭到当权者铁拳镇压。于是，那些混居于阿拉伯人中间的基督徒在改信伊斯兰教的问题上遭受了更甚于以往的威逼，导致 9 世纪 50 年代科尔多瓦出现了"自愿"殉教的现象，许多人通过公开辱骂穆罕默德执意断送自己的性命。这种激进的情绪甚至引起了法兰克王国的注意，可是伊比利亚当地受阿拉伯社会生活同化的主教却表示了谴责。总体而言，这起事件在埃米尔国内是不同寻常的。尽管信奉基督教的阿斯图里亚斯王国在北方有限地进行着扩张，但作为一个自成一体的伊斯兰政权，埃米尔国在 9 世纪基本上没有受到什么威胁。

　　在穆斯林统治下的西班牙，乃至北非地区，所有港口都被掌握在阿拉伯人手里，它们在 9 世纪屡遭海盗袭击，情况堪比维京人在北海的活动，因为经历了初始阶段的劫掠后，紧接着就是攻城略池和建立统治了。在法兰克人眼里，王国年鉴所记载的 798/799 年与"摩尔人和撒拉森人"争夺巴利阿里群岛（Balearen）之战预示了国家未来的厄运，自 806 年起，这样的保卫战也围绕撒丁岛和科西嘉岛发生。不同于北海的情况，加洛林王朝在意大利半岛上的保卫者们具备开展海上防卫战的实力，828 年卢卡的博尼法兹伯爵（Graf Bonifaz von Lucca）用战舰在今突尼斯海岸发动的攻击就是很好的证明。然而相比之下，仍是穆斯林拥有更强大的战斗力，更重要的是他们掌握着贸易的规则。827 年，他们登陆了拜占庭统治下的西西里岛，经过旷日持久的战斗，最终于 902 年夺下该岛。他们从西西里岛出发，沿着第勒尼安（tyrrhenisch）海岸和普罗旺斯海岸大行劫掠，846 年甚至经台伯河入海口袭击了包括圣伯多禄大教堂和圣保禄大教堂在内的罗马郊区，引起极大的轰动。在更东边的地区，撒拉森人多年来一直驻扎在巴里和塔兰托（Tarent），871 年和 880 年先后被驱逐出这两个地方，很快又

103

在加里利亚诺河（Garigliano）的河谷处［在加埃塔（Gaeta）以北］建立起新的军事基地，并从那里出发攻击意大利中部腹地，这让蒙特卡西诺修道院（Kloster Montecassino）的历史中断了 60 年。亚得里亚海岸也未能幸免，撒拉森人在那里与威尼斯人的舰船一决高下，又在 870 年从拜占庭帝国手里夺走马耳他岛；而在那之前，早在 826 年，就有其他阿拉伯人从埃及出发占领了克里特岛。历史学界可以将这一系列海上行动通通归纳进一段跨越不同历史时段的"地中海海盗史"里，因为生活在当时的人们并非有计划地建立一个自成一体的海上帝国，这些军事行动充其量是伊斯兰世界扩张所衍生的结果。

6　加洛林王朝丧失霸权地位

　　查理曼建立的法兰克帝国为拉丁教会提供了一个广大的政治框架，可惜它没能维系很久。这个帝国并不是突然覆灭的，而是在继承者的争端中分解为一个个分王国，统治者家族的时运、际遇，决定了分王国的数量和规模。多支血脉并存，它们又各有不同资格的候选人等着继位；当中一些人早逝，而另一些人长寿……经此种种，加洛林王朝于 887/888 年陷入严重的危机，除查理曼的男性后代外，还一度有其他人成功登上了王位，曾经的庞大帝国由此长期分裂为一个个中小规模的政治体。不同于由拜占庭长期主导的希腊正教会，西方基督教世界从 9 世纪末开始，就没能建立起一个由唯一统治者主导的（连皇帝也做不到这一点）自成一体的政治联盟，而是随着时间推移不断分裂成更多的国家，这一点在欧洲历史的发展进程中有着至关重要的意义。

"虔诚者"路易的遗产之争

　　根据从墨洛温王朝流传下来的继位准则，查理曼在 806 年的《分国诏书》中将法兰克帝国基本平均地分给他和希尔德加德（逝于 783 年）所生的三个儿子，由于其中两个已先他而去，当查理曼逝世时（814 年 1 月 28 日于亚琛），皇权才能不受分割地由已任阿基坦副王并自 813 年起成为共治皇帝的"虔诚者"路易独自传承下去。"虔诚者"路易能像他祖父丕平、父亲查理曼一样，在整整一代人的时间里，独自屹立于庞大帝国之巅，不得不说是一种机缘巧合。可惜这未能给既有的局面带来什么改变，因为所有的王子都认为自己有资格继承一部分权力，这种心态深深扎根在国家的领导层里，即便 800 年法兰克王权升级为不可分割的罗马皇权，也依然如此。带着三个儿子移驾亚琛的路易早年间曾在教会幕僚的建议下，尝试赋予皇帝之位永久的至高权威，他在 817 年的所谓《帝国诏令》中"根据全能的主的旨意"规定，[77] 他的长子洛泰尔一世应当得到皇帝的权力，以及帝国最大的部分，尤其是"法兰西亚"（Francia），而两个较年幼的儿子丕平和路易则只能分到阿基坦和巴伐利亚的次一级的、边缘化的统治权，以及某些额外的权力。这种等级差异也体现在别的一些事情上，例如，两个弟弟需要定期向皇帝汇报情况，只有得到皇帝批准才能结婚，必须服从于帝国会议——代表着中央权力的不可分割的论坛——的决议，等等。为了避免进一步分裂，统治者规定两个从属王国的王位要像皇帝之位那样，只能传给一位继承者，如有必要，需要在多个儿子、多个兄弟中选出至尊者。这项规定无疑与传统相悖，导致权力的分配脱离于王朝的发展。这倒不主要是为了保证帝国的统一，毕竟只要统治者家族还团结在一起，帝国就不会受到谁的威胁；相比之下，它其实更希望保证皇权具有清楚无误的、切实有效的优先地位，根据《帝国诏令》的

105

前言，倘若分裂皇权，就会引起神圣教会的盛怒，甚至可以说是侮辱了庇荫一切国家的上帝。

这个超前的理念本来可以对后来的历史发展产生极为深远的影响，然而它止步于此，这不仅是因为颁布《帝国诏令》时，人们未能预见"虔诚者"路易与第二任妻子于 823 年生下第四位继承人"秃头"查理；而且随着时间推移，人们对推举至尊者的共识渐渐瓦解，年轻皇子也缺乏终生保持忠诚的意愿——这一点起了更大的作用。自从 829 年皇帝身边公开爆发纷争，加之皇后朱迪斯（合法地）为渐渐长大的小儿子争取产业，损害了他同父异母兄长的利益，人们立刻就可以看到，心怀不满的贵族团体和满腔怒气的皇室成员很快就站在了同一阵线。因此，830 年，三个年长的儿子联手反对他们的继母及同党，这导致"虔诚者"路易短暂地丧失了权力，年轻的共治皇帝洛泰尔掌控了局面。但仅仅几个月后，他们的父皇就承诺扩大两个儿子——丕平和路易——将来要继承的领土，从而把他们拉拢回自己身边，将被孤立的洛泰尔排挤到意大利。本质上，817 年的《帝国诏令》已经丧失效力，未来的政治结构在各方势力的分分合合中风雨飘摇。833 年，"虔诚者"路易又一次被三个儿子背叛，他们不再愿意等待一个暧昧不明的承诺，而是想马上就明确获得许诺给他们的那部分遗产，以免父亲后来又要分给别人，与此同时，他们也不惮于动用武力争夺自己想要的东西。在科尔马附近争夺"谎言之地"（Lügenfeld）的直接冲突① 中，儿子们（教宗格里高利四世也属于他们的阵营）不费吹灰之力就达到了目的，因为"虔诚者"路易被自己的军队抛弃，实际上已经失势。人们召开了一次主教会议正式废黜了"虔诚者"路易，该会议于 833 年 10

---

① "虔诚者"路易与三个儿子之间的战争。

月在贡比涅和苏瓦松宣布路易"未能履行授予他的职责"。[78]
认罪之后，路易被降格为"忏悔者"，这番明显的羞辱又引起
新的动荡，三兄弟对统治区域的意见分歧则加速了局势的变
化。834 年春天，丕平和路易的进军迫使洛泰尔释放被囚禁的
父亲，"虔诚者"路易在圣但尼被正式重立为皇，并再次将长
子驱逐到意大利。君主权威的戏剧性败落仿佛向诺曼人发出了
一份"请柬"，他们从 834 年开始年年在法兰克王国的海岸冒
头，使"虔诚者"路易再也无法在王国内部进行让各方满意的
领土分配。此后，他和朱迪斯尤其偏心小儿子"秃头"查理，
838 年丕平死后，查理更是被允诺了阿基坦部分。由此，老皇
帝关于领土分配的最后方案是牺牲路易的利益（他被限制在巴
伐利亚），让洛泰尔和"秃头"查理平分江山。两位路易最后
一次在沙场上相见，之后老路易就于 840 年 6 月 20 日在因格
尔海姆与世长辞。

在这种悬而未决的状态下，洛泰尔从意大利匆匆赶来，决
意申明自己在 817 年《帝国诏令》中分得的所有皇帝权力。这
马上让长期以来相互仇视的路易和"秃头"查理结成同盟，洛
泰尔则和侄子丕平二世联手，后者在自己父亲（丕平）死后，
已在阿基坦地区拥有足够多的拥护者，去阻止先皇最后指定的
继承人"秃头"查理建立统治。这场兄弟战争在血腥的丰特努
瓦（Fontenoy）会战（841 年）中分出胜负，洛泰尔和丕平二
世战败，胜者则自视得到神助。史书编纂者雷吉诺（Regino）
在 900 年后回顾这段历史时写道，那时"法兰克国力已被削
弱到这样的地步，别说继续扩张领土，就连保护既有的边界都
无能为力"。[79] 路易和"秃头"查理于 842 年 2 月在斯特拉斯
堡结盟之后，那年夏天，各方展开和谈，洛泰尔撇开了阿基坦
的丕平二世，和两位兄弟商定三分王国。领土分为由洛泰尔掌
握实权的意大利、由路易掌控的巴伐利亚和由"秃头"查理掌

控的阿基坦，然后三兄弟又平分了核心地区的统治权。和谈的结果是，三方在 843 年 8 月签订了《凡尔登条约》（条约原文没有完整留存下来）。其中，洛泰尔得到了以亚琛和罗马为中心的中部部分王国，它隔着斯海尔德河（Schelde）、默兹河（Maas）、索恩河（Saône）、罗讷河（Rhône）与西边"秃头"查理的领土对立，东边则以莱茵河和阿勒河（Aare）［但美因茨、沃尔姆斯和施派耶尔（Speyer）地带除外］以及阿尔卑斯山为界与路易的领土相隔。千辛万苦达成的协议当然少不了权贵们从中施压，但它本质上是王朝对其统治领域的处置，无视既有的民族、语言等因素，对统治家族未来可能发生的变化也没有定论。

108
兄弟和叔侄的统治

在所有当事者的认知里，哪怕由三位统治者分治，法兰克帝国仍是加洛林家族的完整的遗产。分王国的未来取决于统治它的家族分支能否生出男性继承人，以及国王能否在新划定的领土疆域里，让早年支持自己赢下继承者战争的贵族们感到满意并保持忠诚。"秃头"查理（840~877 年在位）的西部王国和"日耳曼人"路易（840~876 年在位）的东部王国都做到了这一点，法兰西和德意志的历史就是这样一代代传承、开拓的；洛泰尔一世（817/840~876 年在位）的中部王国则只维持了两代就瓦解了，未能为后来的历史演进提供根基。

洛泰尔在其整个统治生涯里始终认为，身为皇帝，应该致力于调和兄弟之间的关系。在中法兰克王国的土地上，844 年、847 年和 851 年各召开了一次"法兰克会议"（Frankentag），会议上一贯强调"和平与和睦"，并承诺要互相"给予建议和帮助"。[80] 会议发布了统一声明。一方面是针对阿基坦的分裂倾向，丕平二世一直在那里对抗"秃头"查理，捍卫自己的继承权，直至 852 年；另一方面是针对布列塔尼人的独立行为，当地的诸侯于 850 年前后自封为王。此外还是为了应对诺曼人越来越频繁的进犯，"秃头"查理的王国受到的冲击尤其严重。可惜三兄弟最终都没能同心勠力，反而引发了第一波严重冲突。"日耳曼人"路易于 853 年接受了心怀不满的阿基坦人的提议，将次子"青年"路易（Ludwig der Jüngere）送去当国王，但毫无疑问，854 年计划失败了。皇帝洛泰尔一世在此期间放弃了重新统一帝国的想法，逝世前于 855 年 9 月 29 日将中法兰克王国分给三个儿子。其中，长子路易二世在 850 年听从他的命令前往罗马加冕为皇帝，在领土分配中得到了意大利；洛泰尔二世（855~869 年在位）得到从北海延伸至阿尔卑斯山的北部领土；最小的儿子查理（855~863 年在位）①分得罗讷河流经的普罗旺斯—勃艮第地区（Rhônelande）。

　　此时，在总共五位统治者中，局促于意大利的皇帝丝毫感觉不到自己拥有任何优越的地位，反而是"日耳曼人"路易和"秃头"查理占据着主导地位，二者之间火药味越来越浓。在西法兰克王国蠢蠢欲动的权贵们的驱动下，858 年，路易决定开赴西方。在兰斯总主教欣克马尔（Hinkmar von Reims，845~882 年）领导下，主教们拒绝了效忠于路易的命令，[81]"秃头"查理备受威胁的王位和岌岌可危的西法兰克王国因而得到了拯救，局势之变迫使路易于 859 年初撤军。三方②在科布伦茨缔结和约（860 年），重申了在《凡尔登条约》中确定的边界并回顾了早前在法兰克会议上通过的决议。不久后，中法兰克王国晦暗不明的未来成为众人关注的焦点，在"普罗旺斯的查理"英年早逝（863 年）后，他的遗产就被两

①　史称"普罗旺斯的查理"。

②　即"秃头"查理、"日耳曼人"路易、洛泰尔二世。

位哥哥——路易二世和洛泰尔二世——瓜分，两人都没有合法婚姻所生的儿子作为继承人。洛泰尔于 855 年缔结婚姻，一直没有子嗣，大费了一番周折才成功离婚，以便将早年一段关系中所生的儿子立为众所公认的继承人，可惜至死都没能如愿。洛泰尔一死，"秃头"查理就在 869 年占领了中法兰克王国北部，也就是那里的最后一位统治者所称的"洛林地区"（Lotharingien/ Lothringen）。但很快，在"日耳曼人"路易的反抗下，他不得不同意就领土分配进行谈判，870 年 8 月，他们在墨尔森（Meerssen）订立条约，确定大致以默兹河和索恩河为界。由于路易二世也没有可以继承皇位和意大利统治权的儿子，东西法兰克之间很快也围绕他的政治遗产爆发了一场继承战争，最终，"秃头"查理因为在 875 年末先人一步到达罗马，获得了这个地盘。作为皇帝，统治着意大利、西法兰克王国和半个洛林地区的"秃头"查理获得了无可匹敌的主导地位，他如虎添翼，在哥哥路易死后（876 年 8 月 28 日逝于法兰克福）全副武装进入后者的东法兰克王国。但是路易的儿子"青年"路易也非等闲之辈，很短时间之内，他就带着从萨克森、图林根和法兰克地区招募的军队在安德纳赫（Andernach）附近大败查理，迫使后者打道回府。"秃头"查理的第二次罗马之行也没有成功，西法兰克王国的权贵们只是半心半意地支持他。作为"凡尔登世代"留存在世的最后一位统治者，877 年 10 月 6 日，他在狼狈不堪的返程中死于阿尔卑斯山的一个村庄里。

接下来的这个十年，也就是在查理曼曾孙一代，发生了一系列阴谋笼罩的死亡事件，权力关系风云变幻。在越来越严峻的考验下，权贵们的忠诚不堪一击，最终，贵族必须开展自救，寻求出路。在西法兰克王国，继承父亲"秃头"查理之位的"口吃者"路易（Ludwig der Stammler）直至英年早逝

（879 年）之前，都没有让王国取得什么发展，也放弃了父亲的意大利政策。他的两个年少的儿子路易三世（Ludwig III，879~882 年在位）和卡洛曼（Karlmann，879~884 年在位）从一开始就被置于相互较劲的贵族群体的监护下，这无异于向虎视眈眈的东法兰克国王"青年"路易大敞家门，结果是 880年签订《利贝蒙条约》（*Vertrag von Ribemont*），将洛林西部割让给了对方。在东法兰克王国，876 年，"日耳曼人"路易的三个儿子继承了父亲的王权统治，其中，接收了巴伐利亚的长子卡洛曼（876~880 年在位）也对意大利提出了统治要求。然而，在 877 年的时候，他就身染重疾，不得不返回巴伐利亚，对该地的统治权也让渡给了已占有萨克森和法兰克的弟弟"青年"路易（876~882 年在位）。而最小的弟弟查理三世（即"胖子"查理,876~887 年在位）最初只是施瓦本（Schwaben）和阿尔萨斯的国王，879 年他越过阿尔卑斯山，881 年在罗马加冕为皇帝。他并未止步于此，882 年，"青年"路易之死让整个东法兰克王国连同洛林地区归他所有，就连西法兰克王国也在统治着那里的双王接连殒命后，于 885 年落到了他手里。谁也不曾料到，查理三世就这么轻而易举地统一了整个辽阔的帝国，得来全不费功夫。只不过它终究不再是 800 年前后的那个由单一政治中心统摄四方、银山铁壁的鼎盛王国，而是多个分王国的集合体，每片区域的贵族都有着强烈的自我意识，而且从南到北，没有一处不承受着诺曼人和撒拉森人的侵扰。作为专制君主，"胖子"查理力不从心，尤其是他最迟在886 年末就已经病入膏肓，而且结婚 20 多年都没生下一个能让人们对未来提起信心的儿子。887 年 11 月，亡兄"巴伐利亚的卡洛曼"的私生子——克恩滕的阿努尔夫边伯（Markgraf Arnolf von Kärnten）——起来反抗他的统治，还得到了东法兰克高阶贵族们的支持。没等"胖子"查理于 888 年 1 月 13

111

日在病痛中辞世，他就已"四面楚歌，他的背主家奴急急投奔了阿努尔夫国王"[82]。

王权的削弱

9 世纪期间，贵族统治者的政治分量不断增加，皇帝查理三世（"胖子"查理）的垮台使这种发展趋势到达顶峰。权贵们向来就是构建政治秩序的不可或缺的支柱，会在特定条件下服从于一个中央集权的统治意志。事实证明，只有在加洛林王朝兄弟阋墙的时候，他们才成为支持某一方取胜的必要力量，有时甚至成为触发矛盾的导火索，对政治决策和军事行动产生决定性作用。原本由各位国王授予的官职和封地，事实上变成了可世袭的，这减弱了贵族们与作为整体的国家之间的联系；而由于他们在地方权重望崇，贵族们越发觉得自己无论对内还是对外，都代表着所在的分王国和出身的地区。在 9 世纪末越来越严峻的危机下，正是这些大人物采取行动抵御外敌，并在王位之争中大施拳脚。当中的佼佼者深谙应尽可能多地拉拢王国的官僚精英，由此创造有利的起步条件，以便最终在自己的势力范围内取代加洛林王室实行统治。

直到 887/888 年，每个分王国里都不同程度地发生着地方势力的分化和权力的重新集中。独立程度最高的是南方地区，即意大利、罗讷河流域和阿基坦的贵族，他们从很久以前就不愿再臣服于外来的加洛林统治者，很快就在（多数是先前就从法兰克帝国核心地区迁居至此的）本土家族的领导下开创自己的道路。东法兰克王国也是如此，在外围边境地带，帝国的中坚力量最先登上舞台，让当地呈现独立倾向：在北萨克森和东萨克森地区，占据主导地位的是与加洛林家族结为姻亲的柳道夫伯爵（Graf Liudolf，逝于 866 年）的家族；在图林根，对抗索布人的边伯领地逐渐发展成特殊的权力中心，880

年前已由巴本堡家族（Babenberger）接管；在巴伐利亚，北方和多瑙河封地的伯爵、东部边伯以及克恩滕边伯获得越来越大的指挥权。阿雷曼地区则相反，在这个时期，莱茵河畔、美因河畔以及洛林地区的法兰克贵族中间还未出现类似的某家独大的现象。在西法兰克王国北部，罗贝尔家族（Familie der Robertiner）证明了（代替国王）以武力保卫国土可以促进家族的崛起，毕竟这个家族的始祖——"强人"罗贝尔（Graf Robert der Tapfere）——就是这样做的，他作为"塞纳河和卢瓦尔河之间地区"的军事统领，于 866 年与诺曼人作战时英勇牺牲；在萨克森，柳道夫之子布伦（Brun）也有着非常相似的命运，880 年，他在易北河附近抗击诺曼人的过程中为国捐躯。

　　9 世纪，不仅国王和贵族的权力关系发生了变化，君主统治和主教制度（Episkopat）① 的关系也发生了重大的变化，这是加洛林时期教会改革、复兴古代晚期的教会法准则所带来的长期结果。822 年，在家族内部的权力争斗中落败的"虔诚者"路易被迫在阿提尼认罪，若是放在查理曼统治时期，人们必然难以想象一位皇帝竟要面向教会做出忏悔。可恰恰是这起事件拉开了新时代的序幕。时隔数个世纪，829 年，法兰克王国的主教们终于能够再次明确地援引教宗杰拉斯一世（Gelasius I，492~496 年在位）的教义，即牧灵者的责任应高于世俗君主的责任，[83] 借此要求在公共事务上行使普遍的监督权。尽管主教制在后来的父子争权中向双方都提供了支持，但非常明显的是，无论是在废黜"虔诚者"路易的时候（833 年），还是在重新承认其皇帝权威的时候（834/835 年），宗教会议的决议连同依据教会法做出的制裁都被视为必不可少的。在分裂的法兰克帝国，840/843 年之后，覆盖范围广泛的帝国教会很快

113

---

　　① 　基督教教会管理制度，以主教为管理教会的主体。

就失去了统一性。分王国内部形成了特殊的"宫廷礼拜堂"和王室文书处，掌管这些机构的人和国内大教区的修道院院长或主教之间关系紧密。主教们在政治上归属于某个加洛林家族成员的派系，这往往决定了他们在宗教会议中的影响范围；而同样清晰体现这种政治立场的是，他们越来越频繁地参与宫廷事务和帝国会议（Reichsversammlung）、充当顾问，正是在这些场合里，管理教会的主教们实质性地参与了政治决策。而自848 年起，西法兰克王国重新实行的、随后由兰斯总主教欣克马尔（845~882 年在位）加以细化的国王傅油礼，进一步突出了主教们参与国家建构的属性。这项仪式一方面为备受争议的统治者提供了合法性证明，另一方面却也让宗教会议更偏向于认同教宗杰拉斯的"双剑论"，即认为国王之位由教会所授，王权的行使应当服从于主教的判断。因此，加洛林时代留给世界的历史遗产不是查理曼时期具有高度文化自觉性的教会统治，而是宗教与世俗之间极富张力的二元对立关系。

114

一定程度上，9 世纪中叶，教宗也参与了这种权力关系的变化。不仅是自850 年起，教宗长久地赢回了为皇帝加冕的权力，而且在国王洛泰尔二世离婚案中，教宗尼古拉一世把握住机会，作为最高宗教裁判者发挥了关键性的作用。他毫不畏惧地撤免了为国王效力的科隆和特里尔总主教，让洛泰尔所掌握的中法兰克王国前景一片晦暗。因反对都主教及宗教会议的决议而向罗马上诉的西法兰克王国主教们，也非常幸运地看到罗马方面切实满足了他们的愿望。有一个历史事件正是以这种局面为背景的：《伪伊西多尔教令集》（pseudoisidorische Fälschungen）于850 年前后出版。但是早在835/836 年，人们就已经开始在科尔比修道院（Kloster Corbie）伪造文件（其中，60 份声称是由1~3 世纪的教宗颁布的法令是这批假文书的核心部分），为的是强化教区主教的地位，尤其是要通

过将都主教和宗教会议置于使徒圣座的权威之下来实现这个目
的。但除此之外，伪造文件其实也鲜明地传达了教会的改革意
愿，并且反映了随着时间推移，教会在教会法方面也渐渐累积
起了丰厚的遗产。《伪伊西多尔教令集》并没有在同时代人中
引起太多注意，直到 11 世纪，它才作为教宗最高权威的基础
发挥作用，毕竟教宗凌驾一切（包括拜占庭）的权力一度突然
中断，因为自 882 年若望八世逝世以后，罗马就无可奈何地沦
为本土及地区间政治斗争的玩物，在拉丁语世界声望扫地。

加洛林时代之后的第一批国王们

887/888 年皇帝查理三世垮台和死亡后，再也没有人能完
整地继承他的遗产（庞大帝国的分裂已成定局），时人已将之
视作一个历史转折。"许多小国王（reguli）在欧洲出现"，东
法兰克王国年鉴自发地做出了这样的记录；[84] 不久之后，普吕
姆的雷吉诺也特意写到加洛林家族放弃了对王位的专有权，那
时"那些小国家放弃了法律规定的继承权，它们从整个统治机
构分离出来，不再侍奉某位理所当然的统治者，而是各自从内
部选举出一位国王"[85]。事实上，从巴伐利亚、法兰克、萨克
森、图林根和阿雷曼地区发动政变的阿努尔夫将自己局限在祖
父"日耳曼人"路易的东法兰克王国（加上 870/880 年赢得的
洛林地区），这相当于在法兰克帝国其余地方为其他家族出身
的人打开了方便之门，使他们有机会成为新统治者。由于加洛
林家族很快就在西法兰克王国复辟，而阿努尔夫的东法兰克王
朝父系一脉于 911 年断绝，所以可以说，尽管也经历过中断，
西法兰克王国在 10 世纪成为查理曼后代的地盘。

阿努尔夫（887~899 年在位）在 888 年夏天明确回绝了
西法兰克权贵邀请他兼任西法兰克国王的提议。他成功击退诺
曼人（891 年），又在婚姻中生下一位合法子嗣（893 年，取

名路易），由此巩固了在东法兰克王国的统治。在将洛林地区
的一个王国特别授予非婚生儿子茨温蒂博尔德（Zwentibold，
895~900 年在位）之后，895 年，他自认为已经足够强大，可
以前往意大利向教宗福尔摩苏斯提出加冕请求了。然而，加
冕为皇帝不久后他就中风了（896 年），不得不放弃向阿尔卑
斯山南麓扩张的雄心壮志。而当他 899 年末在雷根斯堡与世
长辞时，茨温蒂博尔德落败于洛林当地贵族早就不是什么秘
密了。从此，人们将所有希望寄托于年仅 6 岁的"孩童"路易
（900~911 年在位）身上，他于 900 年成为东法兰克王国和洛
林地区名义上的国王，同父异母兄弟茨温蒂博尔德则"被其所
有主教和伯爵背弃"[86]，最终在一场战役中丧命。年幼的路易
先天体弱多病，无法独自进行统治，王国的权力被其宗教和世
俗顾问们掌控，这些顾问出身明争暗斗的贵族家族，素有血海
深仇；但是面对来自东南地区的新威胁，即匈牙利人迅速加紧
的进攻，他们的统治往往一败涂地。"孩童"路易于 911 年 9
月 24 日逝世后，心怀不满的洛林人脱离了他的王国，转而投
靠西法兰克王国。

888 年，"强人"罗贝尔之子奥多伯爵（888~898 年在位）
在那里成为国王，不久前他保卫巴黎，让巴黎在诺曼人的攻
击下坚持了一年之久。他的竞争者是斯波莱托公爵圭多二世，
此人在朗格勒（Langres）策划了国王选举，但很快又回到了
意大利；普瓦捷伯爵拉姆努尔夫二世（Graf Ramnulf II von
Poitiers，逝于 890 年）也是如此，他一度在阿基坦南部自封
为王。但奥多得到了阿努尔夫的认可，直到数年后，893 年，
他的对手利用一个真正的加洛林家族后代反对他，才把他逼入
守势。那就是"口吃者"路易时年 13 岁的遗腹子，后世所称
的"傻瓜"查理（893/898~923/929 年在位）——到彼时为止，
查理一直被认为是路易的私生子。在兰斯加冕之后，"傻瓜"

查理起初得到了积极的回应，894 年也得以在沃尔姆斯与阿努尔夫会面。可惜在面对奥多伯爵时，他又立马陷入不利境地，几乎一败涂地；897 年双方达成了一项不同寻常的协议，其中约定，没有子嗣的奥多将传位给查理（而不是自己的兄弟罗贝尔）。在此基础上，加洛林家族得以在 898 年名正言顺地宣布实施统治，并于 911 年拿下洛林地区时达到巅峰，但由于一直没有诞下对延续家族未来至关重要的男性继承人（尽管生了 6 个女儿），加洛林家族的统治到 920 年戛然而止。

　　从"日耳曼人"路易和"秃头"查理的统治时期开始，东法兰克王国和西法兰克王国就已是相对稳定的大国，经历了统治者的更迭；与此同时，在曾经的中法兰克王国的土地上，887/888 年发生了一个根本性的变革，催生了全新的变化。其中之一就是 888 年初，由韦尔夫家族的鲁道夫一世（888~912年在位）——朱迪斯皇后的甥孙、日内瓦湖畔封地的掌权者——在阿伽尼的圣莫里斯（Saint Maurice d'Agaune）宣布建立一个新的王国。当他的真正目标——统治洛林地区——在对阵阿努尔夫的过程中落空时，他转而专注于在西阿尔卑斯地区（从贝桑松到巴塞尔）扩大主权。在那里，他近乎无懈可击，成功建立了一个名为"（上）勃艮第"[（Hoch-）Burgund］的小王国，存续了将近 150 年之久。在罗讷河流域更南部，早在 879 年，维埃纳伯爵博索（Graf Boso von Vienne，逝于 887 年）——"秃头"查理的一位内兄、皇帝路易二世的女婿，但不是加洛林家族的男性后代——抵挡住其他法兰克统治者的猛烈攻击，在一个局部地区称王。在那里，阿努尔夫为了牵制住不受欢迎的韦尔夫家族成员鲁道夫一世，选择向博索之子路易提供支持，后者于 890 年在瓦朗斯（Valence）由普罗旺斯权贵们推举为国王。自 900 年起，"瞎子"路易（890~928 年在位）以他的（下）勃艮第王国（范围

117

从里昂一直延伸到蔚蓝海岸）为出发点，实施积极的意大利政策及皇帝政策。该政策在他于 905 年被刺瞎并送回阿尔卑斯山另一侧时戛然而止，自此之后，"瞎子"路易避世隐居，直至逝世（928 年）。

最后，在加洛林成员掌权的大多数时间里，意大利北部和中部往往拥有多个单独的统治者。从 887/888 年开始，旷日持久的权力斗争在这里上演，除了王权的更迭，皇权也是一个重要的历史因素。最快采取行动的是弗留利边伯、"虔诚者"路易的外孙贝伦加尔一世（888~924 年在位），888 年初，他在帕维亚称王并接受加冕，还得到了阿努尔夫的认可。然而仅仅一年之后，他就惨败于从西法兰克王国返回此地的斯波莱托的圭多，后者恰恰也在帕维亚被推举为"意大利的国王"（889~894 年在位），顺利抵达了罗马，而贝伦加尔则被逼退到意大利东北部，即维罗纳地区。895/896 年，阿努尔夫的干预意味着他与贝伦加尔反目成仇；但由于干预的影响力太过短暂，贝伦加尔在 896 年被迫和圭多之子——皇帝朗贝尔——达成协议，即贝伦加尔在阿达河和波河另一侧的王权统治将得到承认，前提是要尊重朗贝尔的最高权威。但这个局面也无法长久，因为 898 年末，贝伦加尔利用朗贝尔意外身亡之机，成为意大利的唯一君主。这个时间点可谓倒霉至极，因为 899/900 年匈牙利入侵者带来了深重的灾难，波河平原的大片土地整整一年寸草不生。在对抗匈牙利人的过程中，国王贝伦加尔在权贵眼中的形象竟是如此糟糕，促使他们赶紧设法另立新王。于是，前文提到的那位"普罗旺斯的路易"终于时来运转了，他在 900~905 年两度亮相意大利，但是对阵贝伦加尔时只能吃瘪。从那以后，人们才开始正式地、长期地反对贝伦加尔，即便他于 915 年被加冕为皇帝，人们仍逼迫他放弃对托斯卡纳地区和罗马的主权。

第三章

老欧洲与新欧洲：
900~1050 年

　　10 世纪的头 20 年里，说拉丁语和信奉基督教的欧洲在政治上的分裂已发展到无以复加的地步。在西欧帝国支离破碎的土地上，皇帝的尊威在 924/928 年已彻底破灭，四五个影响力不等的王国同时存在，它们的统治者把大半功夫都花费在对付国内门阀和巩固自身地位上。因此，和西班牙北部、盎格鲁–撒克逊的威塞克斯王国等地处边缘、备受外敌威胁的君主国一比，这些西欧小王国便显得十分"小儿科"，更别提和局势动荡的爱尔兰、苏格兰及意大利南部相比了。在罗马及周边地带，教宗之位更是成了贵族的囊中物，再也没有约束力可言。至于说这个时期各地的纪实文献数量严重缩水，也不足为怪了。

　　新的一轮权力集中在 10 世纪余下的时间里才逐步开始，但是不再局限于曾经的加洛林帝国所在的"欧洲核心地带"（Kerneuropa），在那片土地上，来自柳道夫 / 奥托家族的东法兰克国王们明显占据上风，962 年更是复兴了西罗马皇帝之位①。帝国疆域之外，在丹麦、挪威以及被诺曼人占领的广袤的英格兰地区，伴随着基督教传播同步进行的国家建构为克努特大帝（逝于 1035 年）建立环绕北海的帝国铺平了道路。在

---

① 德意志国王、萨克森的奥托一世在罗马由教宗若望十二世加冕，成为罗马帝国（Imperium Romanum）皇帝。

欧洲东部，新近受洗的君主——波兰的"勇敢者"波列斯瓦夫一世（Boleslaw I Chrobry，逝于 1025 年）、匈牙利的（圣）伊什特万一世（Stephan I der Heilige，Szent István，逝于1038 年）和基辅罗斯的（圣）弗拉基米尔一世（Vladimir I der Heilige，逝于 1015 年）——建立了广泛的政治联盟。在此期间，由于在巴尔干半岛上开疆拓土，东罗马帝国在皇帝巴西尔二世（Basileios II，逝于 1025 年）治下经历了"拜占庭中期"[①]的鼎盛时刻。而穆斯林统治的西班牙，即安达卢斯，更是早在 10 世纪初就经历了发展高潮。

1 两个法兰克王国

950 年之前的加洛林家族和柳道夫家族

傀儡国王"孩童"路易的离世标志着加洛林家族的东法兰克一脉后继无人，同年（911 年），在洛林地区，也就是《凡尔登条约》曾经划分出的中法兰克，权贵们决定与西法兰克国王"傻瓜"查理结盟，后者身为查理曼的玄孙，是延续法兰克旧王族血脉的最后一人。莱茵河右岸的（东）法兰克、巴伐利亚、施瓦本和萨克森没有跟着这样做，相反，它们马上在福希海姆将一个人推举为它们共同的国王：先王路易宫廷的红人，来自拉恩河（Lahn）畔康拉德家族的法兰克公爵康拉德一世（Konrad I，911~918 年在位）。这是一个决定性事件，因为从此以后就剩下东西两个法兰克王国了，它们的国王彼此间再也没有血缘关系。在此期间，西法兰克王国占领先机，因为康拉德 912/913 年重夺洛林的三次行动都宣告失败，随着时间推

[①] 学界对拜占庭帝国历史进行分期时，一般习惯分为"拜占庭早期"（4 世纪~565年）、"拜占庭中期"（565~1081 年）和"拜占庭晚期"（1081~1453 年）。

移，人们更难依靠主教制的支持维持王国其余地区的统一了；在抗击匈牙利劫掠者的过程中，那些地区被放任着自生自灭，不光巴伐利亚，就连施瓦本和萨克森内部也有一些公国在精明强干的当地首领率领下宣告独立。康拉德于 918 年末辞世，其气运不佳的统治生涯就此告终，但直到 919 年 5 月，即过了整整 5 个月，各地的代表——至少包括法兰克和萨克森地区的代表——才在弗利茨拉尔向萨克森公爵、柳道夫家族的亨利一世（Heinrich I，919~936 年在位）宣誓效忠，推举其为新国王。此事很可能是得到了康拉德的弟弟埃伯哈德（Eberhard）的同意才实现的，因为在推选新国王时，埃伯哈德被排除在外，但随后他成为法兰克公爵。亨利一世软硬兼施，花了两年时间，总算也得到了施瓦本公爵布尔夏德（Burchard von Schwaben）、巴伐利亚公爵阿努尔夫的承认。这时，夹在西法兰克一众强大的公爵中间，只能在塞纳河和默兹河之间的东法兰西亚（östliche Francia）行使主权的"傻瓜"查理，于 920 年被洛林贵族之首吉塞尔伯特（Giselbert）发动的起义逼入绝境。这位贵族广受拥戴，甚至得到亨利一世公开支持。"傻瓜"查理对莱茵河中游的东法兰克地区发起军事进攻，却被击退。这件事的结果是，两位国王决定直接对话，一年之内，二人于波恩附近会面，在莱茵河上缔结了条约。"傻瓜"查理对洛林地区的主权得到尊重，相对地，作为"西法兰克国王"的他也必须承认萨克森人亨利一世为"东法兰克国王"，拥有平等的权威。[1]

　　然而，这份《波恩条约》的效力十分短暂，因为不久之后，"傻瓜"查理的处境就急转直下。922 年，查理的反对者在西法兰克选举了一位罗伯特家族成员，即前任国王奥多之弟罗贝尔一世（Robert I，922~923 年在位）为对立国王。尽管他在苏瓦松会战中战死（923 年），但他的拥护者取得了胜利，被击溃的"傻瓜"查理很快就被韦芒杜瓦伯爵黑里贝特

（Heribert von Vermandois）囚禁起来，至死（929 年）未能重见天日，而他的王位被传给了罗贝尔的女婿、勃艮第公国的掌权者鲁道夫（923~936 年在位）。东法兰克的亨利一世深知如何利用这场混乱，923 年，他还和吉塞尔伯特一同夺得了洛林地区的绝大部分土地；余下的部分也在 925/926 年对抗反戈相向的吉塞尔伯特时被他收入囊中，数年后，他的地位得到了国王鲁道夫的承认。洛林地区彼时已成公国，重新占领该地意味着让未来的德意志王国能够长期拥有一些说罗曼语的区域，这对于亨利实现多年稳固统治功不可没，毕竟为了补偿在萨克森地区以外缺少得力帮手的局面（这一点和 8~9 世纪加洛林王朝情况不同），亨利在他的东部王国采取了一种审慎的友好结盟政策。为此，和同时期的西法兰克统治者不一样，他在征服各个小公国的过程中致力于重新平衡各大家族的势力。面对北方和东方的异教徒们，亨利一世采取了越来越富有攻击性的方针。934 年，一位名叫克努巴（Knuba）的丹麦国王在易北河下游被他击败，就深刻领教了亨利的厉害；而在此之前，易北河和奥得河之间的多个斯拉夫部族就屡屡遭受萨克森人的攻击。928/929 年，这项攻击性政策在攻占勃伦纳堡（Brennaburg，即勃兰登堡）和夺取壁垒森严的易北河渡口伦岑（Lenzen）时发挥得淋漓尽致，在此过程中，相比于坚定地把斯拉夫人纳入他的王国统治，亨利更倾向于对斯拉夫人实行恐吓和抢掠。而在已经很大程度上接受了基督教的波希米亚地区，他和巴伐利亚的阿努尔夫协力策动战役，一路攻打至布拉格，929 年迫使普热米斯尔王朝的瓦茨拉夫（Wenzel/Václav）投降并纳贡。然而，亨利更重要的目标是力挫匈牙利人。大概从 900 年开始，匈牙利人就频频在东法兰克各地大肆劫掠，将恐慌散播到意大利甚至西法兰克王国。最初，亨利就连在萨克森地区也屡屡失利，于是他在 924 年或 926 年重金求和，换来维持数年的停战，并利用这个机会有计划地为后面的反击战做准备。事实上，933 年春天，亨利成功了：在拒绝缴纳应付的贡金之后，他在离图林根东部翁施特鲁特河（Unstrut）不远处迎头痛击了再度侵扰的匈牙利人。这让他在东法兰克王国内外声威大震，易北河畔的斯拉夫民族也要恭让三分。在亨利一世逝世［936 年 7 月 2 日逝于麦姆雷本（Memleben）］30 年后，史书编纂者科维的维度金德（Widukind von Corvey）评价这位先君在世时是"欧洲最强大的国王"[2]。维度金德还曾写道，935 年，柳道夫家族成员在王国的西部边界充当起国王鲁道夫、西法兰克权贵以及上勃艮第王国统治者鲁道夫二世（Rudolf II）之间的调停人。

936 年，东西法兰克王国都经历了统治者更迭，在亨利一世逝世几个月前，国王鲁道夫也撒手人寰，身后未留一子。由于以先王罗贝尔一世之子、伟大的于格（Hugo Magnus）①为首的西法兰克贵族权臣们钩心斗角，时年 15 岁的路易四世（936~954 年在位）出其不意地登上了权力的顶峰。路易是"傻瓜"查理晚年所生之子，父亲垮台之后，他在母亲的盎格鲁－撒克逊故乡度过了青少年岁月。这位获得"海外归来者"昵称的少年国王再次复辟了加洛林王朝，使其又延续了 50 年，不过从一开始，朝权就掌握在法兰克公爵（dux Francorum）——伟大的于格——所代表的罗贝尔／卡佩家族手里。时年 24 岁的东法兰克国王奥托（大帝，936~973 年在位）和他遥相对立。奥托是亨利一世四子之一，根据"家族传统"，929/930 年，他就听从父亲安排和盎格鲁－撒克逊王女埃德吉塔（Edgitha，逝于 946 年）结婚，并且是王位的唯一继承人。之所以做出这个安排，是考虑到王国内部已形成近似于联邦的结构，但这违

---

① 在法语中称作 Hugues Le Grand。

背了加洛林王朝分割王国的习惯，因而在统治家族上上下下引
起了争议。王位的传承自然不可能像维度金德希望世人相信的
那么一帆风顺。维度金德的传世文献描写了奥托不负众望当选
为国王，并在 936 年 8 月 7 日接受了教会的傅油和加冕；根
据他的说法，当时所有公爵都出席了典礼。[3] 这个庄严盛大的
仪式就发生在西法兰克加洛林王朝的路易四世在拉昂的加冕礼
仅仅七周之后，而且地点特意选在了亚琛，也就是查理曼的安
息之所。这样的仪式并未让奥托在统治初期免受叛乱之扰（甚
至一度发展成行刺阴谋），起义者谋求贯彻自己的权利而与他
对立，直到 941 年奥托的弟弟亨利投降，叛乱才被平定，而
在此之前，他的同父异母哥哥坦克马（Thankmar）已于 938
年去世。幸运的是，奥托安稳度过了这个凶险的阶段，如此
一来，王国不可分割的原则，即只能由一人继位的理念，总
算突破阻力得以贯彻下去。当奥托于 937 年将妹妹哈德维希
（Hadwig）许配给罗贝尔家族的伟大的于格时，洛林公爵吉塞
尔伯格（Giselbert）——奥托的反对者之一——转而在 939 年
和其他莱茵河左岸权贵一起臣服于路易四世，也就是说，奥托
阴差阳错地助长了路易四世的势力。由此可见，发生在西法兰
克王国土地上的内部冲突已经辐射到了外政层面。法兰克某个
分王国的上层阶级投奔了另一个分王国的君主——这种事情很
有加洛林王朝晚期的风格。这一回，双方分别背主投敌的结果
是：939 年路易四世向阿尔萨斯发起进攻（但很快陷入瓶颈），
而奥托于 940 年向阿提尼挺进。然而在此期间，奥托的妹妹
盖尔贝加（Gerberga），也就是在 939 年叛乱中丧命的吉塞尔
伯格的遗孀，违抗兄长的意志，执意嫁给西法兰克国王路易四
世，这样一来，路易四世就和他的死对头于格一样，成了东法
兰克国王的妹夫。因此，奥托得以居高临下地干预西法兰克王
国的权力关系，10 世纪 40 年代，随着时间推移，局面对路易

124

四世越来越有利。946 年，奥托将路易从于格的囚禁中解救出来；①948 年，两位国王在因格尔海姆共同召开了一次宗教会议，有 32 位主教出席，会议强调了王权的理念，并依此将于格宣判为"路易王国的侵略者和强盗"。⁴

东法兰克王国的优势地位和新的帝国

当奥托向意大利伸手时，东西两个法兰克王国的力量平衡完全被打破。自最后一任国王加洛林的阿努尔夫撤出（896年），曾经的伦巴第王国就成为各家必争之地，不过没有哪位君主能取得绝对的胜利。传统上，统治者们被尊为"某个民族之王"（Nationalkönige），这样的称呼很有误导性，因为实际上他们往往来自阿尔卑斯山另一侧，来自法兰克国家贵族中最有权势的家族。皇帝"瞎子"路易统治没多久就垮台了，接着登场的是 924 年被谋杀的皇帝贝伦加尔一世，在统治生涯的最后阶段，他不得不设法抵御上勃艮第国王，即韦尔夫家族的鲁道夫二世的进攻。下勃艮第王国的摄政者、阿尔勒伯爵于格（Hugo von Arles，926~947 年在位）②取而代之，于 926 年在帕维亚由众人宣布为意大利国王，并于 931 年任命儿子洛泰尔（931~950 年在位）为共治国王。然而，不管是去罗马加冕为皇帝的愿望，还是在鲁道夫二世死后（937 年）攫取上勃艮第王国的尝试都失败了。尽管他娶了鲁道夫二世的遗孀贝尔塔（Bertha），还促成洛泰尔和她正值青春期的女儿阿德尔海德（Adelheid）订婚，但计划被奥托一世搅黄了。后者把尚未成年的王位继承人康拉德（937~993 年在位）接到自己宫中，942 年让他接管了对意大利王国的统治。自于格死后

125

---

① 路易在干涉诺曼底内政时被俘，并被移交给于格，于格将其囚禁了一年。

② 也常译作阿尔勒伯爵休。

（947 年），在奥托的庇护下康拉德还进一步扩展到整个下勃艮第。在意大利北部地区，国王于格招来了贝伦加尔之孙——伊夫雷亚边伯贝伦加尔（Markgraf Berengar von Ivrea）——的敌视。941 年贝伦加尔越过阿尔卑斯山逃到奥托那里，945 年回到意大利后，就逼迫于格退回老家阿尔勒（947 年在那里长眠），并将王国交给洛泰尔一人统治。就连洛泰尔也于 950 年逝世（据说是被毒死的），19 岁的阿德尔海德成了寡妇。贝伦加尔二世（950~962 年在位）时来运转，和儿子阿达尔贝特（Adalbert）一道被推举为王，地点仍是在帕维亚，阿德尔海德则被他囚禁在科莫（Como）。这个局面给了奥托向意大利进军的动机。951 年 9 月，他抵达意大利，此时阿德尔海德已被释放，被雷焦（Reggio）主教保护起来。由于贝伦加尔回避交战，奥托得以长驱直入帕维亚，从 10 月 10 日开始，他就正式使用"法兰克人和伦巴第人之王"的头衔来签署文件（正如查理曼曾经那样）。而通过和阿德尔海德结婚，他也名正言顺地留名于历代意大利国王的谱系。他向罗马派出使者，请求罗马"接待他的到访"5，这充分彰显了他无边的野心，弦外之音无疑是要求加冕为皇。罗马城主阿尔贝里奇并不希望有皇帝凌驾于自己之上，冷漠地拒绝了他的请求，奥托便于 952 年春天返回萨克森。通过与没有被武力征服的贝伦加尔二世达成协议，奥托维持了自己在意大利北部地区的影响力。他先是召集两个王国的主教召开奥格斯堡宗教会议，宣布接受贝伦加尔二世为封臣，随后又承认了后者拥有国王之位。

奥托的这趟意大利之行成果寥寥，为身边人同室操戈埋下了祸根。柳道夫，即他在第一段婚姻中所生之子，自 950 年起为施瓦本公爵，在 951 年夏天自作主张地赶在父亲前头带兵进入意大利，一无所获。面对这个结果，柳道夫确有理由怪罪于奥托的弟弟亨利，因为后者作为巴伐利亚公爵在南方和他作对。此外，父亲再婚一事也让柳道夫忧心忡忡，不知道自己还能否毫无争议地优先继位。他和洛林公爵红发康拉德（Konrad der Rote）——萨利安王朝的祖先和奥托的女婿——联合起来。康拉德对国王奥托心有怨气，因为奥托曾对他与贝伦加尔二世的谈判结果大加指责。柳道夫和康拉德二人获得了"法兰克、萨克森和巴伐利亚的年轻人"[6]的支持，953 年复活节前公然起事，名义上仅仅反对亨利的主导地位而不是反对奥托本人。国王奥托起初接受了美因茨总主教弗里德里希（Erzbischof Friedrich von Mainz）提出的妥协方案，可没过多久他就在萨克森废弃了这个计划，总主教本人也被当成敌人。尽管奥托有权剥夺弗里德里希的教区文书长（Erzkanzler）之职和康拉德的公爵之位，但那年晚些时候，对美因茨和雷根斯堡的围攻被击破，他和弟弟亨利联合开展的军事行动由此明显受挫，而柳道夫呼声却越来越高；只有在洛林——奥托于 953 年在那里任命他最小的弟弟布伦为科隆总主教并授予其公爵的权力——以及萨克森大部分地区维持着安定。954 年初，一个戏剧性的转折发生了：匈牙利人显然看准法兰克王国内乱之机，卷土重来，发动了新一轮劫掠，甚至几乎畅通无阻地攻打到西法兰克王国。来自外部的威胁对奥托巩固威望极为有利，他向南方行军，于 6 月接受了康拉德和弗里德里希的投降，不过柳道夫在雷根斯堡，也就是他憎恶的叔叔的治所那里还坚持战斗了一段时间，直到他也最终选择放弃，到图林根去，匍匐在父亲脚边。在阿恩施塔特（Arnstadt）12 月的一次宫廷会议上，柳道夫和康拉德不得不宣布放弃公爵之位，而奥托把非婚所生的儿子威廉（Wilhelm）提拔为美因茨总主教，填补了刚刚死去的弗里德里希留下的空位。匈牙利人似乎因上一年的经历信心大增，955 年他们再度突袭，快速穿越巴伐利亚后，集中兵力围攻奥格斯堡。但今时不同往日，毕竟奥托此时已彻底掌控住局

127

面。他在很短时间内就从巴伐利亚、法兰克、萨克森、施瓦本和波希米亚地区调集起军队。8 月 10 日，奥格斯堡城下爆发了一场血腥的会战，"红发"康拉德战死，而奥托大获全胜。编年史家维度金德给奥托杜撰了一场阵前演说，让他表述出这样的思想："作为几乎整个欧洲的统治者，如果现在屈服于敌人脚下，我们将颜面尽失。"战斗结束后，维度金德又为读者绘声绘色地描述了一场庆功盛典，当中，人们向奥托大呼"祖国之父和英白拉多"这样一个来自古代的称号。[7]

尽管为整个基督教世界取得了胜利，但奥托并没有自称皇帝，因为他深知，只有从教宗那里获得这项至高无上的尊荣，才能得到普遍的认可，只是现在他比以往任何时候都更清楚地知道，自己已高高凌驾于四野之上。在西法兰克王国，954 年路易四世打猎时意外身亡，956 年其对手伟大的于格也离开了人世。彼时还未成年的继承人洛泰尔国王（Lothar，954~986 年在位）和于格·卡佩公爵（Hugo Capet）[①] 由他们的母亲盖尔贝加和哈德维希，也就是奥托的两位妹妹摄政。她们得到了弟弟——科隆总主教布伦——的强力支持，后者在随后几年里在西法兰克王国权倾一时。情况严峻得多的是东部与斯拉夫民族接壤的边界地带，在那里，奥托在萨克森贵族的有力支持下，很早就转而采取一种策略，即有计划地逐步征服从那里一直到奥得河畔的各个部族，并且同时实现基督教的传播。磨人的战争使双方伤亡惨重，在赫尔曼·比隆（Hermann Billung，逝于 973 年）和盖洛（Gero，逝于 965 年）这两位萨克森军事首领的统率下，才逐渐击破"野蛮人"的反抗，由忠诚的代理人进行统治，实行纳贡制；尽管占领了一些有防御工事加固的据点，却还没有向那里移民。937 年，马格德堡莫

---

① 也译作雨果·卡佩。

里茨修道院的修建传达了教会扩张的第一个信号，946/948 年，勃兰登堡和哈韦尔贝格（Havelberg）教区的设立标志着这个趋势进一步发展。自从奥托于 950 年进军波希米亚，强迫那里的公爵波列斯拉夫一世（Boleslaw I）①宣誓效忠，不久之后，即 955 年，东北地区的军事局势就变得极为尖锐，乃至国王在和匈牙利的会战结束短短几周后，便不得不在梅克伦堡的雷克尼茨河（Recknitz）畔再打一场生死之战。那场激战的结果是阿博德利特人及其他易北河斯拉夫部族的领导层元气大伤，而同一时间，在马格德堡设立主教席位的计划第一次被提出，奥托从此之后就全心全意地致力于实现这个目标。在阿尔卑斯山以南，奥托直至 955 年所持续经受的攻击，促使贝伦加尔二世实际上摆脱了附庸者的角色，并再次和儿子阿达尔贝特一起实施完全独立的统治。956 年，获得赦免的柳道夫全力攻击贝伦加尔二世，柳道夫原本可以在此战中证明自己有能力成为意大利的副王，但是在 957 年取得最初的成功后他突然死亡。贝伦加尔二世和阿达尔贝特又一次觉得自己羽翼丰满，自 959 年起，认为自己有能力把统治范围拓展到更南边，也就是斯波莱托边伯封地乃至萨宾山区（Sabinerberge），尽管这样做意味着，他们将要对由罗马贵族占据的教宗之位及周边地带造成威胁。

　　国王奥托于 960 年 12 月在雷根斯堡接到的求救信号来自教宗若望十二世（955~964 年在位）。若望原名奥克塔维安（Octavian），是罗马城主阿尔贝里奇（逝于 954 年）的儿子和政治继承人，集世俗与宗教权力于一身。他许诺将悬置 45 年之久的皇帝冠冕授予奥托，好让奥托牵制住贝伦加尔二世，保持罗马的现状，而这位萨克森人的确被吸引过来了，因

129

---

① 即波希米亚公爵 / 捷克大公波列斯拉夫（约 915~972 年），非波兰的波列斯瓦夫一世（约 967~1025 年）。

为这相当于有外部人士承认他在西方世界的优势地位，也就是说和查理曼地位一样崇高。在前往罗马之前，奥托忧心的是王朝的延续：955 年末出生的奥托二世（973~983 年在位）是阿德尔海德的三个孩子里唯一活过幼儿期的，961 年 5 月，奥托让他在沃尔姆斯当选为国王并在亚琛加冕，然后才在秋天率大军翻越阿尔卑斯山，前往帕维亚重新接掌对意大利的统治。由于贝伦加尔二世和阿达尔贝特此时又对他退避三舍，奥托得以不受干扰地前往罗马。在那里，教宗于 962 年 2 月 2 日为他和阿德尔海德傅油和加冕。随后颁布的官文旨在宣称，因战胜了匈牙利人和其他"野蛮人"，且在传播基督教信仰的事业上功绩卓著，奥托配得起这顶皇冠；而通过再次确认罗马教会在加洛林王朝所享有的特权，奥托也得以跻身于西方的帝国传统，还将他（不在场）的儿子奥托二世一并纳入其中，如此一来，这项至高无上的权威就注定是在王朝中世代相承的。[8] 然而皇帝和教宗的和睦只是昙花一现，962/963 年，当奥托在罗马以北与贝伦加尔及阿达尔贝特交战时，若望十二世却忌惮奥托势力增长，背地里与阿达尔贝特勾结，963 年夏天将后者隆重迎到罗马。这促使皇帝折返罗马，吓得若望和阿达尔贝特于 963 年 11 月仓皇出逃。奥托在圣伯多禄大教堂召开的宗教会议上指责教宗失格，将他废黜，然后将一位罗马平信徒确定为继位者（利奥八世，963~965 年在位），还于 964 年 1 月镇压了一场由若望挑起的暴动。但是奥托无法阻止一个事实，即自己前脚刚离开罗马，被废黜的教宗后脚就回到这座城市，并召开一次宗教会议，废黜了避走他处的利奥八世。而在若望十二世暴毙后，不愿皇帝插手其独立事务的罗马人选出本笃五世（Benedikt V）为新教宗，后者试图抵御奥托对罗马的围攻却无能为力。最后，本笃五世被引渡（并流放到汉堡，965 年死于该地），而利奥由皇帝扶持复位，即便奥托后来不得不离开

130

罗马，965年初回到阿尔卑斯山以北的国土，利奥仍得以稳居于彼得的圣座上，直至逝世（965年3月）。

圣灵降临节在科隆召开的宫廷会议让西法兰克王国回到了人们的视野中，参加这次会议的有皇帝，还有他担任总主教的弟弟布伦、妹妹盖尔贝加（即路易四世遗孀）以及她的两个儿子——国王洛泰尔和他的兄弟卡尔。他们很可能是在这次"家族会议"上议定了年轻的西法兰克国王与艾玛（Emma），即阿德尔海德在第一段婚姻中与意大利国王洛泰尔所生之女的婚事。二人很快完婚，一年之后，儿子路易降生。加洛林家族的男性血脉又在这个孩子身上延续下去了，而且似乎发展成奥托皇帝家族的一个旁支。

渐行渐远

就像科隆宫廷会议展现的那样，两个法兰克王国之间有着深远的渊源，但随着关键的中间人逝世，如总主教布伦（965年逝世）和王后盖尔贝加（968/969年逝世），这种关系渐渐松动。不仅如此，皇帝奥托和皇后阿德尔海德长期被牵制在罗马和意大利，也加深了这种境况。就连奥托格外重视的建立马格德堡总主教区一事，直到968年正式落成，也未能使他留在国内。[此计划包含毗邻的梅泽堡（Merseburg）、蔡茨（Zeitz）和迈森（Meißen）主教管区，曾于962年获得教宗恩准，却因为会削弱现存教会的利益而遭到愤怒抵制。]确切地说，他被新任教宗若望十三世（Johannes XIII，965~972年在位）召唤回阿尔卑斯山南麓已有两年。若望十三世在皇帝使者的见证下被选为利奥八世的继任者，不久后却被城市贵族中的反对者控制住并挟持出罗马。光是奥托正在靠近的消息就足够帮他回到教宗宝座上了，这再次证明，皇帝的权威，只有在皇帝本人现身时才作数。奥托利用他的权威，对起义者施以严

图3 皇帝奥托二世和皇后塞奥法诺由基督加冕（象牙，约982/983年）

厉的审判，在罗马树立了威望；通过进军卡普亚和贝内文托，他获得了意大利南部的顺服，并和教宗一起在拉文纳的两次宗教会议上更详细地阐明建立马格德堡总主教区的计划。为了让君士坦丁堡方面也承认他的皇帝权威，他和拜占庭皇帝尼基弗鲁斯二世·福卡斯（Nikephoros II Phokas，963~969 年在位）取得联系，请求对方选定一位"生于紫室"的公主嫁与其子奥托二世，后者定于 967 年圣诞节在罗马由若望十三世加冕为共治皇帝。然而，这位巴西琉斯将奥托进军贝内文托的行动视为对其帝国的攻击，拒绝了奥托的请求，当奥托于 968/969年深入更南部，挺进到普利亚和卡拉布里亚地区，甚至短暂包围了巴里，以向其进一步施压时，尼基弗鲁斯一开始仍不愿改变主意。直到 969 年末这位巴西琉斯被谋杀，政治军事的僵局才得以破解，原因是继任的约翰一世·齐米斯西斯（Johannes Tzimiskes，969~976 年在位）更在乎维持局面的平衡。约翰一世承认了这位西方的皇帝，奥托也从普利亚和卡拉布里亚撤军。许配给奥托二世的尽管不是真正的皇帝之女，却也是皇室成员，是前代巴西琉斯尼基弗鲁斯二世年轻的表侄女塞奥法诺（Theophanu），她带着丰厚的嫁妆前往罗马。972 年 4 月 14 日，由教宗若望十三世为新人加冕增光添彩，于圣伯多禄大教堂举办的这场婚礼可谓是老皇帝奥托一世统治岁月里的最后一场盛事，由此奠定了其家族王朝的未来，并终于达成了他的意大利政策。奥托一世第六次翻越阿尔卑斯山，973 年 5 月 7 日，他在麦姆雷本与世长辞。

133

　　皇帝奥托二世 18 岁时就正式接过权柄，与父亲共治，起初是重新以北部为中心管理着两个法兰克王国。对他来说，作为一个分支甚众的统治家族的首脑，在那里贯彻自己的意志并非易事，特别是因为一直到 980 年前，他都没有继承人。奥托二世和堂弟巴伐利亚公爵亨利二世（Heinrich II，绰号"强辩

者"，955~976 年、985~995 年在位）不和，亨利二世早在 974
年就因图谋推翻皇帝而被拘禁。976 年逃脱后，他在萨克森和
巴伐利亚各路支持者的帮助下公开叛变，因而丧失了公爵之位，
他自 978 年起被监禁在乌特勒支（Utrecht）。奥托二世在西法
兰克王国的另外三个堂兄弟中，来自加洛林家族的洛泰尔国王
和弟弟卡尔之间有着深仇大恨，因此，他在 977 年立卡尔为下
洛林（Niederlothringen）公爵的决定引发了麻烦。978 年，恼
怒的洛泰尔利用奥托和塞奥法诺造访亚琛的机会，对那里的行
宫，即"其先辈的王座"⁹发起突袭，迫使皇帝伉俪仓皇逃往
科隆。与其说洛泰尔动真格要夺回洛林地区，不如说这是西法
兰克王国自我意识的宣示。同年，奥托回以进军，兵临巴黎城
下。应战的不是洛泰尔，而是他的另一个堂兄——罗贝尔家族
的于格·卡佩。冬季来临之前，奥托及时撤出，充分维护了双
方的面子。980 年，奥托和洛泰尔在界河希耶尔河（Chiers）①
会面，在维持现状的基础上强调双方地位平等，达成和解。

那年夏天，塞奥法诺终于为皇帝诞下期盼已久的继承人
奥托三世（983~1002 年在位）。那时，皇帝奥托二世已开赴
意大利。奥托一世死后，奥托家族对该地的统治度过了 8 年安
宁时光，然而罗马的党派之争仍在进行，奥托二世的第一个行
动是将被对立教宗挤兑的本笃七世（974~983 年在位）送回
罗马。二人在 981 年复活节共同举办了一场耀眼的盛会，亮
相罗马的除了皇太后阿德尔海德、皇后塞奥法诺，还有勃艮第
国王康拉德和来自西法兰克的公爵于格·卡佩。秋季，北方支
援到位后，奥托侵入意大利南部。意在实现父亲遗志的他，理
应将西西里岛的撒拉森人赶出卡里布利亚地区，并把自己的统
治范围扩张到大陆的最南端。然而，982 年 7 月中旬在克罗托

---

① 也称 Korn 或 Kuer，是默兹河的支流。

内（Crotone）南边的科隆纳角（Kap Colonne），这场军事行动变成灾难性的溃败，尽管敌方埃米尔命丧沙场，但奥托二世也损失了大部分兵力，自己还被迫游泳逃生，幸而被一艘希腊船只所救。落败的皇帝返回罗马，召唤阿尔卑斯山两侧的世俗和宗教权贵到维罗纳出席983年6月1日的宫廷会议。会议上，他未雨绸缪，将年仅3岁的儿子奥托三世立为国王。由于奥托二世此后留在了意大利，取道拉文纳回到罗马，并在那里扶植了一位新教宗（若望十四世，983/984年在位），所以从远方传来消息时，他才得知自己的帝国遭遇了第二次惨重打击。983年夏天，易北河另一侧的斯拉夫人结成的卢蒂齐联盟（Lutizenbund）① 发动起义，波及帝国广袤的地区，萨克森地区的世俗统治和基督教教会双双分崩离析。还没来得及做出反应，奥托二世就于983年12月7日在罗马逝世，死因可能是疟疾引起的发烧，这让他的帝国彻底陷入大危机。

父亲的死讯大概在圣诞节时传到了亚琛，恰在那时，年幼的奥托三世由美因茨和拉文纳总主教加冕为两个法兰克王国的国王。到底该由谁长年摄政，并没有众所公认的规则可以遵循，因而，这就取决于国王身边的至亲采取什么行动，最终也取决于权贵们能否达成共识。最先采取行动的是被罢免的巴伐利亚公爵"强辩者"亨利，他从乌特勒支的囚禁中获释，在科隆将年幼的国王置于自己的保护之下；984年复活节，他本人就像一位国王那样，驻跸奎德林堡（Quedlinburg）。起初他得到西法兰克洛泰尔国王的支持，后者希望夺回洛林，而且占领着主教城市凡尔登，把它当作重要的筹码。不久之后，"强辩者"亨利就因为支援不足而让步，6月底将小奥托交给了被美因茨总主教威利吉斯（Willigis）从意大利召唤来的皇太后和皇后。作为

135

———————————

① 斯拉夫人结成的一种松散的部落联盟。

回报，他希望恢复巴伐利亚公爵之位，但已经开始摄政的塞奥法诺直到 985 年才予以批准。洛泰尔则没有退让，他重新征服了在此期间一度失守的凡尔登，但与此同时，他在上洛林地区却得不到多少响应，这一点促使塞奥法诺向彼时西方最强大的男人——于格·卡佩公爵——靠拢。尽管国王洛泰尔暴毙（986年）之后，他那早在 979 年就当选为王并得到加冕的儿子路易五世（Ludwig V）可以继承他的权位，但是 987 年 5 月，此人也在一次打猎中丧生，身后未留子嗣，至此，加洛林家族气数已尽。西法兰克王国的权贵们决定反对路易五世的叔叔卡尔，即下洛林公爵，而支持于格·卡佩成为新任国王，此举完全是奥托宫廷的意思。于格·卡佩（987~996 年在位）从此开启了卡佩王朝的漫长统治。卡佩王朝扎根于巴黎盆地和广大的纽斯特利亚地区，因而比起加洛林的最后几代统治者，损失洛林地区对他们的打击没有那么大。跨越国界发动征战、统治者频繁会面的时代过去了，从此，两个法兰克王国各行各路。

2　千年之交的欧洲中部

"德意志"的罗马帝国

东法兰克王国在亨利一世和奥托一世的带领下，顺利地从法兰克、萨克森、巴伐利亚和施瓦本的脆弱联盟，发展成一个雄跨阿尔卑斯山南北的全新的罗马帝国，将原来由加洛林王朝统治的"老"欧洲的重心向东推移了一大步，来到这片大陆地理意义上的"中部"。在这里，萨克森地区亦即奥托家族的故乡，早于洛林和莱茵河—美因河地区成为核心地带。夹在威悉河和易北河之间的萨克森到那时为止一直是边缘地带，因为兴建行宫、贵族城堡、主教府和修道院，它在 10~11 世纪变得热闹起来，而且有越来越多的货物和现金流入，来自王国其他部分的宫廷人士和四面八方的外国使者也将它设为目的地。尽管如此，那时并没有发展出一个"萨克森人的王国"，因为只有在传统的"法兰克王国"的名义下，来自其他"部族"的、拥有各自民众的权贵们，才有可能和来自北方的国王团结一心。10 世纪的时候，他们之间还没有一个共同的名称能把他们和西法兰克王国区别开来。这样一个名称最有可能是从外部，具体来讲是从意大利兴起的：这些越过阿尔卑斯山进入此国的人都讲"非罗曼语"，比起他们来自不同部族的事实，语言上的共同点更加引人注目，因此，"条顿"（theodiscus/teutonicus）这个早在加洛林时期就被人们熟知的词语成了一个笼统的标签。阿尔卑斯山北侧的一些文献也反映了自千年之交以来，该词已从一个语言标志转变成一个民族名称。这些资料最早显然是受了意大利的影响，但是从来没有（后来也没有）迹象表明，奥托家族和他们的后继者主动使用该词来指代自己的身份。界定一个所谓的"德意志国家"，和962 年就出现的建立帝国的主张①是互相冲突的，这样一个帝国远远超出了"德意志国家"的范畴，而直指帝国的发源地——罗马。就这样，早在变成"德意志国家"之前，一个欧洲中部的国度就已经被"罗马化"了（其结果是，到了 11世纪，就连还未加冕为皇帝的统治者们，也开始以"罗马人的国王"自居了）。

　　尽管立足于查理曼帝国的传统，许多成就保留了下来，但拉丁中世纪的第二个帝国还是呈现了一幅巨变的图景，当中有些变化在加洛林王朝晚期已初现端倪，但决定这种情况的还有一个事实，即到 900 年为止，东半边王国的文明程度还远不如受古罗马文明影响甚深的西方。在此背景下，奥托家族和加

137

---

①　这一年，奥托一世加冕为首位神圣罗马帝国皇帝。

洛林王朝的一个显著区别是，它只以书面形式，即以特权书（Privilegien）的形式向某些个人传达信息，而没有像加洛林王朝那样颁布法令（Kapitularien）作为通行的规范，故相应地，国王的使者也不需要操心如何才能精准地传递信息。不同于 9 世纪初，此时并没有什么旨在补偏救弊、促进统一的改革政策，也缺少来自宫廷内部目标明确的文化动力。能将一个王国团结在一起的，是经过神圣认证的统治者与权贵们之间所达成的共识；而这样的共识需要在一遍又一遍的面见和繁文缛节中方能建立起来。为此，国王需要尊重公爵之位的存在，以及不少贵族世家已代代相传的财产权和主权；除此之外，也需要让这些人充分参与重要决策；但尤其还需要灵巧地处理某些心怀怨怼的个人或群体的不敬行为，最好不要切断以谈判达成和解与宽恕的道路。后加洛林时代的统治者们是绝不会采用像查理曼毁掉他的表兄——巴伐利亚的塔西洛——那样激进的手段来解决冲突的，他们在 10 世纪上半叶的狂风暴雨中学到了一个教训：长期将一个重要人物隔离在外会是多么危险。

还有一种转变发生了，那就是奥托家族比查理曼更清楚地认识到，帝国的疆域是有限的，而且并不回避以庄严的姿态与其他信仰基督教的王国开展交流，这些王国在加洛林王国边界之外开花结果，发展成一个"更年轻的"欧洲，这就是新时代引人注目的特征。在婚姻一事上，这一点就已经很明显了：亨利一世那时还先后娶了两位本地贵族家庭的女士为妻（就像加洛林家族那样），奥托一世则是先娶了一位盎格鲁－撒克逊公主，在其死后又娶了一位勃艮第王女、意大利国王遗孀为妻。她们诞下的皇子奥托二世从君士坦丁堡帝国宫廷得到了他的配偶；而奥托三世突然身亡时，也已经有一位拜占庭新娘在前来的路上了。不是要统治一个无远弗届的大帝国，而是要作为皇帝凌驾于"交相往来的"诸君和诸民族之上——这样的理念在接见使者一事上体现得尤其鲜明。有很多文献记载了，奥托皇帝逝世前不久，在973 年复活节，一批外国使者在奎德林堡觐见从意大利返回的他。根据《希尔德斯海姆编年史》（*Hildesheimer Annalen*）所述，"希腊、贝内文托、匈牙利、保加利亚、丹麦和斯拉夫使者带着贵重的献礼来到这里" [10]；《阿尔泰希编年史》（*Altaicher Annalen*）则描述得更为详细，"12 位匈牙利权贵和两位保加利亚权贵，此外还有（丹麦）公爵哈拉尔德委派的代表……还有（波希米亚的）波列斯拉夫带着约定的贡物"，而 "（波兰的）梅什科（Mieszko）把儿子送来当质子" [11]。根据维度金德的记载，没过多久，升天节当日，梅泽堡还迎来了 "来自非洲的使者"，[12] 也就是穆斯林，他们显然代表远在开罗的法蒂玛王朝统治者，前来就意大利南部的局势开展谈判。

在拉丁基督教世界之巅

正如教宗为皇帝加冕这项传统所体现的那样，皇权所包含的宗教意味对奥托大帝来说也是强制性的，程度并不亚于查理曼那时。他身边的教会人士向他强调了一种思想，即作为（拉丁）基督教世界的最高保护者，他的使命是保护自己的帝国疆域免受异教敌人侵害，并应当传播真正的信仰，尤其是应为罗马教廷尽心尽力。在罗马，为皇帝举行加冕礼的教宗若望十二世迅速惹起争端，造成的结果是，奥托对谁能登上彼得圣座所施加的影响力远比查理曼那时要大，而且在紧急时刻，他强势任命了这个 "最高祭司" 的人选。996 年和 999 年，孙子奥托三世效仿他的做法，两度将自己信任的神职人员（他们甚至是从阿尔卑斯山另一侧过来的）任命为罗马人的主教。可哪怕贵为皇帝，他的权势只有在他本人现身罗马，或者最起码现身意大利的时候才能发挥效力，因而实际上是无法持久的。1003 年，又有一位出身罗马贵族阶层的教宗不受外部干涉地登上了圣座，他没有什么积极的建制意

139

愿，顶多偶尔响应要求，为普世教会做一下表率；和皇帝之间除了加冕一事，也几乎再没有什么固定的往来。而另一边，奥托家族和萨利安王朝早期的皇帝们也鲜有野心去对拉丁教会的法律和仪式指指点点；顺带一提，在整个 10 世纪里，拉丁教会都完全没有发生教义之争（和拜占庭之间也没有）。

就连在后加洛林时代的欧洲，在传播基督教信仰和扩张教会这两件事上发挥首创精神的也不是教宗，而是那些与北方、东方异教世界接壤的基督教王国，在此中间，奥托家族统治的国度（和英格兰一样）自觉地充当起领袖。948 年于因格尔海姆举办的全法兰克宗教会议就体现了这一点，在国王奥托见证下，丹麦的几个主教管区——石勒苏益格、里伯和奥胡斯（Aarhus）——第一次获得了从属于汉堡—不来梅都主教的副主教作为它们的代表。[1] 自 936 年不来梅总主教乌尼（Unni）像传教士安斯加尔曾经所做的那样，再度深入瑞典城市比尔卡（Birka），这些主教管区在其国内的影响力就一直不甚明朗。到 965 年奥托一世授予它们特权的时候，丹麦国王哈拉尔德已经受洗了。与此同时，在奥得河以东，与波希米亚公爵波列斯拉夫一世的信仰基督教的女儿多布拉娃（Dobrawa）结为连理的波兰大公梅什科一世决定改宗，成为"皇帝的朋友"[13]；968 年前后，第一位落脚于波兹南（Posen）的主教有可能是多布拉娃随从里的一个巴伐利亚人。除此之外，奥托尚在世时，布拉格还建立了一个主教区，很快就被一名萨克森教士占据。与此相反，在基辅罗斯参与教会建设的努力却付诸东流，原本奥托在 959 年时收到对方的请求，希望奥托给他们派一位传教主教，但 961 年出发的特里尔僧侣阿达尔贝特（Adalbert）

---

[1] 据说在全法兰克宗教会议上，这三个地方的主教，即里伯的利亚夫达格（Liafdag）、石勒苏益格的霍拉特（Horath）和奥胡斯的雷金布兰德（Reginbrand）被祝圣为汉堡总主教阿达尔达格（Adaldag）的副主教。

遭到激烈的抗拒，不多时便打道回府。而自从 972 年传教事业在匈牙利步入正轨，奥托帝国内又有人——圣加仑的僧侣布伦（Brun/Prunwart）——作为主教被派往那里，据说他即刻就为大公盖萨（Géza，970~997 年在位）施洗，但此后就没有关于他的记载了。匈牙利成了巴伐利亚传教士们大显身手的舞台，994/995 年当地公爵之女吉塞拉（Gisela）和盖萨之子兼继承人、受洗时获得教名伊什特万（Stephan）的瓦伊克（Wajk）缔结婚姻，也促使当地的信仰转变取得彻底突破。

相比于上面这类（并非无私的）先驱行为，亦即在逐渐成形的邻国推动教会建设，萨勒河和奥得河之间的情况可谓大相径庭。如同查理曼时期的萨克森战争，在该地斯拉夫部族中间开展的传教活动和军事征服行动密不可分。此外，一个以马格德堡为中心的教省于 968 年建立起来了，却没有消解受牵连者的强烈反感，这些人直到面对萨克森侵略者和教会人员时才团结起来，形成跨越部族的强大的共同体。依据相同信仰构建起来的卢蒂齐联盟发动起义，在 983 年夏天转瞬间就荡平了勃兰登堡和哈韦尔贝格教区，其进攻势头直到易北河以西才被遏制住，并长期占领着从奥托家族手里夺来的易北河以东的整片土地，除了被奥托家族守住的索布边伯领地（迈森）和劳西茨（Lausitz）。在帝国和同样信仰基督教的波兰之间，一个让人无法忽视的异教地带形成了，没有君主制权力顶端的它构成了一种截然不同的文化，并成为独一无二的政治因素。当国王亨利二世在 1003 年和卢蒂齐联盟结为同盟，共同对抗波兰时，传教恰恰变成不受欢迎之事。基督教世界在东边的前哨地区经历了这样一个时期：传教使者被放任自生自灭，最后成了殉道者。布拉格的阿达尔贝特就是一个例子，997 年，他在离维斯瓦河河口不远处被古普鲁士人（Prußen）杀死；奎尔富特的布伦（Brun von Querfurt）于 1009 年在更东边，即"在俄罗斯和立

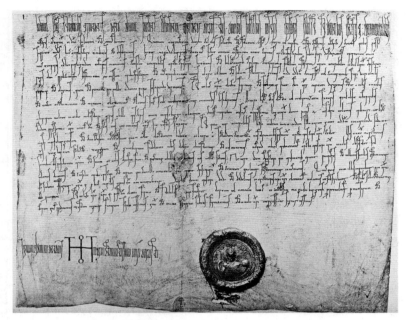

图 4　皇帝奥托一世创建马格德堡总主教区的官方文件（无落款日期，968 年）

陶宛的边界地区"[14]殒命（这是最早提及立陶宛的史料）。

　　奥托家族和萨利安王朝早期的君主们全面将自己国家的教会纳入其领导班子。统治者用丰厚的财产和用处极大的主权，为主教座堂及为数众多的修道院、慈善机构添砖加瓦，1000年后甚至建立了伯爵领地（从此开启了教会门阀发展壮大的历史道路），好让它们在多个不同层面为王朝效力。从为周游四方的君主安排下榻之处和提供照料，到周期性地进贡礼物和纳税、为国家军队征召兵员、完成外交任务、充当政治顾问，乃至通过祷告提供信仰支持和道德背书，不一而足。相应地，统治者也很注重对教会高阶职位的人选施加影响，并通过自 9 世纪末期以来就颇为流行的授职礼（递交主教权杖，后来还包括递交戒指）来彰显这种影响力。教会所拥有的神圣的优先地位

142

在背后支持着这种运作模式，他们"经由圣职仪式和世俗君王的光耀，居于众凡人之上"［梅泽堡主教蒂特马尔（Thietmar von Merseburg，逝于 1018 年）语］[15]，但在实际操作中，这并不意味着他们拥有不受限的自由决定权，因为每一次任命，都需要调和候选人（尤其是服务于宫廷的教士）、地方传统势力以及贵族家庭的诉求。这样做的结果是，一种和世俗统治阶级紧密交织、方方面面忠诚于斯，且尤其精于通信往来的帝国主教制度建立起来了。这种主教制在定期召开的宫廷会议和宗教会议上充分彰显作用，并且因为它是由来自不同地域背景的主教们构成的，所以它从内部巩固了帝国统治。这也难怪所有新近在边缘地区冒头的基督教王国，纷纷致力于建立属于自己的、包括一位总主教和一个宗教会议代表团（Synodalverband）在内的教省。

奥托三世

奥托三世幼年丧父，在出身于拜占庭皇室的母亲塞奥法诺摄政下长大，母亲逝世（991 年）后，则改由勃艮第一意大利皇室出身的祖母阿德尔海德（逝于 999 年）摄政。担任其老师的是来自卡拉布里亚的希腊人若望·菲拉加托斯（Johannes Philagathos）和伯恩瓦尔德（Bernward），即后来的希尔德斯海姆主教，他们为奥托三世提供了极为广博的教育，所以从最开始，奥托三世的思维模式和行动模式就具备帝国的视野，其身边围绕着一个"国际化的"友人和顾问圈子，当中包括学者欧里亚克的热贝尔（Gerbert von Aurillac）、被驱逐出布拉格的主教阿达尔贝特、克吕尼修道院院长奥迪洛（Odilo von Cluny），以及后来成为韦尔切利（Vercelli）主教的利奥（Leo）。还没过 16 岁生日，他就于 996 年 5 月 21 日从格里高利五世（996~999 年在位）手中接过皇冠。格里高利五世在此之前一直担任奥托三世的宫廷教士，是其表兄之子。当奥托三

143

图 5　皇帝奥托三世，身边是两位国王（可能是勇敢者波列斯瓦夫一世和圣伊什特万一世），
高居于帝国内诸位世俗和宗教人物之上受到加冕（微型画，约 1000 年）

世在前往罗马的路上听闻前任教宗逝世时，他亲自册封格里高利为新教宗。奥托三世希望和格里高利五世共同领导基督教教会，然而，还没等他离开意大利，之前遭到压制的城市贵族就在克雷申蒂家族（Crescentius）领导下鼓动骚乱，驱逐了格里高利，并在 997 年初立若望·菲拉加托斯为若望十六世取而代之。奥托三世于 998 年 2 月率大军折返，占领罗马，对克雷申蒂家族和对立教宗开展残酷的宗教审判。直到 999 年 12 月，他一直待在意大利，主要是罗马。在那里，他命人在他的铅印上镌刻"复兴罗马帝国"（Renovatio imperii Romanorum）的名言，[16] 在帕拉丁山上修建皇宫，并建立了一个使用罗马—拜占庭头衔的皇廷。格里高利五世死后，奥托三世册立亲信热贝尔为继任者，后者所使用的名号西尔维斯特二世（Silvester II，999~1003 年在位）毫无疑问会让人联想到君士坦丁大帝①。此后，二人一起在罗马举行了一系列宗教会议。

　　这位年轻的皇帝可曾设想以永恒之城为大本营施行他的统治，我们已无从知晓；但是我们知道，他在 999 年底离开罗马，踏上前往波兰的冬季旅途，去敬拜被带到格涅兹诺（Gnesen）的遭古普鲁士人杀害的殉道者阿达尔贝特的遗骨，同时还和教宗达成一致，要在那里建立一个以格涅兹诺为中心的特殊的波兰教省。1000 年 3 月，公爵勇敢者波列斯瓦夫极尽隆重地迎接了奥托三世，（根据后来的波兰文献所述）奥托三世则据说将一顶王冠送给了东道主，宣布其为"罗马人民的朋友和盟友"。[17] 我们大概不应将此举理解为正式的加冕，而应理解为一种嘉奖，即宣告波列斯瓦夫在帝国东部边境拥有极为重要的特殊地位。相应地，次年，匈牙利的伊什特万也由来使"加冕和

<!-- 页边码 --> 145

---

①　影射热贝尔自己和奥托三世的关系就像教宗西尔维斯特一世和君士坦丁大帝的关系。

146

1000年前后的欧洲

挪威王国

苏格兰王国

因弗内斯

爱丁堡

北　海

丹麦

石勒苏益格

爱尔兰

阿马

都柏林

杜伦

约克

利默里克

科克

英格兰王国

伦敦

不来梅

明斯特

马格

科隆

萨

美因茨

大　西　洋

诺曼底公国

鲁昂

兰斯

巴黎

列日

沃尔姆斯

梅斯　施派耶尔

雷恩

昂热

图尔

特鲁瓦

讷维尔

奥

巴伐

洛桑

圣地亚哥-德
孔波斯特拉

莱昂

波尔图

莱昂

法兰西王国

波尔多

卡奥尔

普瓦捷

里昂

米兰

都灵

热那亚

意大利

斯

科西嘉岛

卡尔卡松

纳博讷

阿维尼翁

阿尔勒

马赛

萨拉戈萨

塔拉戈纳

巴塞罗那

托莱多

塔霍河

里斯本

后倭马亚王朝

科尔多瓦

塞维利亚

马拉加

撒丁岛

卡利亚

巴利阿里群岛

地　中　海

休达

梅利利亚

阿尔及尔

突

马赫

菲斯

马格里布

斯法克斯

加贝斯

国界

0　　300　　600 km

傅油"；这位使者既代表教宗也代表皇帝，[18] 他亦马上成为首位格兰 / 埃斯泰尔戈姆（Gran/Esztergom）总主教，身居国家权力顶峰，凌驾于大教省的众主教之上。奥托三世从格涅兹诺出发，初时由波列斯瓦夫陪同，前往自己在阿尔卑斯山北边的帝国，拜访了祖父奥托一世的安息之所马格德堡和曾祖父亨利一世的长眠之地奎德林堡；然后前往亚琛，在圣灵降临节当日打开了查理曼之墓（这样做可能是为了追封查理曼为圣人）①；最后很可能还造访了阿尔萨斯的塞尔兹（Selz）修道院，他不久前逝世的祖母阿德尔海德就安葬在那里。但 8 月的时候他便已回到罗马——他真正的"试炼场"。在一份著名的文件中，他向教宗西尔维斯特明示，正因前代教宗们玩忽职守，罗马教廷才在财政上陷入衰败，教宗们自己却试图援引无效的文件，把持帝国的权力，好能全身而退；如此一来，奥托三世便有理由马上行使皇帝的自由裁决权，将拉文纳周围的 8 个伯爵领转交给彼得圣座。[19] ② 然而此时，奥托脚下的土地已然在震荡，因为 1001 年 1 月，蒂沃利（Tivoli）的一场暴动发展成罗马人的全面起义，即便皇帝做了一场激动的演讲，声嘶力竭地宣称自己对他们的爱，也无法服众。奥托三世不得不和他的教宗一起秘密离开，转移到皇城拉文纳，在彼处为重返台伯河畔备战。就在 1002 年初大军即将从北部出发时，奥托三世因为疟疾而于 1 月 23 日在罗马以北的帕特诺堡（Burg Paterno）逝世，终年不及 22 岁。人们历尽艰险才把他的尸身送到阿尔卑斯山另一侧，总算能依照他的遗愿，于复活节星期日（4 月 5 日）安葬于亚琛查理曼墓旁。

148

---

① 据传奥托三世命人打开查理曼的墓穴，拔走了遗骸上的一颗牙，还拿走了佩剑、皇冠以及一部福音书，时人视此举为大不敬。

② 奥托三世迅速宣称自己对彭塔波利斯（五城）和拉文纳总督区内的 8 个伯爵领享有控制权。

从亨利二世到亨利三世

　　奥托一世革新帝国 40 年后，随着奥托三世之死（和奥托二世在南方暴毙一样，他的死亡也是突如其来的），奥托家族的意大利政策来到了转折的关头。仅仅三周后，伊夫雷亚边伯阿尔杜因（Arduin von Ivrea）就在帕维亚被支持者拥立为新国王，充分可见，对跨越阿尔卑斯山的两个王国连同宗教中心罗马的统治，此时受到了极为棘手的挑战。奥托没有留下子嗣，随后几个月里竞争上位的人中，似乎无人有意将他的意大利政策贯彻下去。亨利一世的曾孙、995 年起成为巴伐利亚公爵的亨利二世（1002~1024 年在位），最早在美因茨总主教威利吉斯的帮助下称雄，又于 6 月 7 日在后者的主教座堂里受膏和加冕。他在意大利是完全支持奥托三世的，但是作为屡次与奥托家族对立的柳道夫家族巴伐利亚支脉的继承人，亨利二世有着完全不一样的视野。他选择了"复兴法兰克人的王国"这句格言作为其文书的铅印，[20] 并专注于巩固他在阿尔卑斯山北麓的统治。在那里，王位更迭后，权贵们的地位也等待着一次洗牌。处于风口浪尖的是与奥托三世过从甚密的波兰公爵波列斯瓦夫，他在萨克森贵族中的支持者并不少。双方的武装冲突一直持续到 1018 年，中间有过几次间断，结果非但没有削弱波列斯瓦夫的势力，王国里对亨利心怀怨怼的其他地区也发生了暴力对抗。比起世俗贵族，亨利二世更依赖于王国主教和修道院院长的支持，他们源源不断地为国王提供资金支持。亨利的教会政策下，最重大的一件事是建立班贝格主教区和为其配备丰厚的教产（1007 年）；由于他和库妮贡德（Kunigunde）的婚姻中没有留下子嗣，他便想"指定上帝为他的继承者"。[21]

　　如此一来，意大利更加陷入不利的处境。1004 年春天，亨利只用了两个月时间就在阿尔卑斯山南麓称雄，在那里，阿尔杜因避免发生军事冲突从而保全了自身，亨利则在帕维亚由米

149

兰总主教加冕为"法兰克人和伦巴第人的国王"，[22] 而仅仅几小时后，该城的一些区域就在市民的暴动中燃起冲天火光。如此过去了整整十年，其间，阿尔杜因的追随者不离不弃，他的对手多数时候也只是从身在远方的国王那里获得一些特权，直到亨利为了获得皇帝之冕，利用在东萨克森地区的一个休战期进行了第二次意大利之旅。在罗马，1012 年，图斯库鲁姆（Tusculaner）伯爵们和本笃八世（Benedikt VIII，1012~1024年在位）一起对抗克雷申蒂家族。这位教宗于 1014 年 2 月 14日在圣伯多禄大教堂为亨利和他的王后库妮贡德加冕，但之后只留帝后做客了几天，因为彼时人们得回帕维亚举办复活节庆典，然后去班贝格庆祝圣灵降临节。阿尔杜因东山再起，但感知到自己大限将至，他踏进了他的富鲁图亚里亚修道院（Kloster Fruttuaria），最终于 1015 年在那里与世长辞。亨利二世的第三次意大利之行完全是因为本笃八世的意外到访才开启的。1020 年，教宗前往班贝格和富尔达，请求亨利出兵抗击入侵意大利南部的拜占庭军队。就这样，1021 年秋天，亨利大军绕过罗马，浩浩荡荡地开进普利亚，作为西方皇帝的他在长时间围攻特洛伊堡垒后，征服了变节的王侯，但并没有直接和东方皇帝对峙。亨利已然满足于这个中庸的成果，在夏日的热浪到来之前果断撤兵。1022 年 8 月 1 日，他在帕维亚找到机会，和教宗一道召开了一次盛大的宗教会议，制定了对全体基督徒都有效力的教会法规。相比奥托三世执政时期，人们更容易产生一种印象，即亨利二世潜意识里不愿意更深地卷入意大利问题，作为皇帝的他似乎认为，阿尔卑斯山北麓才是他的地盘。

150

　　由此，他为最早的萨利安王朝统治者确定了统治方针。亨利 1024 年 7 月 13 日逝于哥廷根附近的格罗内（Grone）之后，萨利安王朝继承了王权。康拉德二世（1024~1039 年在位）作为法兰克人定居于沃尔姆斯和施派耶尔（Speyer）附近，在权贵们的选举中，他获得的支持多于和他同名的堂兄弟，因而于 9 月 8 日在美因茨被加冕为国王。因为曾祖母的缘故，他和奥托一世有血缘关系①，所以在亨利二世死后的空位时期，他的一言一行对政局举足轻重。第一次骑马巡防所辖的多个公爵领地后，他就以鲜明的态度捍卫其家族作为统治者的未来。此外，1026 年，康拉德二世还指定了他和施瓦本公爵之女吉塞拉（Gisela）结婚生下的儿子，即彼时年仅 8 岁的亨利三世（1039~1056 年在位）为未来的国王，方才动身前往意大利，并在当地逗留了超过一年。（根据不确切的记载，）他在米兰再次举行了国王加冕礼，然后可以确定的是，1027 年复活节（3 月 26 日）他在罗马由教宗若望十九世（Johannes XIX，1024~1032 年在位）加冕为皇帝，在场的有英格兰和丹麦国王克努特（Knut）及勃艮第的鲁道夫三世（Rudolf III）。还没来得及进一步干预罗马的局势，他就在短暂绕行南方之后，匆匆返回德意志，为的是将年轻的亨利确立为巴伐利亚公爵，并于 1028 年复活节（4 月 14 日）在亚琛将其正式选举为国王，让科隆总主教为其加冕。为了与皇帝的自我形象保持一致，他开始从拜占庭帝国寻找身份相当的新娘。由于找不到合适的人选，年轻的亨利便于 1036 年和丹麦公主根希尔德（Gunhild）结婚，她也被人们称为库妮贡德。康拉德的帝国政策自 1033 年起在教皇诏书的格言"罗马，世界之首，统领世界之缰绳"中得到体现 23，其主要目标是夺取勃艮第王国。勃艮第王国的上一任统治者鲁道夫三世（993~1032 年在位）在两次婚姻中均无子嗣。早在鲁道夫的外甥——皇帝亨利二世——统治时期，人们就在 1016 年和 1018 年两度讨论继任者人选。起初，鲁道夫对娶了自己外甥女吉塞拉为妻的康拉德二世持保留态度，但这位萨

151

---

① 康拉德二世是奥托一世之女利乌特加尔德（Liutgard）与"红发"康拉德的曾孙。

利安王朝君主通过占领巴塞尔，逼迫鲁道夫于 1025 年进行谈判。最终，参加完康拉德在罗马的皇帝加冕礼之后，二人再次安排见面，勃艮第国王鲁道夫承诺将王国遗赠给康拉德。有此番承诺作为支持，鲁道夫死后，康拉德现身勃艮第王国，于 1033 年 2 月 2 日在贝耶纳（Peterlingen/Payerne）修道院加冕，正式统治该国。但此后很多年里，他还必须应付对手的行动，尤其是要对抗鲁道夫的外甥布洛瓦 – 香槟伯爵奥多二世（Graf Odo II. von Blois-Champagne，逝于 1037 年）；奥多自身则要对抗法兰西国王亨利一世（Heinrich I）。直到康拉德之子亨利三世当选为国王并在索洛图恩（Solothrun）加冕（1038 年），勃艮第、德意志和意大利三个王国才合而为一，成为一个中世纪帝国。

康拉德的第二次意大利之行就没有那么顺利了。1036 年，伦巴第的许多小封臣（Vasalle/Valvassor）接连揭竿起义，反抗那里多半担任神职的封建领主，正是这一系列事件促使康拉德踏上了旅途。皇帝与米兰总主教阿里贝尔特（Aribert，1018~1045 年在位）之间爆发了激烈的冲突，康拉德围攻米兰失败，但他无所畏惧地发布了绝对命令，宣布罢免阿里贝尔特的主教之职。1037 年，他颁布了一项划时代的法律，保障了小封臣们能够世代承袭他们的封地，但是在此之后，他就动身前往南方，以避免后续的更多纠葛。1038 年复活节（3 月 26 日），他不是在罗马，而是在翁布里亚（Umbrien）与教宗本笃九世（1032~1045 年在位）会面。接着，他试图革新卡普亚和贝内文托地区的权力关系，这也使他第一次和进犯意大利南部（Mezzogiorno）的诺曼人正面交锋。返程中，7 月，一场可怕的瘟疫袭击了他的军队，亨利三世年轻的配偶根希尔德也不幸丧生。人们试图搞明白，为什么早在多年前就已继承父亲（1039 年 6 月 4 日逝于乌特勒支）之位的亨利三世，没有马上径直返回意大利。他反而于 1040 年在因格尔海姆接待了米兰总主教阿里贝尔特，与其和解，对外出兵波希米亚和匈牙利，对内则断然维护和平，并于1043年和阿基坦公爵之女——普瓦捷的阿格尼丝（Agnes von Poitou）缔结第二段婚姻。当他在7年后决定成为皇帝时，亨利三世推动了一个出人意料的、足以改变欧洲的转变发生。

152

卡佩王朝早期君主统治下的法兰西

默兹河、索恩河和罗讷河以西那个可往上追溯到"秃头"查理时代的法兰克王国，自始至终保留着"法兰克"的名字，自10世纪起，其发展路径就明显有别于东法兰克王国；后者在奥托大帝治下明显占据优势地位，获得意大利的大片领土后扩张为帝国，自1032年占领勃艮第之后，更是长期阻止法兰西王国染指意大利。西法兰克国王们没能像奥托家族那样，仅凭一个承认其头衔的程序，就在王国疆域内让君主之威深入人心。相较之下，始于987年的卡佩王朝仅仅直接控制着北方的一个狭小的王室领地［核心地区为奥尔良、巴黎、桑利斯（Senlis）和兰斯］，而总共77个主教席位中，它只能对其中不到20个施加影响。其余地区，亦即整个南方地带，都被强势的采邑主和稍弱一点的伯爵掌控着，他们也以各种方式行使着教会主权，在"封建无政府状态"下厮杀混战，丝毫没把国王放在眼里。但是从一个长远的时间维度看，君主通过傅油礼和加冕礼的神圣认证而获得的高于其他任何统治者的优越地位，确实不容低估。11世纪初期就有一批早期资料尤为形象、具体地反映了这一事实，它们声称国王拥有奇迹般的治愈能力。此外，和东法兰克王国/德意志非常不同的是，卡佩王朝国祚延绵数世纪，国王总是及时地将王位继承人扶为共治者，由此保障了王朝统治延续不断。

王朝统治从于格·卡佩开始。根据同时代编年史家里歇（Richer）的记载，于格·卡佩在987年年中就提出统治诉求，

153

并被推举为"高卢人、布列塔尼人、丹麦人"（即诺曼人）及"阿基坦人、哥特人、西班牙人和巴斯克人"（连同勃艮第人）的国王，[24] 且当年圣诞节就设法让儿子罗贝尔二世（996~1031年在位）也得到傅油和加冕。由于早前失势的加洛林王位角逐者卡尔——先王洛泰尔的兄弟——不愿屈服，王位之争还持续了很长一段时间，直到 991 年卡尔遭人背叛，落入政敌之手，沦为于格的阶下囚。但事情还有后续：人们旷日持久地争夺兰斯总主教之位，在此过程中，加洛林王朝的阿努尔夫凭借教宗的支持与卡佩家族对峙。罗贝尔二世谋求通过三段婚姻与举足轻重的贵族集团缔结有益的联盟，可实际上他只成功攫取了 1002 年空悬的勃艮第公爵之位。和当地权贵一番激辩过后，他最终将该位授予次子亨利，自己则无可奈何地接受了布洛瓦 - 香槟伯爵奥多二世的迅速崛起。这促成罗贝尔二世和皇帝亨利二世在边境城市伊瓦（Ivois）会晤（1023 年），由此萌生了由两个王国的主教在帕维亚共同召开宗教会议的计划（尽管并未实现），可谓是加洛林漫长岁月的一声震撼回响。罗贝尔的长子兼共治者于格 ① 据说在 1024 年拒绝了意大利权贵们的建议，没有接替亨利二世成为意大利人的国王；在他英年早逝（1025 年）之后，1027 年，罗贝尔二世让次子亨利一世（1031~1060 年在位）② 登上王位。然而，这样的预先决定到底具备多大的法律效力，并不是没有争议的，罗贝尔二世死后发生的事情就表明了这一点。他的遗孀更偏爱他们最小的儿子罗贝尔，1032 年，后者不得不安于分给他的勃艮第公爵之位。对勃艮第王国虎视眈眈的奥多（逝于 1037 年）使亨利一世和皇帝康拉德二世有了共同的利益，但是国王亨利一世自身却要面对法兰西王国内部无穷无尽的权力之争，在未能取

154

---

① 于格二世。

② 法兰西卡佩王朝国王亨利一世。

得长足胜利的情况下，他至少得巧妙避开实力相当的对手。他与皇帝亨利三世在边境的三次会面（1043年、1048年、1056年）只留下了不太明确的记载，但至少在最后一次会面，爆发了一件轰动社会的大事，从那之后一百余年都再也没有发生过类似的君主会面。在生命的最后一年，亨利一世遵循家族传统，于1059年圣灵降临节将7岁的儿子腓力（Philipp）立为共治者。

　　法兰西王国的一个特殊组成部分是跨越塞纳河下游两岸的诺曼底公国，它的历史始于10世纪早期罗洛率领的丹麦维京人被容许在此定居，从那时起，它就和王国整体所具有的"法兰西属性"格格不入。罗洛和他的后继者以鲁昂伯爵领为起点，不断扩大行动范围，自966年起以边伯的身份、987年起以公爵的身份出现。直至11世纪早期，他们仍与斯堪的纳维亚维持着紧密的关系，却又和罗贝尔家族及威塞克斯的几任国王联姻，借助修道院的力量行使统治，且并不阻止人们融入周围法语区的社会文化之中。等到公爵威廉二世（"征服者"威廉，1035~1087年在位）①——罗洛的第五代后人，一名私生子——于1066年登上英格兰王位，他也成了影响整个欧洲的风云人物。

3　英格兰和斯堪的纳维亚

　　各种各样的发展趋势共同作用，使9~11世纪北海沿岸国家越发紧密地团结在一起。首先是丹麦和挪威的维京人大举进犯盎格鲁-撒克逊国家（也攻击了苏格兰和爱尔兰海岸），最初的劫掠行径渐渐演变为定居和建立政权；之后，北欧君主制发展壮大，10~11世纪受英格兰影响极深，民众皈信基督教；

155

―――――――――

　　①　历史上也称"征服者"威廉一世。

接着，1000 年前后，它们再次获得强大的海上扩张动力，离开北海；最后，挪威国王和诺曼底公爵为争夺岛国王权而战，此番争斗使英格兰于 1066 年落入诺曼人之手，一种全新的、与欧洲大陆更紧密相连的身份认同构建起来了。

从"长者"爱德华到埃德加的
英格兰联合君主统治

自从威塞克斯国王阿尔弗雷德大帝（899 年逝世）成功阻止维京人在岛上放肆扩张，并将所有"自由的"盎格鲁－撒克逊人统一在唯一一位国王的羽翼下，他的继任者就有了一个目标，即要将由丹麦人占领的，却几乎没有形成任何政治统一体的区域（即"丹法区"）逐步夺回来。为了达到这个目标，他们不仅发动军事进攻，还承认了双方在法律习惯上的差异，并促进宗教信仰的同化——这个进程从阿尔弗雷德统治时期为一位名叫古斯伦（Guthrum）的丹麦首领施洗（878 年）时就开始了。通过这种方式，阿尔弗雷德的儿子"长者"爱德华（Eduard der Ältere，899~924 年在位）的君主权威从威塞克斯和默西亚，扩展到米德兰（Midlands）①、东盎格利亚和埃塞克斯，直至 918 年，他将统治的边界推进到亨伯（Humber），由此，盎格鲁－撒克逊政权重新赢得上风。在诺森布里亚，祖籍挪威的爱尔兰维京人一直掌握着权力，直至爱德华的儿子埃塞尔斯坦（Aethelstan，924~939 年在位）上位。927 年，他拿下约克，不久后甚至攻入苏格兰腹地。他正式使用"盎格鲁－撒克逊人和丹麦人的国王"[25] 这个头衔，在铸造的货币和颁布的公文上自称"全不列颠的国王"（即没有具体列举所统治的民族），[26] 并和欧洲大陆上的诸君建立了亲缘关系。926

---

① 英国中部地区。

年和 929 年，他将姐妹埃德希尔德（Eadhild）和埃德吉塔分别嫁给法兰西亚的公爵（伟大的）于格和东法兰克王位继承人奥托（大帝）；而在那之前，大约在 920 年，爱德华的长女埃德吉芙（Eadgifu）就嫁给了西法兰克加洛林王朝的"傻瓜"查理。

埃塞尔斯坦的兄弟埃德蒙（Edmund，939~946 年在位）和埃德雷德（Eadred，946~955 年在位）不得不去镇压北方长年发生的暴动，这些暴动一度使斯堪的纳维亚人主宰的约克王国卷土重来。被逐出故乡的挪威王子——"血斧"埃里克（Erich Blutaxt）——的介入使危机白热化，此人在约克定居下来，直到 954 年被埃德雷德战胜并杀死。其后的 1/4 个世纪里，统一起来的英格兰得以幸免于此类战端。埃德蒙之子埃德加（Edgar，959~975 年在位）与长兄对立，973 年他在切斯特（Chester）接受 8 位凯尔特"国王"（来自威尔士和苏格兰）的臣服，据说他每年都乘船环绕整个大不列颠岛，其内政方针主要是和国内多数已受洗的丹麦人维持平衡。国王成为法律制定者，和他信赖的教会人士（在他的帮助下，他们已坐上最重要的主教席位）一起，以及和弗勒里（Fleury）、科尔比等西法兰克修道院协力，积极地推进英格兰修道院制度的全面改革，其治所温切斯特的主教座堂教士也属于改革对象。816/819 年"虔诚者"路易在亚琛颁布的法令——当中特别强调要为国王和王后祈祷——成为改革的准绳。8 世纪盎格鲁－撒克逊僧侣给法兰克修道院革新注入根本性的动力，时隔 200 年，我们看见历史发展在同一条路线上逆向而行。

丹麦、挪威和瑞典的基督教国王

和英格兰的统一同时发生，10 世纪，维京人的斯堪的纳维亚故乡也经历了影响深远的转变，那个地方主要居住着农民和商人，拥有港口，却没有建起城市。在丹麦这个人口最稠密的北方国家，中断几十年后，又出现了一些特别有名的国王，治所定在日德兰半岛上的耶灵（Jelling）。最初，老高姆（Gorm der Alte，逝于 958/959 年）迎接了一个从奥托家族统治的萨克森地区前来的基督教布道团，但他拒绝了不来梅总主教乌尼提出的为他施洗的建议。而他的儿子兼继任者"蓝牙"哈拉尔德（Harald Blauzahn，958/959~987 年在位）则因为科维的维度金德记载的奇迹，相信基督教的上帝是至高无上的，大约于 962 年和他的家人、仆从一起改信了。在耶灵的一块独特的石碑上，他自诩"征服了全丹麦和挪威，并让丹麦人成为基督徒"。[28] 因为考古研究在日德兰半岛和菲英岛（Fünen）、西兰岛（Seeland）上发现的防御工事遗迹提供了证据，如今人们普遍认为，哈拉尔德在统治期间实际上已获得对全丹麦的主权。不过，基督教信仰不是突然就传播开去的，而且尽管奥托家族统治时期，不来梅主教百般努力，直到 11 世纪，在英格兰的影响下，那里才建立起固定的主教管区制度。987年，哈拉尔德受迫于儿子"八字胡"斯文（Sven Gabelbart，987~1014 年在位）策动的血腥起义，逃亡至斯拉夫人的领地（可能是逃到了阿博德利特人那里），逝世之后，他不再像先祖那样下葬于"信奉异教"的耶灵，而是下葬于西兰岛上由他建立的罗斯基勒（Roskilde）教堂。

在挪威——"蓝牙"哈拉尔德宣称归其统治的地方，中世纪盛期的北欧史诗记载，来自耶林部族（Ynglinge）的金发哈拉尔德一世（Harald I. Schönhaar）是国家的统一者，他在 900 年前后以奥斯陆峡湾以西地带为中心，征服了其他地区性统治者。在他逝世（约 930 年）后，好人哈康一世（Håkon I. der Gute，约 935~961 年在位）在继承人之争中胜出，他在英格兰埃塞尔斯坦的宫廷中长大，并在那里成为基督徒。登上王位后，他并没有展露多少传教热情，甚至可能重新信仰古老的众神，最终被其同父异母兄弟"血斧"埃里克（954 年逝于英格兰）的儿子们在丹麦人的帮助下策动的叛变推翻。由此，"蓝牙"哈拉尔德在挪威南部成为实际统治者，并且深谙如何让当地的权贵们在王位之争中自相残杀。哈拉尔德逝世数年之后，"金发"哈拉尔德的曾孙奥拉夫·特里格瓦松（Olaf Tryggvason，994/995~999/1000 年在位）才从尼德罗斯［Nidaros，后称特隆海姆（Trondheim）］出发，建立了一个新的、旨在对抗丹麦主宰地位的王国，并利用它来推动基督教信仰在挪威的传播。然而，他无法维持自己的统治，因为他在厄勒海峡（Öresund）的海战中，被丹麦"八字胡"斯文和瑞典国王奥洛夫·舍特康努格（Olaf Schoßkönig，994/995~1021/1022 年在位）联盟击败，命丧战场。丹麦的霸主统治持续了一个阶段，直至圣奥拉夫·哈拉尔德松（Olaf Haraldsson der Heilige，1016~1028/1030 年在位）统治时期。作为维京人，他有多年向西欧航行的经验，并在那里接受了洗礼，借此他攫取了挪威的王位，切实地推进了基督教信仰的确立；但和丹麦一样，在设立固定的主教席位一事上，挪威也是直到 11 世纪才有所进展。

　　瑞典的发展历程晚了一两代人。上文提到的奥洛夫·舍特康努格，即在史书记载中笼罩着神秘色彩的"胜利者"埃里克（Erich des Siegreichen，逝于 995 年）之子，在后世文献中被称为第一位信仰基督教的、由英格兰传道主教于 1008 年（一说更早）施洗的瑞典统治者，并且正是他将瑞典历史发展的核心地区斯韦阿兰（Svealand）与约塔兰（Götaland）统一了起来。在梅拉伦湖边新建起来的锡格蒂纳（Sigtuna）——古老神话中心老乌普萨拉（Alt-Uppsala）的"对极"，奥洛夫·舍特康努格让来自盎格鲁－撒克逊地区的专业人士铸造带基督教象征的硬币。奥洛夫将两个女儿分别嫁给挪威的圣奥拉夫和基辅大公雅罗斯拉夫（Jaroslav von Kiev）。和早些年丹麦的"蓝牙"哈拉尔德与波兰大公梅什科一世之女结婚、挪威的奥拉夫·特里格瓦松与哈拉尔德之女结婚一样，此番联姻分明体现了，纵使距离遥远，他们也可以如此迅速地建立一个"大家庭"，受过洗的国王们成了家人，在日渐扩大的基督教世界里维护他们王国的稳定并互相尊重。

进一步海上扩张

自 10 世纪下半叶开始的信仰转变——最起码是发生在北欧王国领导层的改宗，丝毫没有阻碍人们对远方的渴望。瑞典商人、战士和农民从波罗的海出发，深入讲斯拉夫语族和波罗的语族的地区，直抵芬兰海岸；挪威人则在很长一段时间里对北海区域置之不理，他们在 870~930 年移民到原本无人居住的冰岛，当中似乎有不少是"金发"哈拉尔德的流亡政敌。尽管为了生存之需，和远在 7 日航程开外的故乡保持联系是极其必要的，但是冰岛并未成为挪威的组成部分，因为根据历史叙事（它们也是 12/13 世纪才书写下来的），岛上发展起了一种独立且相当平等的公共秩序，这种秩序里不存在王权，而是由一批地区首领（Goden）共同进行治理，且每年召开由全体自由人出席的议事会议（Thingversammlung）。这可谓天赐良机。999/1000 年，显然是在奥拉夫·特里格瓦松的催逼之下，当地通过了普遍洗礼的决定，但不禁止人们私下里保留基督降生以前的旧习。冰岛的第一位主教名叫伊斯莱夫（Isleif），那是冰岛人自己推选出来的，等到世人听闻此人时，已经是 1050 年前后了，那时他刚觐见完皇帝和教宗，由不来梅总主教授予圣职。

还在信仰异教的时代，人们就以冰岛为基地，向西勇敢进发。生于挪威、后来被逐出冰岛的冒险家"红发"埃里克（Erich der Rote）于985年前后发现了被冰覆盖着的巨大岛屿，他委婉地用"格陵兰岛"（Grönland，意为绿岛）为其命名，希望能吸引人前来定居。事实上，不久之后，格陵兰岛海岸就建起了三个定居点，考古发掘已经证实了这一点。它们不过能容纳3000人居住，但一直维持到15世纪。很快，1000年后，基督教信仰就从冰岛传来，12世纪格陵兰岛也有了一位主教（在丹麦举行圣职仪式）。以近代人的目光来看，关于埃里克之子莱夫（Leif）的报告充满传奇色彩，更为独特，据说他扬帆起航，曾于1000年前后到达了北美海岸。在今属加拿大的纽芬兰岛北部，出土文物证明了早在哥伦布之前好几个世纪，那里就已经有一个斯堪的纳维亚人定居点了，只是没过几年它就被放弃了。至于它和最早约1080年由不来梅教会编年史家亚当（Adam）提及的文兰（Winland，也写作Weinland，可以肯定不是纽芬兰）到底有什么联系，就不得而知了。[29]

对那个时代的人来说，比起这些边缘地带发生的事情，斯堪的纳维亚人再次进攻英格兰更刺激神经，此事就发生在国王埃德加逝世（975年）不久，他的倒霉儿子"无策者"埃塞尔雷德（Aethelred der Ratlose，978~1016年在位）执政期间。和早前的维京人劫掠活动不同，这次进攻是由挪威和丹麦的国王亲自指挥的。根据英格兰方面的记载，最先发起进攻的是奥拉夫·特里格瓦松，991年他和庞大的舰队一起横渡北海，在埃塞克斯的莫尔登（Maldon）让盎格鲁－撒克逊人尝到灾难性的败果，接着一路劫掠穿越国土，直到对方提出缴纳一笔高额贡金（"丹麦金"）才同意撤退。当三年后因为强大的

丹麦国王"八字胡"斯文再度出现并对伦敦造成威胁时，尽管
奥拉夫被劝说接受洗礼并返回挪威（他在那里自封为王），但
此时丹麦人完全掌握着主动权，他们在随后几年里集中火力攻
打盎格鲁－撒克逊在南方的核心区域，并不断勒索更高的贡
金。1002 年，在军事上一筹莫展的国王埃塞尔雷德试图扭转
局势，下令在一个规定的日期，无差别杀害英格兰土地上能抓
到的所有丹麦人，当中就包括斯文的一个姐妹。此举后果是，
自 1003 年起，丹麦人发动了一系列复仇行动，并进一步发展
为征服，1013 年更是达到了目的：埃塞尔雷德放弃作战，逃
到欧洲大陆，投奔他的妻舅诺曼底公爵理查德二世（Richard
II）。"八字胡"斯文被公认为丹麦和英格兰的国王。此战结束
几个月后，1014 年 2 月 3 日，他就在林肯附近的盖恩斯伯勒
（Gainsborough bei Lincoln）溘然长逝。

克努特大帝

斯文的长子哈拉尔德（1014~1018 年在位）在丹麦继位，
而他的弟弟克努特（1016~1035 年在位）起初被从诺曼底回
归的埃塞尔雷德国王驱逐出英格兰，不过后者于 1016 年就逝
世了。1015 年，克努特从丹麦出发重新登陆英格兰，战胜了
埃塞尔雷德之子"刚勇王"埃德蒙（Edmund "Ironside"），
后者紧随其父，于 1016 年逝世。1017 年，胜利者克努特通
过和埃塞尔雷德的遗孀、诺曼底公爵之女艾玛（Emma）结
婚，显而易见地进入了阿尔弗雷德大帝的威塞克斯王朝，并在
盎格鲁－撒克逊人中得到了广泛认可。克努特并不满足于此，
1018 年，他继承了早亡的兄长哈拉尔德的丹麦王位，并随即
向波罗的海南岸的斯拉夫文德人（Wenden）发起了两场战争，
于 1022/1023 年夺得奥得河口的约姆斯堡［Jomsburg，即沃
林（Wollin）］。他还锲而不舍地向其他北方王国提出主权要

求，迎接他的是挪威圣奥拉夫和瑞典阿农德·雅各布（Anund Jakob，奥洛夫·舍特康努格之子，1021/1022~ 约 1050 年在位）的联盟。圣河（Helgea）之战（1026 年）取得胜利后，克努特至少在瑞典部分地区站稳了脚跟，却又在 1028 年从英国出发进攻挪威。挪威国王奥拉夫逃亡至俄国，然后在 1030 年试图回归时丧命于特隆海姆附近的一场战役中。克努特在挪威的统治显然从来不是安稳的，在他逝世（1035 年）之前，成长于诺夫哥罗德的奥拉夫之子马格努斯（Magnus，1035~1046/1047 年在位）便已崭露头角，誓要让"民族"王权易主。

162

1027 年，克努特用起了"全英格兰、丹麦、挪威和部分瑞典之王"的头衔，他的帝国环绕北海乃至波罗的海局部，[30]但重心显然放在了他最早取得王者尊威的英格兰。无论一帆风顺还是风高浪急，他一次次从海上征程回到英格兰，帝国的其他区域则全权交给并不总是那么忠诚的受托者管理。在最初的抵抗被瓦解，并且 1018 年再度收缴了高得惊人的"丹麦金"以让军队和军舰撤回丹麦之后，克努特十分重视和盎格鲁－撒克逊人达成理解和平衡。通过让总主教约克的伍尔夫斯坦（Wulfstan von York，逝于 1023 年）编纂一部包罗甚广的法典，他明确了盎格鲁－撒克逊人的传统法律，并且在宫廷里以及在任命官僚时，完全公平地对待盎格鲁－撒克逊人和丹麦人；而又通过兴建教堂和慷慨捐赠，他确保主教们支持自己，并能够在后世文献中留下一个好名声。他将盎格鲁－撒克逊教士和在英格兰领受圣职的主教派去丹麦进一步建设教会，其间免不了和不来梅总主教发生冲突，后者最终还是执行了他的按立权①。这固然表明克努特一心致力于让这个异质的帝国融为一

---

① 1029 年不来梅总主教（Libentius II）将丹麦主教（Avoco/Aage）按立为罗斯基勒主教。

体，但我们也不应对此太过高估。新近研究尤其强调，克努特在英格兰找到了能帮助他在斯堪的纳维亚实现政治和军事野心的资源。

克努特在北方的显著地位给欧洲其他地方的人留下了不可磨灭的印象，尤其是 1026/1027 年，身为英格兰、丹麦国王的他是史上第一位出身斯堪的纳维亚，却完全依照盎格鲁－撒克逊先君传统踏上罗马朝圣之旅的统治者。他取道法兰克王国和勃艮第，最终抵达了意大利。在圣伯多禄大教堂，他恰好有机会参加 1027 年复活节时康拉德二世的皇帝加冕礼，并由此与萨利安宫廷建立个人联系。他从拉丁世界的一众基督教统治者中脱颖而出，这一点尤其彰显在几年之后克努特和康拉德安排皇位继承人亨利三世与克努特之女贡希尔德（Gunhild）结婚一事上；为此，皇帝康拉德还向丹麦人割让了石勒苏益格城及主教区。1035 年 5 月，两位新人在班贝格订婚，可惜当他们于 1036 年 6 月在奈梅亨（Nimwegen）举办婚礼时，老丈人已经不在人世了。克努特大帝于 1035 年 11 月 12 日在英格兰南部沙夫茨伯里（Shaftesbury）逝世，享年约 40 岁。与同是在英格兰逝世的父亲"八字胡"斯文不同的是，克努特的遗体没有被送回丹麦，而是被安葬在温切斯特，就在威塞克斯先王们长眠的大教堂里。

克努特之后的斯堪的纳维亚

这个仅靠君合制联结起来的庞大国家能否在克努特死后长久地维持下去，尚未可知，不过随着王朝更迭，人们似乎只能给出否定的答案。由于没有各方公认的唯一继承人，原本就有着不同传统的各部分重新分裂是迟早的事。由流亡归来的年轻国王马格努斯统治的挪威马上就脱离出来。马格努斯急切地要求为 1030 年与克努特对阵时丧生的父亲奥拉夫封圣。在英国，克努特两段婚姻中所生的儿子展开王位争夺。突破阻力、占据先机的是"兔足王"哈拉尔德（Harald "Hasenfuß"，1035~1040 年在位），一个重要原因是他的同父异母弟弟哈德克努特（Hardeknut，1035~1042 年在位）留在了丹麦。哈德努克特原本已作为父亲的共治者统治着丹麦，此时他不得不时刻做好准备，应对挪威人的入侵。然而，我们并不知道他和挪威国王马格努斯究竟是什么时候达成了协议（显然两人都料到了他们将早死），约定若早逝的一方无子嗣，活着的一方便继承其王国。有了这番保证，哈德克努特才敢带着一支强大的舰队现身英格兰，要求夺回父亲的王冠。只是还没开战，1040 年，对手哈拉尔德就逝世了。哈德克努特甫一登上英格兰王位，就因征税失了人心。此税不免让人联想起"丹麦金"，并且或许还真是为了保障丹麦的利益而征收的。除此之外，他没有别的建树，因为他也很快撒手人寰了〔1042 年 6 月 8 日逝于兰贝斯（Lambeth）〕。从此，耶灵王朝的父系血脉断绝，而且克努特死后不到 7 年，英格兰与丹麦的联结就断裂了；而根据协议，挪威的马格努斯随即成为丹麦的新任国王。

接下来的岁月清楚地表明了，伴随着内部的基督教化，北方三王国逐渐发展成稳定的强国，通过贵族和主教，通过建立一个王都和相对确定的内部边界，形成了各自的社会。然而，在王权层面，建立一个统摄四方、权力集中的君主国（包括英格兰在内）仍是一部分人的热切盼望。这注定要引起王位之争，而且各个王国争取自治的斗争也一触即发。1042 年，国王马格努斯的双国统治就是这样，他掌权之后更偏爱的丹麦和挪威一样，受到两方夹击。一方是克努特一个姐姐的儿子斯文·埃斯特里德森（Sven Estridsen，即斯文二世，1047~1074/1076 年在位），此人长年流亡瑞典，然后要争夺丹麦的统治权，最终于 1047 年继承了马格努斯的丹麦王位；另一方是人称"强硬者"的哈拉尔德·西居尔松（Harald Sigurdsson "der Harte"，即哈拉尔德三世，1046~1066 年在位），圣奥拉夫的同母异父弟弟，在圣奥拉夫逝世（1030 年）后度过了动荡的岁月，在罗斯当过瓦良格首领，也在拜占庭御前当过差，直到 1045 年重返家乡，居高临下地要求分享侄子马格努斯的统治。1046 年，马格努斯被迫承认"强硬者"哈拉尔德的共治地位——对后者来说，这不过是在马格努斯早早逝去（1047 年）之后夺取挪威王位的第一步。自此以后，两个王国重新分离，这正合瑞典国王阿农德·雅各布的心意，正是他分别帮助斯文·埃斯特里德森和哈拉尔德·西居尔松对抗马格努斯的。哈拉尔德——相传是他建立了奥斯陆城——却不打算止步于挪威，而是要获得马格努斯完整的政治遗产。由于没能赢得丹麦贵族和教会的支持（和马格努斯在 1042 年的情况不同），他陷入与斯文的长年苦战，就连施莱湾的著名商贸重镇海泽比也遭到彻底摧毁。直到 1064 年，在瑞典的居中斡旋下，双方才达成和约，其中，哈拉尔德宣布放弃丹麦。仅仅两年后，挪威国王再度出击，这次他选择将手伸向英格兰，但此举带给他的是一场灾难。

盎格鲁 - 撒克逊时代的终结

在英格兰，哈德克努特的早死（1042 年）带来的丹麦王朝的瓦解为"忏悔者"爱德华（Eduard der Bekenne，1042~1066 年在位）扫清了障碍。他是埃塞尔雷德唯一存活的儿子，在父亲落败（1013 年）和逝世（1016 年）后被带到诺曼底，在诺曼底公爵的宫廷，即母亲艾玛的娘家长大成人。克努特死后，1036 年，他重返英格兰的意图很快就被挫败了。然而同母异父弟弟哈德克努特于 1041 年极为隆重地欢迎他回到大不列颠岛，根据当时的记载，为的是"和他共享王国统治"[31]，由此可推断哈德克努特已指定爱德华为继位者。不管怎样，爱德华在 1042/1043 年并没有花费多大力气，就作为哈德克努特的继任者得到承认，并在温切斯特加冕。要说这是盎格鲁－撒克逊王权复辟，确有一定道理，毕竟克努特和他的儿子们显然也很重视延续威塞克斯君主的传统；[①] 可是爱德华背井离乡、在讲法语的诺曼底度过的 25 年时光，已给他打下深刻的烙印，因而他与英格兰的盎格鲁—丹麦统治阶层保持着疏远的关系。

当中的代表——积极支持爱德华上位的威塞克斯伯爵戈德温（Godwin），期望能对爱德华大肆施加影响，一个体现就是，1045 年他成功让仍然独身的国王迎娶自己女儿艾迪斯（Edith）为妻。面对丹麦诸王时代留下来的强大的权贵们，为了给自己争取施展空间，爱德华招揽了一批诺曼底谋士，并给一些出身于欧洲大陆的教士授予了高阶圣职。由此产生的冲突让国王一次又一次感受到阻力，例如，1051 年，戈德温逃到弗兰德地区以躲避国王法庭的传唤，一年后回到英格兰时却能恢复所有职位和财产，原因在于爱德华没有足够的实力逮捕他的岳父。由于人们很早就断定他和艾迪斯的婚姻将不会诞下后代，大约从 1050 年起，针对继位问题的商议就备受关注了。爱德华与戈德温一派的争斗在 1051 年迎来高潮：他将继位者的角色交给了诺曼底公爵威廉（Herzog Wilhelm von der Normandie）——母亲艾玛的侄孙，据说威廉还为此专程到英格兰拜访爱德华（至少有一个版本的《盎格鲁－撒克逊编年史》是这样记载的）。[32] 此举也断绝了另一位王位觊觎者的机会，那就是"流亡者"爱德华（Eduard der Exilierte），他是

166

---

① 克努特时期已为威塞克斯伯国。

1016 年被克努特击败的"刚勇王"埃德蒙的其中一个儿子，因而也是现任执政者爱德华的侄子。这位爱德华长年流亡匈牙利，在 1057 年返回英格兰途中，还未来得及见到国王就逝世了，身后留下未成年的儿子爱德加（Edgar）。比起这种仅有血缘关系的王位角逐者，握有实权的戈德温之子哈拉尔德（Harald，即哈拉尔德二世）越发显山露水，接替死去的父亲（1053 年）居于英格兰一众权贵之首，并且在"忏悔者"爱德华最后的统治岁月里，就已成为事实上的摄政者。当哈拉尔德独力征战苏格兰和威尔士时，国王爱德华却在忙着装饰他位于伦敦附近威斯特敏斯特的墓葬修道院。根据不具名的记载，1064 年，戈德温之子哈拉尔德可能由于船难流落到诺曼底海岸，落入公爵威廉之手，后者强迫他宣誓效忠并承认自己的王位继承权。

167

　　1066 年 1 月 5 日，威斯特敏斯特修道院落成一个星期后，"忏悔者"爱德华与世长辞，次日下葬该处。哈拉尔德是唯一到场的人，转眼就在一致同意下当选为新任国王，而且他公然声称自己是爱德华在生命最后时刻指定为继位者的。抗议很快就从英格兰外部传来，反对这种自发的、闭门的、无视所有王朝规则的继位形式。诺曼底公爵威廉从多年前起，就凭借先王爱德华的承诺，自视为唯一的王位继承者；除了他，就连 1064 年才刚放弃丹麦王位之美梦的挪威国王哈拉尔德·西居尔松，也想起他的前任马格努斯和爱德华的前任哈德克努特之间达成过继位协议，由此推导出自己也应该有权继承英格兰王位。眼看着军事冲突无可避免，国王哈拉尔德准备在海峡沿岸展开一场防御战。诺曼底公国原本决定于 6 月在卡昂（Caen）发动入侵，强行通过大规模造船来使入侵计划成为可能，却因为逆风而不得不将计划推迟数周之久。在这种情况下，身处最南部的英格兰国王听闻挪威人的 300 艘战船登陆亨伯河

（Humber）河口，且于 9 月 20 日一举突破了那里的防御部队，就连约克也沦陷了，哈拉尔德率领军队急急赶往北部，9 月 25 日在斯坦福桥战役中大获全胜，哈拉尔德·西居尔松和大批将士则命丧战场。此战宣告了斯堪的纳维亚对英格兰的一切进犯的终结，也宣告了盎格鲁 - 撒克逊武装力量面对北欧的最后一次大捷，因为仅仅三日后，威廉公爵就带着舰队抵达南部海岸，等着与旗开得胜的哈拉尔德一决雌雄。英格兰国王显然是仓促应战，10 月 14 日，他一头扎进这场灾难性的黑斯廷斯（Hastings）战役，失去了王国和生命，也葬送了"英格兰正值青春年华的贵族和年轻人"[33]。这是一个前所未有的大事件，其影响至深至远，因为从此以后，英格兰就和西欧形成了更深的联结，与斯堪的纳维亚则渐行渐远。

168

图 6　1066 年诺曼人征服英格兰［挂毯，巴约（Bayeux），11 世纪末］

4　中欧东部的发展

和斯堪的纳维亚一样，10 世纪的欧洲东半边也经历了一场显著的变革，形成了更强大的、影响深远的政治体。各地有权力意识的领袖们通过与同侪争斗，在一个广大的区域内占得上风，如顺势带头接受基督教信仰，他们便能在部族中树立威望，未来大有可为。与此同时，这些领袖也让自己的民众接受古典书写文化，通过建立教会，为统治打下前所未有的基础。作为受过洗的国王，他们还与欧洲大陆中部、南部更稳固的基督教王国建立起有序的交往。由于这种新的宗教以"拉丁—天主教"和"希腊—正教"两种形式呈现在他们面前，未来这两个文化圈如何在新拓展的欧洲区域划分地盘，也将在此背景下见分晓；而到此时为止，这个新的区域一直与法兰克—罗马帝国及拜占庭帝国相隔绝。波希米亚、波兰和匈牙利以及一部分南斯拉夫民族走进了拉丁世界，罗斯、保加利亚和塞尔维亚则加入了正教世界。

波希米亚

波希米亚地区的斯拉夫民族自称为"捷克人"的说法是从 10 世纪末才流传开来的，这个群体在查理曼统治时期就已处于法兰克王国的影响范围内，而在 9 世纪余下的年代则进入了摩拉维亚国的势力范围。有史料证明，这个时期他们已经接触到从巴伐利亚以及后来从摩拉维亚传来的基督教信仰；但是似乎直到接受过洗礼的、以布拉格城堡为政治中心的博日沃伊公爵（约逝于 894 年）统治时期，基督教才真正广泛地传播开来，尽管在公爵儿子和后继者那里，还遭遇了一些倒退。后来，人们将博日沃伊的出身与传奇"农夫"普热米斯尔（Přemysl）

及"预言家"莉布斯（Libussa）联系起来，① 著名的普热米斯尔王朝正是得名于此人。经历了整个 10 世纪的演变及内部血战，普热米斯尔家族上升为全波希米亚最显赫的家族，同时让布拉格成了这个国家长期的政治中心。最迟到 935 年时，博日沃伊的长孙，即被科维的维度金德称为"国王"、929 年被迫降于东法兰克国王亨利一世的瓦茨拉夫，34 就被弟弟波列斯拉夫杀死了。不久，瓦茨拉夫被追封为"带来奇迹的圣人"（长远来看，他也成了象征民族身份的主保圣人），而杀害他的凶手本人则一直打着"波希米亚国王"的旗号，与国内政敌战斗到逝世（约 970 年）为止。35

170

　　950 年，奥托一世进攻波希米亚；尽管有违心志，波列斯拉夫最终也不得不屈服于萨克森的强权。955 年，他出兵加入奥托与匈牙利人及易北河斯拉夫人的战争，但除此之外，他更关注如何赢得更多追随者、铸造自己的货币，以及如何长期从远程贸易中获利，以便在国内扩张势力，在布拉格攀上权力巅峰。不管是他女儿多布拉娃和（准备受洗的）波兰大公梅什科一世的婚姻（964/965 年），还是他妹妹玛丽亚 / 姆拉达（Maria/Mlada）的罗马朝圣之旅（966/967 年她们在那里试探性地提出让波希米亚建立自己的主教区），都体现了波列斯拉夫面对强大的奥托帝国，如何努力为自己争取更大活动空间。他的儿子波列斯拉夫二世（逝于 999 年）于 970 年继位，在他执政时，布拉格被提升为主教区，但从属于奥托的帝国教会。尽管此决议是奥托大帝（逝于 973 年）在世时就通过的，可由于皇帝死后战事错综复杂，其间这位波希米亚统治

---

① 据传，统领波希米亚人的贵族之女莉布斯生来就有预知能力，曾预言一座伟大城市的建立（即布拉格），并梦到自己将爱上一名农夫，后果然找到与预知梦相符的农夫，名叫普热米斯尔；二人成婚后继续统治波希米亚，被认为是博日沃伊的祖先。

者站在了"强辩者"亨利二世一边，^① 故直到 976 年，主教区才终于确立。第一位主教蒂特马尔来自萨克森，是一名精通多门语言的教士，由美因茨总主教授予圣职。这样一来，这个新成立的主教区就顺利融入了所在的教省。与此同时，一个摩拉维亚主教区也建立起来了（但没有设立固定的主教席位，也没有明确的主教人选），这或许证明了，在设立这个国家的第一个教会机构时，顾虑到了扎根于波希米亚东部的斯拉夫尼克王朝（Dynastie der Slawnikiden）——根据新近的研究，这支贵族可能是在为普热米斯尔王朝效力时崛起的，并开始与这个位于布拉格的政权抗衡。蒂特马尔死后（982 年），斯拉夫尼克的一个儿子在布拉格继任为主教，由此，摩拉维亚主教区马上就和布拉格主教区合并起来了。这位新任主教正是在马格德堡接受培训成为神职人员的阿达尔贝特［原名沃伊捷赫（Wojtěch）］^②，因此，他也是第一位成为主教的捷克人。983年，阿达尔贝特在维罗纳由皇帝奥托二世授予圣职。即便这不太可能是违背波列斯拉夫二世的意愿而发生的，但很快，新任主教和公爵及大多数贵族之间的关系还是变得紧张起来，这使阿达尔贝特在 989 年失望地离开波希米亚，退隐于罗马的一座修道院。在教宗和美因茨总主教的敦促下，992 年，他返回了布拉格，处境没有丝毫改善，因为他的兄弟们此时正公然与波兰大公波列斯瓦夫串通一气。994/995 年，阿达尔贝特决定彻底离开家乡，不久波列斯拉夫二世袭击了斯拉夫尼克家族的堡垒，阿达尔贝特主教所有被捕的亲戚，当中包括他的四个兄弟，"像可怜的羔羊一样"³⁶ 都被杀死了。这就是波希米亚公

---

① 974 年亨利二世试图推翻父皇奥托二世的统治但失败被捕，逃脱后又煽动巴伐利亚公国叛乱；976 年被打败，978 年被判处监禁；奥托二世死后获释。

② 史称"布拉格的阿达尔贝特"，他的导师正是"马格德堡的阿达尔贝特"。

爵实现权力集中的最后一步，在此背景下，阿达尔贝特的继任者自然不会有多少好日子过。

波　兰

不同于波希米亚盆地，在奥得河以东，西斯拉夫人很难依靠天然的地形空间建立自己的王国。这个人烟稀少、森林覆盖的地带有维斯瓦河、瓦尔塔河（Warthe）和内切河（Netze）流经，一直到9世纪都没有被法兰克和拜占庭的史书作者们注意到。大约到967年时，维度金德才第一次提到那里的人，模糊地称他们为"住在更遥远处的野蛮人"。[37]跟易北河和奥得河之间的斯拉夫部族一样，这里也在10世纪出现了一系列部族名称，有考古发现证明，它们兴建了许多堡垒，形成了一个个比邻而居的小型政权。相比于波希米亚，此处稍晚才开始出现大规模的政治集权现象，但大约到10世纪中叶就完成这个进程了。奥托大帝统治时期，萨克森人向东进军的过程中，半路上突然遇到了一位"利奇卡维基"（Licicaviki）①部族联盟的首领（或谓国王）。[38]此公便是梅什科一世（约960~992年在位），大本营位于格涅兹诺，12世纪以来的波兰史书将其祖先认定为农民出身的传奇人物皮雅斯特（Piast）。963年从萨克森统治者那里连吃两场败仗后，梅什科转变策略，将他的西部领土献给皇帝，娶了波希米亚公爵波列斯拉夫一世信奉基督教的女儿，并且自己也于966年接受洗礼［可能是在科涅兹诺和波兹南之间的奥斯特洛夫 – 莱德尼奇岛（Ostrów Lednicki）上举行的，该岛上有一个考古遗址］。在第一任主教约尔丹（Jordan）主持下，教会的建设开始了，并深受波希米亚影响。

172

---

① 利奇卡维基（Licicaviki）一说是梅什科的祖父莱谢克（Leszek/Leszko）率领的部族，一说是卢蒂齐联盟（Lutici）的错误拼法。

主教约尔丹在波兹南表态拒绝加入马格德堡教省，①梅什科于是毅然决定动用他在政治上新获得的资源。在波希米亚岳父的支持下，他起兵攻至奥得河河口（沃林），向东和向南极大地扩张了自己的势力。973 年，他（或他那正在当人质的儿子波列斯瓦夫）出席完奥托大帝在奎德林堡举行的最后一次宫廷会议后，他和波西米亚人一样，在继承人之争中站到了"强辩者"亨利二世一边，并和北部边区（Nordmark）的伯爵之女缔结了一段新婚姻，借此跻身于萨克森王朝的贵族之列。此后，他又试图在奥得河以西的边区寻找立足之地，986 年再度在奎德林堡向皇帝（这次是年幼的奥托三世）宣誓效忠，参与对抗自 983 年发起暴动的卢蒂齐联盟，从东部出发积极作战。当他在 990 年把西里西亚及克拉科夫（Krakau）周边地区并作自己的领土时，与波希米亚关系破裂便在所难免了。逝世（992 年）前不久，梅什科做出了最后一个举措（但相关法令是在罗马间接颁布的）：他和第二任妻子及儿子们一道，将从波罗的海延伸到克拉科夫、从奥得河延伸到罗斯之地的幅员辽阔的"格涅兹诺王国"，献给彼得的圣座——若望十五世（985~996 年在位）。³⁹献土之举显然有着极其现实的目的，那就是让第二段婚姻所生的儿子们继承他的统治，但同时也是为了与拉丁教会的最高权威建立直接的法律关系。

事实上，梅什科第一段婚姻所生之子"勇敢者"波列斯瓦夫一世（992~1025 年在位）成功确保了自己是父亲的唯一继承人，并将继母连同她的孩子驱逐了出去。他继续与奥托三世结盟对抗卢蒂齐联盟，与匈牙利维持良好的关系；而因为谋杀斯拉夫尼克（即主教西尔维阿达尔贝特的家族）一事，与布拉格普热米斯尔王朝的敌对关系进一步激化了。996 年，波列

---

① 968 年，波兹南成立主教区，直接隶属于罗马教廷。

斯瓦夫一世让这位德高望重的"上帝仆人"去（不服从他权威的）普鲁士地区传教。阿达尔贝特在当地遇害后，他从异教徒手中赎回了尸体，997 年厚葬在格涅兹诺。借此机会，他为与阿达尔贝特交好的奥托三世提供了一个朝圣目的地。999/1000 年冬季，皇帝出发前往新落成的殉道者墓，崎岖的旅途中，皇帝对波列斯瓦夫的好感与日俱增。依照早前在罗马与教宗斯特二世做出的约定［阿达尔贝特的同父异母弟弟、总主教拉迪姆／高登提乌斯（Radim/Gaudentius）也有参与］，1000 年 3 月，奥托三世在格涅兹诺宣布建立一个新教省，这个教省将涵盖波列斯瓦夫统治的整片领土，而且除格涅兹诺都主教区外，还将包括科尔贝格（Kolberg）、克拉科夫和弗罗茨瓦夫（Breslau）主教区。宗教层面的升格和独立，也为世俗层面带来非同寻常的尊荣。皇帝尽力给予这位东道主的利好就是：在他的基督教帝国内划出一片独立的地方作为"斯拉夫世界"（Sclavinia）之象征，与"德意志王国"分庭抗礼。尽管没有举行国王加冕礼（或许有口头提到过），但是在萨克森已有不满的声音，责备皇帝"把一个纳贡者变成了主人"。[40] 值得注意的是，在对阿达尔贝特的早期崇拜和有关"格涅兹诺法令"的语境中，首度出现了"波兰"这个国家和民族名称，它显然宣示着皮雅斯特王朝拥有某种崭新的特质。

174

　　礼尚往来，"勇敢者"波列斯瓦夫在奥托三世的陪同下，拜谒了位于马格德堡和亚琛的皇帝之墓。他原本怀有的热切期待很快落空了，因为 1002 年，亨利二世继承了奥托之位，二人在梅泽堡初次见面便闹得反戈相向。1003 年，波列斯瓦夫渔翁得利，趁着普热米斯尔王朝陷入王位之争，一举夺得布拉格统治权。亨利二世竟联合起（曾与其他人一同攻打过的）卢蒂齐联盟，迫使波列斯瓦夫撤出波希米亚。即便 1005 年在波兹南缔结了和约，不久之后，敌意再度被煽起，这不仅是因为波列斯瓦夫对劳西茨及其他边境地区的统治引发了争议，而且也因为亨利二世不再将波兰统治者视为帝国的共享者，而是视其为波希米亚公爵那样的从属者。然而亨利二世无法靠武力遏制波列斯瓦夫，因为后者已利用姻亲关系以及人们对卢蒂齐联盟的普遍敌意，在萨克森贵族阶层中赢得了好感，哪怕亨利二世在波希米亚人的支持下对奥得河对岸的广袤土地发动进攻，也只能一再铩羽而归。不久，在梅泽堡缔结的又一份和约（1013 年）破裂了，直到 1018 年初，双方才在鲍岑（Bautzen）重新签订长期协定，原因是皇帝亨利二世在此期间将注意力主要放在了意大利，而放弃将波列斯瓦夫逐出劳西茨，后者得以在东部地区追逐他的新目标。1018 年，波列斯瓦夫甚至攻下了基辅，并从那里向拜占庭皇帝发出挑衅的信息。纵然无法长期占领基辅，波列斯瓦夫确已成为欧洲东部有史以来实力最强的统治者，他通过兴建教堂和修道院传播了基督教信仰，并与丹麦、基辅和匈牙利结为姻亲。直到亨利二世逝世（1024 年）后，波列斯瓦夫才能如愿举行受膏仪式和加冕礼，在 1025 年 6 月 17 日逝世之前正式成为国王。儿子梅什科二世（1025~1034 年在位）娶了奥托三世的外甥女，但其统治很快就支离破碎，因为梅什科二世无法抗击来自家族内部的竞争对手，他们得到皇帝康拉德二世以及基辅大公雅罗斯拉夫（Jaroslav）的支持，甚至连王权标志物都呈献给了皇帝。1033 年，梅什科二世在梅泽堡向康拉德臣服，没过多久，他就在 1034 年 5 月 10 日离开了人世。

易北河、萨勒河和奥得河之间的斯拉夫民族

不难看到，定居在易北河、萨勒河和奥得河之间的西斯拉夫人（文德人）走了一条截然不同的历史道路，由此可知，波希米亚和波兰所经历的发展并非必然路径。居住在这三条河流

之间的斯拉夫人，同样从一开始就形成了多元化的小族群，其语言和文化相互间具有亲缘性。因为与法兰克王国相邻，它们早在 9 世纪就得到了相对清晰的记载。加洛林王朝有选择性地将它们纳入自己的政治体系，但大体而言，它们尚未被征服，受传教影响亦甚小。随着 10 世纪萨克森的柳道夫家族崛起为东法兰克王室，格局发生改变，各个部族联盟显现了不同的基本状况和行为模式，但都被迫屈从于已占据上风的萨克森人和法兰克人。在西北部人口尤众的阿博德利特人中，一个稳固的贵族政权已准备好在亨利一世治下接受洗礼，也愿意接受这种权力关系的改变，随后甚至有机会与丹麦人建立联系。相反，在南部，生活在易北河和萨勒河之间、从 7 世纪就皈信基督教的索布人则给人们留下了一种印象，即败给亨利一世之后，部族的领导阶层已不复存在，整个部族不再对政局产生影响。而在南北之间的广袤地带，以勃兰登堡为中心的哈弗尔地区（Havelland）脱颖而出，那里存在着一个世代传承的哈弗尔人政权，奥托一世统治早期，一名在帝国宫廷当过质子的家族成员接过了权柄。在此期间，更北部的雷达里人（Redarier）、于克人（Ukrer）、托伦斯人（Tollenser）等只同意在能够"统治该片区域"的前提下纳贡，否则就会"为自由"而战，[41]这给他们带来了惨痛的代价。总体上我们可以清楚地看到，这些斯拉夫部族没有像波希米亚的普热米斯尔王朝或波兰的皮雅斯特王朝那样，结为一个有着王朝式的权力顶端的庞大整体，奥托大帝及其支持者分别对各个群体进行了征服和传教；而且部族中间也不曾在激战中诞生一位"自发担纲的"领袖，亦即像维度金德笔下萨克森战争中的查理曼那样的人物。

在奥托大帝的宫廷看来，纷争已有定局，斯拉夫人的地盘已划分成几个主教区，以各个堡垒为中心进行着控制，且由萨克森人和斯拉夫人组成的社会上层已开始运作。这时却爆发了

176

猛烈的反抗，令易北河以东局势在 983 年夏季骤然改变。这场动乱由一个斯拉夫群体发动，其名字"卢蒂齐"迄至此时仍显得相当陌生，主要由古老的维莱蒂人（Wilzen）①、雷达里人、托伦斯人组成。但不同于这些单个的部族，卢蒂齐是一个跨部族的信仰联盟，它有一个重要的祭祀中心雷特拉（Rethra/Riedegost，可能位于梅克伦堡东部），考古研究显示它还有更多其他宗教场所（例如吕根岛的阿尔科纳神殿）。卢蒂齐联盟有专门的司祭，其宗教活动呈现的特征反映了他们极可能受到了基督教的影响。除了这些敬拜神灵的行为，萨克森观察者们还注意到，卢蒂齐联盟"没有（最高）统治者"[42]，而是集体以联盟大会的形式决定各项事务（因此我们在历史文献中一个联盟领袖的名字都找不到）。而且卢蒂齐联盟战力非凡，一眨眼就拿下了易北河和奥得河之间直至劳西茨边境的整片土地，且很快又将比邻而居的阿博德利特人争取到自己一边（代价是牺牲了后者皈信基督教的贵族家族）。奥托王朝试图联合"勇敢者"波列斯瓦夫将卢蒂齐联盟重新征服，白费了大约十年力气而宣告放弃；亨利二世则公然为卢蒂齐联盟提供援兵，共同抗击波兰。直到康拉德二世，一个新的阶段开始了，卢蒂齐联盟不断纳贡以换取继续生存的空间。回顾历史，我们不难看到，他们这条与捷克和波兰截然相反的特殊道路犹如历史的"死胡同"，最终导致在 12 世纪开始全面的日耳曼化，但是直至那时，卢蒂齐联盟在基督教普及之前一直维系着斯拉夫宗教信仰，这在欧洲是绝无仅有的。

匈牙利

就像先前的匈人（Hunnen）和阿瓦尔人（拉丁文献常将

---

① 或写作 Veleti。

二者混为一谈）以及后来的蒙古人一样，匈牙利人也是从乌拉尔河流域逐步向西迁移的"马背上的民族"。但不同于这些草原民族，匈牙利人的身影一直存在于欧洲的史书记载中，因为他们定居下来，转变成了一个固定的基督教王国。最早于836年出现在希腊语文献中、自862年起也出现在拉丁语文献中的匈牙利是一个由七部分组成的多元化的部族联盟，892年应东法兰克国王阿努尔夫召唤，在摩拉维亚战争中充当增援部队。895/896年，受更东边的民族逼迫，匈牙利人挺进至喀尔巴阡盆地，在该处建立了对斯拉夫人的统治。由于在语言上的同化程度有限，匈牙利的土地征服导致南斯拉夫人和西斯拉夫人长期分隔。来自马扎尔部族的阿尔帕德大公（Arpád，907年之后逝世）掌握了军事领导权，他废除了旧有的双重领袖制，开辟了一个王朝——不同于普热米斯尔王朝和皮雅斯特王朝的祖先，他是真实存在的而非传说中的人物。在他统治下，匈牙利很快发展出强大的扩张能力，自899年起向意大利、向东，后来也向西法兰克王国以及向南方的巴尔干半岛发动战争，实施掠夺。普雷斯堡之战（907年）中，巴伐利亚公爵柳特波德（Liutpold）与几员大将命殒沙场。匈牙利人此战的胜利标志着加洛林时代巴伐利亚东部边区的终结，也宣告了大摩拉维亚国的灭亡。自此，中欧向匈牙利人敞开大门，他们几乎每年都出现在那里大行抢掠、强迫纳贡，但不同于过去诺曼人的做法，他们并不寻求在此处永久安居。匈牙利人很少遭遇有效的抵抗，直至933年亨利一世在翁施特鲁特河（Unstrut）牵制住他们。然而，955年在奥格斯堡惨败于奥托大帝成了历史转折点，匈牙利人的西扩宣告终结，但对巴尔干半岛的攻击——兵分两路，一路袭击保加尔人，另一路袭击拜占庭帝国——仍持续至970年。

　　最早尝试让"受到上帝惩罚"的匈牙利人皈信基督教的是

178

拜占庭帝国。948 年，一个抵达君士坦丁堡的使团马上就受洗了，他们的领袖得到了"贵族"（Patricius）的头衔。但此人显然是个糟糕的基督徒，因为他很快又开始袭击并抢掠帝国东部地区；955 年，他甚至作为奥格斯堡战役的一名败军之将在雷根斯堡被处决。另一名使者于 952 年被派往博斯普鲁斯海峡边的皇都，同样接受了洗礼，还带回了一名希腊主教，不过这位主教在后来的锡本布尔根（特兰西瓦尼亚）地区影响力十分有限。西部的传教行动相对来说成果显著一些，它与匈牙利人在 955 年败于阿尔帕德之孙塔克索尼（Taksony，955～970 年在位）后发生的一个深刻转变有关。放弃利益可观的掠夺行径后，为了能够通过扩大贸易和密集开发本土资源来进行补偿，皈信基督教便为与邻国实现和平往来提供了有利的基础。至今我们仍不知道，963 年，教宗若望十二世到底是否收到了匈牙利关于派遣主教的请求（倘若收到了，就不会是由奥托一世来派遣了）。但可以肯定的是，塔克索尼之子盖萨大公（Géza，970～997 年在位）也向奥托提出了这样的请求，并于 973 年派遣使者出席了其在奎德林堡举行的最后一次宫廷会议。除了据传为盖萨大公施洗的圣加仑僧侣布伦，还有主要来自帕绍和雷根斯堡的传教士在匈牙利人中间积极开展传教活动。不过他们没有取得太多进展，原因之一是，精力充沛的大公更多将基督教信仰作为一种对外展示的形象，却在私底下"除了全能的上帝，还照旧事奉和祭祀各种不同的伪神"，甚至面对批评者口口声声说"自己有足够的钱财和权力这样做"[43]。盖萨大公继续加强权力集中化，在格兰／埃斯泰尔戈姆建立了一个新的王都，还一度短暂地作为梅什科一世的女婿，与波兰结盟对抗波希米亚的普热斯米尔王朝。

　　他的儿子瓦伊克（997～1038 年在位），教名为（圣）伊什特万，于 994/995 年迎娶巴伐利亚公爵之女吉塞拉，由此成为未来的皇帝亨利二世的妹夫。留待其完成的，是建立一个基督教君主国的任务。盖萨逝世（997 年）后，伊什特万一世在家族内部主张自己拥有继承权，于 1000 年派修道院院长阿纳斯塔修斯（Ascherich/Anastasius）——布拉格的阿达尔贝特的一名伙伴——前往罗马，"强硬地，并且凭借皇帝的恩典"[44] 从教宗西尔维斯特二世手中接过王冠。由此，伊什特万于圣诞节在格兰受膏并加冕为国王。奥托三世将一支仿造的圣枪（Heilige Lanze）① 转交给他；在此之前，"勇敢者"波列斯瓦夫也在格涅兹诺收到过同样的圣物。匈牙利和波兰还有一个相似之处，那就是伊什特万显然也通过一份特殊的法令将自己的王国献给了圣彼得，② 作为回报，他在组织机构层面获得了对匈牙利教会的最高控制权。除格兰都主教区外，伊什特万在世时，考洛乔（Kalocsa）也设立了一个总主教席位，此外还有 8 个主教区，起初它们的主教席位多半由德意志人、意大利人和法兰西人占据。在对外政策方面，这位国王支持"勇敢者"波列斯瓦夫远征基辅，也帮助拜占庭皇帝巴西尔二世对抗保加尔人；在此期间，他却在亨利二世死后疏远了西方帝国，1030 年与康拉德二世及其子亨利三世在边境冲突中互不相让。1018 年前后，伊什特万一世向途经拜占庭前往耶路撒冷的基督教朝圣者开放国界，并建立了一个济困所（Hospiz）③，还将自己的府邸搬到靠近这条路线的塞克什白堡（Székesfehérvár/Stuhlweißenburg）。在内政方面，伊什特万巩固中央权力的手段是建立以宫廷为中心的行政体系，精简王室地产的组织管理，以及扩大给事人员的投入。作为立法者，他再三强调基督

180

---

① 也译作"圣矛""命运之枪"等，是基督教的圣物。

② 指交由教宗庇护。

③ 指中世纪时在朝圣之路上，往往依修道院而建的给养旅人、照护病弱的场所。

徒生活中应遵守的原则和国王裁判权所应具备的优先地位。在自己的儿子——迎娶了拜占庭皇女伊姆雷（Emmerich）——英年早逝（1031 年）后，伊什特万一世指定妹妹与威尼斯总督所生之子彼得·奥赛罗（Peter Orseolo，1038~1041 年、1044~1046 年在位）为继任者。这个年轻人自 1026 年起就在匈牙利生活，展现了卓越的军事才华。然而，由于他继位后明显缺乏权威和判断力，尽管有亨利三世带兵介入，①彼得的统治也仅仅维持了几年，其垮台最终引起了宗教异端势力的（短暂）反扑。

克罗地亚

10 世纪，不光匈牙利政权从喀尔巴阡盆地向维也纳盆地的延伸，就连保加尔人和后来拜占庭帝国从南边开始的扩张态势，与巴西琉斯建立了联系的达尔马提亚群岛及沿海城市的独立地位，以及威尼斯在亚得里亚海北部日渐增长的势力，无不阻碍着南斯拉夫人建立广大王国的进程。早在加洛林王朝时期，卡兰塔尼亚民族（Karantanen）以及他们东边的阿尔卑斯斯拉夫人（斯洛文尼亚人）就被（东）法兰克王国吸纳，自那以后，就只有达尔马提亚腹地的克罗地亚人以及多瑙河中游以南的塞尔维亚人作为独立的政治力量存在着，而二者与罗马教廷、希腊教会的关系又有着显著的区别。从特皮米尔一世（逝于 864 年）掌权时期开始，克罗地亚贵族阶层已渐成气候。在他们的主权范围内，一个从阿奎莱亚远道而来的法兰克—意大利传教团建起了宁（Nin）主教区。9 世纪末，美多德（逝于 885 年）的门徒被驱逐出摩拉维亚，却为宁主教区带来了斯拉

---

① 史书记载国王彼得与德意志人和意大利人交好，引起国内臣民不满，1041 年被贵族罢黜后请求皇帝亨利三世出兵援助。

夫的礼仪规范。而更南边的斯普利特总主教区尽管采用的是拉丁礼仪，却隶属于君士坦丁堡牧首区。克罗地亚贵族托米斯拉夫（Tomislaw，914 年前 ~928 年在位）因成功击退了匈牙利人和保加尔人并从沿海城市征收了贡金而被拥立上位。在他执政期间，斯普利特举行了两次宗教会议（925 年、928 年），每次都有教宗使团列席。这带来的结果是，克罗地亚实行了教会架构的重组，以放弃宁主教区为代价，将斯普利特确定为克罗地亚唯一的都主教区，并且隶属于罗马教廷。以此为契机，托米斯拉夫也在一封教宗手谕里被正式授予"国王"头衔。可惜这个头衔的效力并未持续多久；① 很久之后才从罗马传来的关于他被加冕为王、授予权杖的报告，被认为是不可信的。

　　关于托米斯拉夫的几任继位者，我们所知甚少。对德尔日斯拉夫（Držislaw，969~997 年在位）来说，随着拜占庭的政治权重与日俱增，他似乎应当追随皇帝巴西尔二世。后者将其任命为达尔马提亚省督（Eparch），据说还授予了他皇家的标志。然而随着时间推移，克罗地亚与威尼斯的关系变得更为重要。10 世纪时，威尼斯还在纳贡，以换取克罗地亚海盗的庇护；到了 1000 年前后，威尼斯却在总督彼得二世·奥赛罗（Petrus II Orseolo）的统领下，在达尔马提亚海岸确立了主权，并致力于将克罗地亚人重新限制在内陆地区。为了宣示这种新的势力格局，总督将女儿嫁给克罗地亚领袖克雷希米尔三世（Krešimir III，1000~ 约 1030 年在位）的儿子斯捷潘（Stephan），又让自己的儿子兼继承人奥托·奥赛罗（Otto Orseolo）娶匈牙利国王圣伊什特万的妹妹为妻。尽管奥赛罗家族在威尼斯的统治很快就被推翻（1026/1032 年），克罗地

---

① 据历史学家推测，托米斯拉夫很快就去世了。由于缺乏准确的记载，关于这位统治者的生平目前仍存在很多争议。

亚与匈牙利两个王朝之间的交往仍作为政治遗产保存了下来，从长远来看，这为后来阿尔帕德王朝统一两地（1102 年）打下了基础。

5 拜占庭和东正教的扩张

在一众西方皇帝中，只有查理曼（在萨克森地区）和之后的奥托大帝（在易北河斯拉夫民族中间）是在扩张帝国统治的同时传播基督教信仰的，除此之外，自 9 世纪至 12 世纪，有越来越多的民族在帝国疆界之外建立起一个个基督教王国。与此相对，讲希腊语的东方则更倾向于以古典晚期的皇帝为模范，这个角色凭借神所授予的权威，统摄着由所有信众组成的普世帝国。对巴西琉斯和（往往与他同一阵线的）君士坦丁堡牧首而言，（东）罗马帝国的疆域和东正教教会的势力范围，本质上没有什么区别。因而长期以来，当受他们传教影响的某个地区开始谋求政治独立和试图建立自主的（Autokephalie）教会时，他们几乎不可能容忍这种状况持续发生；除非成为既定事实，才会迫于无奈接受。在此背景下，要在东方构建一个由众基督教王国组成的格局，条件自然比在西方恶劣得多，况且随着时间推移，西方的罗马教宗还发展出了与皇权分离的合法权力。因而，保加尔人努力了一百多年，在东正教世界里开辟一条"特殊道路"的尝试终归还是失败了，直到"罗斯受洗"给希腊教会带来了一个崭新的庞大国度。未来，到中世纪结束时，这个国度将继承拜占庭帝国的历史遗产。

帝国的整合和向东扩张

自从巴西尔一世掀起血腥政变（867 年），马其顿王朝就建立起来了，在博斯普鲁斯海峡边实施统治。它的母系血脉一直延续到 1056 年，比家族的其他支脉都要绵长。这支母系血脉为帝国塑造了一段尤为繁荣的岁月，其中，有两个因素尤其发挥着重要作用：一是以巴格达为中心的伊斯兰庞大帝国走向没落，自从 861 年哈里发穆塔瓦基勒（al-Mutawakkil）遇刺，地方霸主便陆续走向独立；二是在拜占庭帝国内部，帝皇之家巧妙地（往往不知不觉地）吸纳了许多骁勇善战的军事人才。在巴西尔一世统治时期，进攻东方小亚细亚地区的军事行动于 873 年取得了最初的成功，这意味着拜占庭经历了 200 多年的退让和无力招架之后，重新获得了制定贸易规则的话事权。这最初只适用于陆路贸易，因为伊斯兰可萨人从叙利亚和克里特岛向爱琴海区域发起进攻和抢掠，巴西尔之子利奥六世在位时还很难抵御，并且他同时还要费心应对贵族和教会对其第三、第四段婚姻的抗议。利奥六世之所以留名于世，主要是因为其立法者的名声，以及他所创作的宗教和世俗文学作品，尚在世时，他便已获得"最智慧者"的美名。[45] 在他未成年的儿子"生于紫室者"君士坦丁七世（Konstantin VII, Porphyrogennetos，913~959 年在位）统治时，皇都突然遭受保加尔人威胁。舰队最高指挥官罗曼努斯一世·利卡潘努斯（Romanos I, Lakapenos）除掉了摄政太后，让年轻的君士坦丁娶了自己的一个女儿，并借此机会快速上升到共治皇帝的地位，留着这位"生于紫室"的女婿独自在书堆中钻研学问。保加尔人的威胁甫一解除（927 年），罗曼努斯就向东方发起新一轮进攻，他的军队一路凯歌地开赴亚美尼亚和美索不达米亚平原北部。罗曼努斯一世也通过利姆诺斯岛（Insel Lemnos）一战（924 年）的胜利，在海上赢得阿拉伯人的尊重。然而尽管战果丰硕，944 年末，他却突然被两个儿子废黜，因为他们想阻止父亲的女婿君士坦丁七世继承皇位。可事情恰恰就发展成他们所担心的样子：巴西尔一世之孙在君士坦丁堡得到的支持更多，尽管几十年来一直退隐于政治纷争之外，他终究还是重回主位。这位皇帝对外交事务关注较少，但他在位期间，拜占庭源远流长的精神文化生活迎来了发展高潮，而君士坦丁七世也凭借自己关于治国方略、宫廷仪制的汇编作品和巴西尔一世生平传略，为文化发展做出了极大的贡献。

君士坦丁七世的儿子罗曼努斯二世（959~963 年在位）进行了短暂的统治就早早逝去，留下两个未成年的继承人，在战争中收复了克里特岛（961 年）的将军尼基弗鲁斯二世·福卡斯（Nikephoros II, Phokas，963~969 年在位）自封为最高权威，并在被军队拥立为巴西琉斯后，迎娶了年轻的皇帝遗孀老塞奥法诺（Theophano die Ältere）。尼基弗鲁斯二世将全部精力集中在东部，亲自指挥军队，965 年为帝国收复了奇里乞亚［连同都城塔尔索斯（Tarsos）］以及塞浦路斯岛。直到 969 年，他仍不断深入叙利亚北部，甚至将已落入阿拉伯人之手超过三百年的安提阿牧首区重新收归皇帝统治之下。然而，他在君士坦丁堡缺乏支持，969 年末成为一场宫廷政变的牺牲者。积极参与了这场政变的新一代政治强人，是毫不逊色于他、亚美尼亚贵族出身的将领约翰一世·齐米斯西斯（Johannes I Tzimiskes，969~976 年在位），此人通过和君士坦丁七世的一个女儿结婚而成为巴西琉斯，进入了帝皇之家。在东方，他第一次领教了埃及法蒂玛王朝哈里发的实力，这股敌对势力从开罗出发向北，与国力大不如前的巴格达阿拔斯王朝开战，并于 971 年攫取了安提阿。作为回击，约翰一世发动了两场大规模战役（972 年、974/975 年），在美索不达米亚平原一路攻打到巴格达附近，在巴勒斯坦经大马士革直捣阿卡和拿撒勒，甚至将耶路撒冷收入囊中。这就是拜占庭帝国在十字军东征之前，仅靠自己的力量，对阵东方伊斯兰政权所能取得的最佳战绩，而在这之后，约翰一世·齐米斯西斯就在回程中生了重病，976 年初在君士坦丁堡撒手人寰，身后未留一子。

　　起初，人们未能找到合适的继任者。长达 13 年的权力斗争动摇了拜占庭帝国的统治，最终，罗曼努斯二世长大成人的儿子巴西尔二世（976~1025 年在位）和君士坦丁八世（Konstantin VIII）战胜了约翰一世的一个女婿、尼基弗鲁斯二世的一个侄子以及他们的贵族支持者，同时也推翻了宫廷宦官——罗曼努斯一世的一名私生子——对朝野的掌控，赢得了最高统治权。当巴西尔二世（弟弟君士坦丁八世终身生活在他的阴影下）于 989 年获得全权时，帝国政治的当务之急已发生天翻地覆的变化，法蒂玛王朝的势力变得坚不可摧，要继续约翰一世的帝国扩张只能是痴心妄想了。直到 995 年，巴西尔二世才现身叙利亚，目的是在遭遇了一次败仗后，至少让边境部队保住安提阿和阿勒颇。他再度发起进攻（999/1000 年），结果是 1001 年拜占庭帝国与法蒂玛王朝缔结协约，划定了双方在叙利亚北部的利益范围。在其统治后期，1020 年后，巴西尔继续向北进发，并沿着幼发拉底河上游将帝国一路扩张，直达高加索地区。尽管最后由于距离太过遥远，扩张达到了极限，拜占庭帝国仍然在"士兵皇帝"的统领下，发展为 10 世纪欧洲乃至近东最强大的一股军事力量。

击败保加尔人

　　在中世纪盛期的欧洲，在建立帝国方面，保加利亚是一个被强行颠覆（或至少中断了很长时间）的特殊案例。保加尔人在 7 世纪时进入拜占庭西部前沿地带，并与此前就定居在该处的斯拉夫民族混居在一起。即使在可汗鲍里斯一世接受了希腊传教士的洗礼（865 年）后，保加尔人也从未真正停止对东方帝国的敌意。在鲍里斯之子西美昂一世（893~927 年在位）

的统治下，保加尔人势力达到了鼎盛，所征服的领土远至亚得里亚海和科林斯湾（Golf von Korinth），并经亚德里亚堡（Adrianopel）攻至君士坦丁堡的坚固城墙下。西美昂从 914 年起自称皇帝（沙皇），其入赘拜占庭皇室的想法遭到拒绝后，他甚至一度打算直接夺取博斯普鲁斯海峡边这个帝国的皇位。直到皇帝罗曼努斯一世执政时，拜占庭才做出了有效的抵抗。罗曼努斯一世之所以于 920 年从海上来到君士坦丁堡并上位掌权，恰恰就是因为保加尔人威胁到帝国安全。他很快就以老练的战术将西美昂从皇都引开，并动员匈牙利人、塞尔维亚人和克罗地亚人一起反对西美昂。927 年，拜占庭与西美昂之子彼得一世（Peter Ⅰ，927~969 年在位）达成和解，其中约定，保加尔人将放弃与拜占庭敌对的政策；而作为回报，彼得应继续得到贡金，且将与罗曼努斯一世的孙女结婚并保留皇帝头衔，同时，保加利亚教会建立一个独立牧首区的要求将得到批准。在此基础上——这也正是拜占庭在东方日益取得军事成功的重要条件——保加尔人建立的基督教帝国 ① 继续维持了约 40 年的独立地位，直到拜占庭帝国的优势更加凸显，于 965 年爆发一场新的冲突，导致保加利亚帝国迅速衰落。推动这个转折的是皇帝尼基弗鲁斯二世，他拒绝再向保加利亚纳贡，并促使与拜占庭结盟的、尚未受洗的基辅罗斯大公斯维亚托斯拉夫（Svjatoslav）介入多瑙河下游地区。经过两次战役，斯维亚托斯拉夫彻底征服了保加尔人，在沙皇彼得死后俘虏了他的两个儿子鲍里斯二世（Boris Ⅱ）和罗曼努斯（Romanos）。由于他无意为了巴西琉斯的利益而撤军，约翰一世于 971 年亲自出马，攻入都城普雷斯拉夫（Preslav），赶走了斯维亚托斯拉夫，后者则在返回基辅途中逝世。保加利亚由此成为拜占庭

① 保加利亚第一帝国。

的一个省，其牧首区遭到废除。

约翰一世去世（976 年）后不久，拜占庭出现了持续多年的王位之争，保加利亚各地掀起了对拜占庭暴力入侵的反抗。沙皇鲍里斯二世在逃脱拜占庭监禁途中死亡；至于他同样逃了出来但受伤致残的弟弟罗曼努斯－西美昂（Romanus-Symeon）是否在 991 年再次落入拜占庭人之手之前，至少在名义上成为起义的首领，迄今仍不清楚。重新建立起来的保加利亚国家的政治和军事领导权不再属于从前的保加尔精英，而是由帝国驻马其顿省督的家族掌握，他们在与拜占庭的对抗中宣称自己继承了保加利亚国家传统，①并将政治中心向西迁移到奥赫里德（Ohrid，今马其顿境内）。986 年，从家族中脱颖而出的萨穆埃尔沙皇（Samuel，977/991~1014 年在位）重创了由年轻的巴西尔二世亲自率领的帝国军队，从而为大规模收复曾经的保加利亚帝国领土创造了机会。拜占庭帝国直到 991 年才重新投入战斗，并一度因皇帝在东部的战役而中断；在经历了二十余载的艰苦、血腥且时胜时败的战斗后，拜占庭最终还是占了上风，巴西尔二世也因此被后世（自 14 世纪以来）称为"保加利亚屠夫"。[46] 1014 年夏，巴西尔二世在斯特鲁马河（Struma）附近包围了敌军主力，挖掉了数千名战俘的眼睛，并将这支悲惨的队伍送到沙皇萨穆埃尔面前，据说萨穆埃尔当即悲愤暴毙。他的儿子和侄子也只能将保加利亚的灾难勉强推迟。1018 年，皇帝胜利进军首都奥赫里德，向全世界表明拜占庭已经重新控制了巴尔干地区，并且不打算容忍任何其他基督教王国在那里建立。加之巴西尔二世及其先辈在东方的征战，可以说，迄至此时，东罗马帝国实现了自 7 世纪以来最大限度的扩张。

①　976 年在西保加利亚重新建立国家。

187

188 　帝国的势力再次扩张到多瑙河和萨瓦河（Save）地带，也深深影响了其他无法摆脱宗主巴西琉斯控制的巴尔干民族在政治上的自我定位。尤其是以拉什卡（Raszien/Amselfeld）为中心的塞尔维亚人，他们是从达尔马提亚南部和萨瓦河下游之间的几个不同地区发展起来的，9 世纪末，东正教从南方传到了他们中间。这个民族在 10 世纪的发展历程严重受制于统治阶级的内部纷争，建设王国的事业难以顺利开展；与此同时，他们还卷入了保加利亚与拜占庭的冲突，时而充当拜占庭皇帝攻打保加利亚的援军，时而又变成建都普雷斯拉夫（后迁都奥赫里德）的沙皇的臣民。巴西尔二世消灭保加利亚帝国后，也将塞尔维亚人的定居地纳入拜占庭帝国的管辖范围，尽管其管控力度从中心向边缘递减。塞尔维亚民族就居住在如今的黑山沿海地区［杜克里亚公国（Dioklea）］，11 世纪上半叶，帝国以该地为中心重新强化了统治。再往西，德尔日斯拉夫大公统治下主要皈依拉丁教会的克罗地亚人，也不得不与东方帝国达成协议，但在千年之交后不久，他们又与威尼斯和匈牙利结盟，为自己争取到长期的发展空间。

罗斯受洗

　　不同于南斯拉夫人聚居的巴尔干半岛——人们一直记得它曾是古罗马帝国的领土，东斯拉夫人在波罗的海和黑海之间广袤的东欧地区所形成的政治格局，一直让罗马皇帝鞭长莫及，而后来继承了古罗马传统的拜占庭统治者也从未对其提出主权要求。9 世纪，斯堪的纳维亚的瓦良格人（"罗斯"）以基辅为中心建立国家，很快也将环绕诺夫哥罗德的北部地区囊括在内。与君士坦丁堡打交道时，这个政权一般是作为长途商人的统领者出现的，他们同意签订条约，必要时也不惮于向博斯普鲁斯海峡派出舰队以捍卫自己的利益。在此背景下，拜占庭

189

从 860 年开始向罗斯派遣基督教使者，可惜收效甚微。基辅大公奥列格（Oleg，逝于 912/913 年）和伊戈尔（Igor，逝于 945/946 年）终究没有受洗，他们用武力确保自己对君士坦丁堡的贸易优势并收取了拜占庭的贡金，这与他们对东斯拉夫邻居的所作所为，即通过抢掠和征收贡金来增强自己的实力，并没有什么不同。伊戈尔的遗孀奥尔加（Olga，逝于 969 年）是第一个皈依基督教的人，她从 945/946 年至 960 年前后一直在未成年的儿子斯维亚托斯拉夫一世身边摄政。虽然后来的罗斯和拜占庭文献都记载了洗礼由牧首亲自主持，但这场仪式很有可能不是在大公遗孀于 946 年访问君士坦丁堡期间举行的（因为时任皇帝君士坦丁七世在他的礼仪书中对此只字未提）[47]，而是几年后才在早已建立基督教教区的基辅举行的。与 10 世纪欧洲其他敢于迈出这一步的统治者一样，奥尔加或许是想通过带头改信，对内提升自己的权威，对外赢得更大的发展余地。959 年她派出使者，请求奥托大帝"为她的人民任命一位主教和神父"，此举表明她并不一定要服从于希腊教会。[48]

然而，人们所希望与西方教会建立的联系并没有实现，原因是 960 年后，奥尔加好战的儿子斯维亚托斯拉夫并未继承母亲的意志，他拒绝接受洗礼，而是专注于军事扩张。在东部，他对可萨汗国造成致命打击（965 年），将势力扩张到顿河和亚速海，之后又奉皇帝尼基弗鲁斯二世之命在西部攻打信仰基督教的保加尔人，于 969 年让手下的瓦良格战士摧毁了他们的帝国。这转眼又导致了与拜占庭人的冲突，后者将保加利亚据为己有，迫使斯维亚托斯拉夫于 971 年撤退。972 年，控制着今天乌克兰南部地区的佩切涅格人（Petschenegen）发起突袭，斯维亚托斯拉夫战死，留下了两个婚生儿子和一个名为弗拉基米尔（一世，Vladimir I der Heilige）的私生子。弗拉基米尔在流亡瑞典期间赢得了一支强大的瓦良格军队的支持，

190

在其帮助下，他残暴地对待自己的同父异母兄弟，直到 980 年取胜。巩固基辅公国并继续向各个方向扩张正是这位新任统治者的目标，为此，他甚至愿意接受之前所拒绝的基督教信仰。987 年，他接到皇帝巴西尔二世的求助。萨穆埃尔沙皇统治下的保加尔人的攻击，和自己侄子尼基弗鲁斯二世的叛乱，让巴西尔二世陷于水深火热之中，他请求弗拉基米尔派几千名瓦良格战士支援作战；作为回报，他承诺将妹妹安娜（Anna）嫁给弗拉基米尔，只要他肯接受洗礼。基辅大公同意了，皇帝在雇佣兵的帮助下击败了对手（此战过后仍让雇佣兵继续为自己服务），安娜也动身前往基辅。在那里，988 年，不仅弗拉基米尔本人接受了洗礼，他还命令整座城市的居民来到第聂伯河畔，以他为榜样接受洗礼。[49] 很少有人意识到这个事件具有何等的历史意义，因为从此以后，罗斯就在精神和文化上与希腊东正教紧密结合在一起（但从未陷入被东罗马帝国掌控的危机），并与同年渗透到波兰和匈牙利的拉丁教会长久地分道扬镳。

现在，作为基督徒统治者，弗拉基米尔通过铸币呈现他由神所授予的君主权威，并推动由希腊教士开启的教会建设。罗斯教会在（用教会斯拉夫语①写成的）礼仪规范、教条和组织形式方面完全因袭了拜占庭的模式。直到 13 世纪，基辅的都主教多是由君士坦丁堡牧首派来的。与其他地方一样，教会机构的扩大、基督教思想的传布以及书写文化的接受，无不有利于帝国的稳定。然而，这并不能阻止弗拉基米尔逝世（1015年）后，他的众多儿子为争夺王位，又上演了自相残杀的悲剧，最终，"智者"雅罗斯拉夫一世（Jaroslav I der Weise，1019~1054 年在位）在瓦良格战士帮助下，战胜了得到波兰的

191

---

① kirchenschlawisch，一些东正教国家的教会所使用的礼拜和书面语言。

波列斯瓦夫支持的斯维亚托波尔克（Svjatopolk，逝于 1019 年后）。1036 年，雅罗斯拉夫给佩切涅格人带来毁灭性的打击，并以君士坦丁堡为参照，努力将基辅打造成气派的国都。雅罗斯拉夫身为瑞典国王奥洛夫·舍特康努格的女婿，又将自己的女儿们分别嫁给匈牙利、挪威和法兰克国王——这充分表明了雅罗斯拉夫在基督教世界中的地位。除此之外，我们如今所能找到的罗斯之地最古老的法律传统，也是在他执政时期汇编的。

10 世纪和 11 世纪早期的拜占庭和西方

东方和巴尔干地区的种种纠葛时刻牵动着马其顿王朝历代皇帝的神经，但自 6 世纪以来，拜占庭一直也是拉丁世界的一部分。尽管随着 878 年锡拉库扎（Syrakus）和 902 年陶尔米纳（Taormina）失陷，整个西西里岛落入阿拉伯人之手，但普利亚（首府巴里）和卡拉布里亚以及位于它们之间的巴斯利卡塔（Basilicata），还有坎帕尼亚海滨城市（尤其是那不勒斯），仍然是巴西琉斯的领土，并且巴西琉斯还主张对贝内文托、卡普亚和萨勒诺等伦巴第公国拥有至高无上的统治权。自从法兰克皇帝路易二世（逝于 875 年）战败，巴西琉斯便不再惧怕法兰克人；但他不得不惧怕阿拉伯人（撒拉森人），因为这些人在大陆沿海地区甚至在内陆腹地定居下来，还破坏了海上交通。915 年，在教宗若望十世的居中斡旋下，受到威胁的各方组成了一个由拜占庭领导的广泛联盟，在加利格里阿诺河（Garigliano）畔大获全胜；但无论在此之前抑或在此之后，穆斯林总是可以让这些明争暗斗的基督教统治者为己所用。拜占庭帝国通过与意大利北部和意大利中部不断更迭的统治者结盟，耐心地维护着自己的稳定。944 年，这种结盟策略

在皇帝之子罗曼努斯二世与意大利国王于格 ① 的私生女贝尔塔
［Bertha，又称尤多基娅（Eudokia），逝于 949 年］的婚事上
达到顶峰。可惜拜占庭的努力未能产生持久的效果，尽管这个
时期皇帝与教宗之间并没有爆发尖锐的分歧让局势雪上加霜。
相反，当利奥六世在 906/907 年被牧首禁止缔结第四段婚姻
时，罗马教宗塞吉阿斯三世（Sergius III）慷慨地给予他豁免；
而 933 年，当皇帝罗曼努斯一世想把他 16 岁的儿子提升为牧
首时，是若望十一世委派了使者为其祝圣。

直到奥托大帝踏入意大利，于 962 年在罗马重建了中断数
十年的西方帝国，东罗马帝国的处境才发生根本性的变化，因
为萨克森人不仅像查理曼一样要求得到平等的地位，很快还把
手伸向了意大利南部。虽然 968 年尼基弗鲁斯二世还拒绝满
足奥托二世娶拜占庭公主为妻的愿望，但到约翰一世·齐米斯
西斯时，971 年，拜占庭已准备好安排皇帝的表侄女塞奥法诺
（尽管不是"紫室出身"）成为西方帝国的下一任皇后，并以卡
普亚和贝内文托作为交换，稳固东罗马帝国在意大利的核心领
土。981 年，眼见撒拉森人攻势加剧，奥托二世从罗马南下应
战，在此过程中，他很可能也暗暗怀着拿下整个意大利南部地
区（Mezzogiorno）的目的。相比之下，拜占庭人只能进行拖
延抵抗，直至 982 年奥托二世在卡拉布里亚惨败于穆斯林。这
标志着撒拉森人进一步侵略的开始。在这一阶段，拜占庭指挥
官们无法指望自己的皇帝巴西尔二世的帮助，因为他正在对付
来自其他地方的挑战；他们只能依靠威尼斯人，后者的战舰在
1002 年突破巴里的长期围攻中发挥了决定性的作用。而塞奥
法诺（逝于 991 年）之子，因一句"生于希腊人的最高血统而
又凭皇帝之位高于希腊人"闻名于世，⁵⁰ 自 996 年以来也渴望

---

① 即阿尔勒的于格。

迎娶君士坦丁堡新娘的奥托三世，哪怕在999年时现身加尔加诺山（Monte Gargano）、卡普亚和贝内文托，也未能扭转局势。奥托三世早早离世（1002年）后，拜占庭得出了一个经验（且日后还将多次验证这个经验）：拉丁帝国与他们的帝国不同，由于要靠罗马教宗举行加冕仪式，皇位的传承被迫屡屡中断。就是在这样的背景下，亨利二世（1014年才称帝）花了20年时间才终于在1021/1022年现身意大利南部，在教宗本笃八世的敦促下帮助当地反抗拜占庭统治；在此之前，当地的起义已经遭遇了两次挫败，可惜亨利二世介入后也没能帮助他们取得成功。不过，就巴西尔二世而言，他虽在其他战事上取胜，可将注意力转回自己帝国最西部后，也未能如愿收复西西里岛。所以意大利南部维持着现状，也就是说，两个帝国相持不下，哪一方都无法抢占这个死角；直到诺曼人到来，此处才得以建立自己独立的政权。

巴西尔二世继任者时期的衰落

用后世的目光来看，巴西尔二世在位的数十年似乎是拜占庭中世纪历史的顶点，因为在这之后，拜占庭进入了停滞不前的阶段，没过多久权力便迅速衰落。由于巴西尔（作为君士坦丁堡唯一的皇帝）始终未婚，死后也没有留下后代，皇帝之位便落到弟弟君士坦丁八世（1025~1028年在位）手中，马其顿王朝的父系支脉随之断绝，因为后者早逝，只留下了三个女儿。其中，佐伊（Zoe，逝于1050年）成了随后时代的关键人物，她通过接连几段婚姻延续了王朝统治，先后扶持三位皇帝掌权，又收养了第四位皇帝，并在1042年与妹妹狄奥多拉（Theodora）一起统治了帝国几个月。所有这些统治者的权力更迭都相对较迅速，他们扎根宫廷，不离京畿半步；相比于10世纪战功赫赫的先辈，他们在行省缺乏权威，这严重削弱了帝国的凝聚力和军队的战斗力。与此同时，皇都的精神文化生活却在哲学家、宫廷政治家米海尔·普塞罗斯（Michael Psellos，逝于 1078 年前后）等学者的振兴下迎来新的辉煌。

最先从皇权更迭中受益的当数蠢蠢欲动的佩切涅格人，他们在基辅统治者逼迫下，于 1033 年和 1036 年入侵了多瑙河沿岸的帝国领土。他们起初被击退，但在 1048 年卷土重来，一路推进到亚德里亚堡，直到 1050 年才被拦下。此外，日益加重的税收压力迫使臣服于拜占庭的巴尔干斯拉夫人揭竿而起，1040 年甚至还出现了一名骗子彼得·奥德良（Peter Odeljan），在贝尔格莱德宣布自己为"保加利亚沙皇"（一年后才被击败）。[51] 而在达尔马提亚腹地，杜克里亚公国［此时也称泽塔公国（Zeta）］不知从何时起取得了事实上的独立。在意大利，尽管拜占庭从 1038 年起短暂收复了包括锡拉库扎在内的西西里岛东部，但在 1040 年代，军事主动权完全落入了咄咄逼人的诺曼人之手。然而比这一切都更重要的一个事实是，东方出现了一股新的势力，并注定将成为拜占庭漫长的劫难，那就是由塞尔柱王朝领导的突厥人。这个政权兴起于内亚，在西进途中皈信伊斯兰教，征服波斯后还进入了巴格达阿拔斯王朝的哈里发国，获得苏丹称号（1055 年）。最早有史料记载的进攻发生在 1048 年，塞尔柱人开始冲击拜占庭帝国远及东方的边境，这表明他们并不打算将自己局限在伊斯兰世界里。

帝国的外部形势大大恶化还有着另一层缘故，即牧首和教宗（派了使节到君士坦丁堡）在 1054 年夏天因为一件微不足道的事相互革除教籍，导致拜占庭与拉丁教会决裂。这个态势慢慢才引起宫廷权威人士的注意，彼时狄奥多拉女皇的去世（1056 年）宣告了辉煌的马其顿王朝的皇位传承走向终结。科穆宁王朝皇帝伊萨克一世（Isaak I Komnenos，1057~1059 年在位）是在一次军事叛乱中登基的，他采取了积极的措施来加强战力和确保边境安全，但与牧首和其他教会人士发生了冲突，很快在皇都失了民心，这就是为什么他在短短两年后就退位了（逝于 1061 年）。我们已无法确知他当时是否成功扭转局势，但可以肯定的是，他的继任者杜卡斯王朝的君士坦丁十世（Constantine X Dukas，1059~1067 年在位）已无力应对来自各方的严重威胁。当顽敌佩切涅格人［以及他们背后的乌津（Uzen）突厥人］一路劫掠到希腊，然后在意大利南部对阵诺曼人渐渐失守时，塞尔柱人却几乎没有受到任何阻碍就进入了小亚细亚，并早在 1067 年就征服了卡帕多西亚的凯撒利亚（Kaisareia in Kappadokien）。战略家罗曼努斯四世·第欧根尼斯（Romanos IV Diogenes，1068~1071 年在位）再次通过迎娶先君遗孀的手段登上王位，然后将全部兵力用于恢复东部边境。在 1068 年和 1069 年取得最初的局部胜利后，1071 年夏天，他冒险在安纳托利亚东部凡湖（Vansee）附近的曼兹科特（Mantzikert）与阿尔普·阿尔斯兰苏丹（Alp Arslan，1063~1072 年在位）率领的塞尔柱人进行决战。历史学家米海尔·阿塔莱亚特斯（Michael Attaleiates）将这次战役比作"地震"，称其为一场悲剧，[52] 因为它以拜占庭惨败和皇帝被俘而告终，不过当中也有部分原因是帝国领导层发生了内讧。罗曼努斯获释后，在君士坦丁堡被推翻，还被刺瞎了双目。通往小亚细亚的道路从此向突厥人打开；同年（1071 年），拜占庭帝国在意大利的最后一个前哨阵地——巴里——也被攻下。

6　西地中海地区的穆斯林和基督徒

196

1000 年前后，整个北欧和东欧都做出了与基督教传播相伴相随的重大决定——建立国家，但类似的情况暂时没有出现在西南欧和南欧。在 10 世纪的伊比利亚半岛上，科尔多瓦的首任哈里发在伊斯兰教旗帜下成功强化了其多民族政权，然而他的统治未能长久，并且也难以长期遏制北方基督教小政权的发展。因而在地中海西部的岛屿和意大利南部，善于航海的撒拉森人长期占据着上风，这引起了基督教势力的反击，其中诺曼人从 11 世纪中叶起才获得稳定的领导地位。

图 7　科尔多瓦大清真寺内部（8~10 世纪）

安达卢斯 I：从埃米尔国到科尔多瓦哈里发国

即使是在阿拉伯人入侵比利牛斯半岛两个世纪之后，他们的统治——自 756 年以来一直作为埃米尔国独立于哈里发帝国大部——仍处于骚动不安的状态。穆斯林征服者与先前就定居此地的基督教民众之间的宗教对立就是其中一个方面，或许要经过几代人的努力（可能差不多要到 1000 年）才能争取到大部分民众改信真主，而且尽管经历了阿拉伯化，这些居民也从未放弃使用西班牙—罗曼语（而非西哥特语）。此外，来自东方的阿拉伯人和来自北非的柏柏尔人之间也存在权力分配的争议，其中，前者在 8 世纪从叙利亚吸纳移民壮大了势力，而后者则一度是他们的盟友。此外还有越来越多法律地位相对低的"新皈信者"（muladíes/muwalladun）介入权力纷争。最后还有"阿拉伯化的（mozarabisch）基督徒"（和犹太人），他们纵然被排除在公职之外，但作为纳税人为社会做出了不少的贡献。这些群体之间的冲突屡屡升级为起义，与此交织在一起的还有另一种对立关系，即一边是后倭马亚王朝埃米尔的中央集权措施，另一边则是边境王公及渴望脱离科尔多瓦宫廷的城市精英的离心倾向。与此同时，西班牙以外的伊斯兰世界的政治博弈，也参与决定了半岛上的各方势力能有多大发挥空间。

在这种总体上不利于形成一体化帝国的情况下，阿卜杜勒·拉赫曼三世（912~961 年在位）的政治成就尤其值得重视。他充分利用了 10 世纪初巴格达阿拔斯王朝哈里发的衰落和北方基督教邻国的劣势，将自己埃米尔国的力量聚合成一个专制的中央集权国家，于 909 年与北非新建立的、最初以凯鲁万（Kairuan，今突尼斯）为中心的什叶派法蒂玛王朝对抗。他凭着非凡的魄力在 20 年内击败了所有内部反对者，并于 929 年宣布获得伊斯兰教最高头衔哈里发及尊号"信士的长

官"，以宣示其如日中天的权势。阿卜杜勒·拉赫曼向摩洛哥
发起军事扩张，并在与法蒂玛王朝的对阵中，长久地守住了梅
利利亚（Melilla）、休达（Ceuta）和丹吉尔（Tanger）等沿
海重镇。他还多次对北方的基督徒发动进攻，不过与其说是为
了政治征服，不如说是为了强制纳贡。924 年，他劫掠了潘普
洛纳（Pamplona），后来又摧毁了（老）卡斯蒂利亚，直到
939 年在西曼卡斯（Simancas）和阿尔汉得加（Alhándega）
的两场战役中吃亏后才有所收敛。作为对欧洲意义非凡的统治
者，他拥有蜚声遐迩的强大军队，并得到越来越多雇佣兵的支
持。947/948 年和 955/956 年，他两度与君士坦丁堡的君士
坦丁七世皇帝互派使节。950 年，这位"西班牙国王"[53] 还尝
试与法兰克—萨克森国王奥托接触，彼时后者正准备进军意大
利，可惜由于双方都有宗教偏见，接下来的时期里他们未能达
成真正的相互理解。

在阿卜杜勒·拉赫曼三世及其子哈卡姆二世（al-Hakam
II，961~976 年在位）任哈里发时，后倭马亚王朝时期的西班
牙也在社会文明和文化上达到顶峰。远距离贸易和国内贸易蓬
勃发展，各行各业蒸蒸日上（尤其是奢侈品的生产），再加上
农业高度发达，安达卢斯成为整个西方的经济霸主。这种繁
荣促进了城市的兴旺，在人口规模上远胜 10 世纪欧洲任何一
座信奉基督教的城市。其中，（拥有 10 多万居民的）科尔多
瓦首屈一指，作为有着东方色彩的王都，它拥有一座巨大的
主清真寺和几座哈里发宫殿，几乎要叫巴格达相形见绌，甚
至被萨克森女教士甘德斯海姆的赫罗斯维塔（Hrotsvit von
Gandersheim）盛赞为"世界的装饰品"。[54] 这座城市成了阿
拉伯文化鼎盛时期的中心。与此同时，9 世纪，拉丁文化传统
在信奉伊斯兰教的西班牙逐渐没落。来自东方和拜占庭帝国的
艺术家、文学家和知识分子为科尔多瓦定下了基调，他们置身

199

于当时世界上最大的图书馆之一，除了写下自己的诗歌和历史、法学、自然科学、医学著作，还促进了希腊语和拉丁语经典作品的阿拉伯语译介。于是从 10 世纪开始，西班牙就扮演起中世纪欧洲不同文化间特殊的中介角色。

安达卢斯 II：哈里发国的衰落和解体

哈卡姆二世的去世给后倭马亚王朝时期的西班牙带来了一个历史转折点，尽管在短时间内，其对外影响力仍在提升，文化也依然趋向繁荣。第三任哈里发希沙姆二世（Hischam II，976~1013 年在位）初即位时还是个孩子，他从未像父亲和祖父那样获得决定性的权力，在长达 1/4 个世纪的时间里，他都活在辅政大臣（哈吉布）①曼苏尔（al-Mansur）的阴影下。曼苏尔是一位来自阿尔赫西拉斯（Algeciras）的阿拉伯裔教法学家，在 976 年之前就已经掌握实权。在北非，他利用法蒂玛王朝哈里发从凯鲁万迁往开罗（969 年）所创造的回旋余地，坚决扩大了他在今摩洛哥和阿尔及利亚的主权，连当地的柏柏尔贵族都听命于他。然而，最重要的是，曼苏尔据说通过 50 多场战役重创了北方的基督徒，在此期间，从西边的科英布拉（Coimbra）到东边的巴塞罗那，城市被洗劫一空，人们被变卖为奴，勒索的贡品也越来越多。标志性事件就是：997年，孔波斯特拉（Compostela）圣雅各墓的大教堂遭到摧毁，（根据一份阿拉伯语报道）基督徒囚犯被迫带着教堂的钟徒步走到科尔多瓦。[55] 这位哈吉布所依靠的军事力量是效忠于他的柏柏尔人和基督徒雇佣兵，他们取代了军队中前任埃米尔和哈里发麾下的阿拉伯士兵。在曼苏尔允许下，"新皈信者"有机会实现阶级跃升，他们与曼苏尔结盟，帮助他打击阿拉伯贵

———————————

① Hajib，也译作首席大臣。

族以及哈里发身边被笼统地称为"斯拉夫人"的有影响力的欧洲裔奴隶。他在科尔多瓦建成大清真寺的同时，还在城东建造了自己富丽堂皇的府邸麦迪那·阿萨哈拉宫殿（Madinat-az-Zahira），与哈里发的宫廷遥相呼应。尽管他的合法地位备受争议，但曼苏尔挫败了所有密谋推翻他的计划，一直掌权至1002年去世。

此后，他的军事政权甚至由儿子阿卜杜勒·马利克（Abd al-Malik）以王朝形式延续下去，但是后者于1008年就去世了，由同父异母弟弟阿卜杜勒·拉赫曼·桑切洛（Abdarrahman Sanchuelo）继任。1009年，阿卜杜勒·拉赫曼·桑切洛说服无子嗣的哈里发希沙姆二世任命他为继承人，试图用自己的家族阿米尔王朝（Amiriden）彻底取代后倭马亚王朝，科尔多瓦由此爆发阿拉伯贵族起义，阿卜杜勒·拉赫曼·桑切洛被推翻。然而，起义的结果不是后倭马亚王朝复辟，而是长时间的内乱，1013年，叛乱的柏柏尔人攻入科尔多瓦和希沙姆二世被杀是动乱的第一个高潮。随后一直到1031年，又先后有6位来自阿卜杜勒·拉赫曼三世家族的短命哈里发继位，他们没有树立起自己的政治形象，只是在柏柏尔军队领袖和所谓的"斯拉夫人"领袖的权力斗争中充当着棋子。10世纪建立的哈里发国的基础被彻底摧毁了，1031年，科尔多瓦的城市寡头宣布哈里发国灭亡，此时距离其建立之初已有100年之久。从此，被长期压制的地区性的、离心的各方势力掌握了安达卢斯的政治未来，他们形成了约40个较小的政权，即所谓的"泰法诸国"（Taifenreiche）①。这些王国往往有一个城市中心，且大多由前哈里发时期的地方官员继续使用自己的官方头衔进行统治。具体来说，当中有阿拉伯、柏柏

201

---

① Taifa 意为帮派，指后倭马亚王朝解体后形成的一系列伊斯兰小王国。

尔和"斯拉夫"血统的不同家族，它们在半岛上占据着不同的
地理中心。随着塞维利亚（Sevilla）、格拉纳达（Granada）、
巴伦西亚（Valencia）、巴达霍斯（Badajoz）、萨拉戈萨
（Zaragoza）和莱里达（Lérida）等地发展起势均力敌的新政
治中心（有时是文化中心），科尔多瓦的优势地位很快地，而
且长久地丧失了。鉴于此时伊斯兰内部的权力角逐，他们放弃
了起初对西班牙信奉基督教的地区所持的攻击态度；相反，安
达卢斯的权力多元化给了北方统治者新的行动自由。

信奉基督教的西班牙北部：防御和新的起义

　　在经历了 8~9 世纪的初期巩固和有限扩张后，10 世纪，比
利牛斯半岛北部的基督教小王国面对繁荣的科尔多瓦哈里发国，
在政治、军事尤其经济方面明显处于落后地位。起初，莱昂王
国（即从前的阿斯图里亚斯）是当中最强大的政权，它自视为
西哥特传统的据点，并始终对从安达卢斯涌来的"阿拉伯化的"
基督徒持开放态度。从阿方索三世（866~910 年在位）开始，国
王们有时甚至被称为"英白拉多 / 皇帝"（imperator），[56] 但在阿
方索本人倒台和去世后，他的儿子和孙子们瓜分了王国，这削
弱了王国抵御南方进攻（约始于 920 年）的能力，并导致新的
政治体逐渐形成。这主要涉及西北部的加利西亚（Galicia），
此地由国王年轻的儿子们掌控着，自收复波尔图卡莱 / 波尔图
（Portucale/Porto）（868 年）以后，就孕育着葡萄牙伯国的雏
形。此外还涉及卡斯蒂利亚"大伯国"（因城堡众多而得名），
该地是抗击穆斯林的前沿阵地。卡斯蒂利亚的治理者最初由莱
昂国王任命，但从费尔南·冈萨雷斯伯爵（Fernán González，
931/932~970 年在位）开始，他们就获得了世袭的地位，其影
响力从布尔戈斯（Burgos）向外部扩散，深度干预了莱昂的王
位继承。更东边有一个规模较小的王国，即巴斯克人居住的以

潘普洛纳为中心的纳瓦拉王国。桑乔一世·加尔塞斯（Sancho I Garcés，905~925 年在位）在那里建立了一个新的王朝，积极参与反对科尔多瓦统治者的斗争，并寻求与莱昂王国结盟。桑乔一世的继任者加西亚一世·桑切斯（García I Sánchez，925/934~970 年在位）通过与阿拉贡伯爵之女结婚获得了阿拉贡伯国统治权，并与莱昂王国和卡斯蒂利亚伯国建立了姻亲关系，但无法阻止他的王国像其他王国那样沦为受哈里发压迫的附属国，直至 10 世纪末。最后，在后来的加泰罗尼亚地区还存在着一系列虽无王权，但与西法兰克人/法兰克王国维持着松散关系的事实独立的伯国，10 世纪时，它们大多掌握在"多毛的"威弗雷多伯爵（Wifred des Haarigen，逝于 897 年）的后裔手中。其中，发挥重要作用的是巴塞罗那的伯爵们，他们几十年来一直保持克制，勉力维持与穆斯林的和平，但在 985 年，他们的城市被曼苏尔的军队占领并摧毁。这次经历促使他们与卡佩王朝早期的法兰西王国彻底决裂（因为法兰西王国没有提供任何保护），并从此更倾向于与西班牙本土的基督教邻居联结。

直到千年之交后不久，哈里发国开始走向崩溃，这个局面才发生根本性的改变。不再向南方纳贡的基督教王国致力于重建被毁坏的地方，并开辟了新的居住地。卡斯蒂利亚伯国和巴塞罗那伯国的军队积极参与了摧毁伊斯兰帝国的行动，他们站在柏柏尔人和"斯拉夫人"一边，介入了科尔多瓦的争霸战，即不再抗拒与穆斯林在军事上建立"兄弟情谊"（Waffenbrüderschaft）。从这场大骚乱中获益最大的是纳瓦拉国王桑乔三世·加尔塞斯（Sancho III Garcés，1004~1035 年在位），他不仅参与了对安达卢斯的进攻，还热衷于为自己和家族在半岛的基督教地区谋取霸权。他支持巴塞罗那伯爵联盟对抗他在加泰罗尼亚地区的对手，1029 年卡斯蒂利亚伯爵遇刺后，他得到了当地贵族对其王权的承认，1034 年进军莱昂王国，在那里击败了年轻的贝尔穆多三世（Vermudo III，1028~1037 年在位），并在 1035 年去世前加冕为王。桑乔三世被时人称为"伊比利亚国王"，[57] 他主要在（卡斯蒂利亚北部的）纳赫拉领地（Nájera）进行统治。当他让自己的王国接受拉丁世界其他地方的礼仪习俗和修道院传统，并将从比利牛斯山脉另一侧前往圣地亚哥－德－孔波斯特拉（Santiago de Compostela）的朝圣者队伍置于他的特别保护之下时，他显然是从"欧洲"的角度来考虑问题的。毫无疑问，他希望基督教西班牙在未来能够实现持久的政治统一，哪怕现实中他不敢无视四个儿子的继承主张，而那最终将意味着权力的分割。无论如何，在他去世前不久，他将国王头衔留给了长子加西亚三世·桑切斯（García III Sánchez，1035~1054 年在位），并授予他对纳瓦拉王国核心地区的主权，同时将次级统治权，即对卡斯蒂利亚（－莱昂）和阿拉贡的统治权授予了他的兄弟们，又将比利牛斯的两个伯国授予最小的儿子贡萨洛（Gonzalo，1035~1043/1044 年在位）。然而，他们很快都宣称自己才是唯一的国王，其中贡萨洛是最快退出权力斗争的人。费尔南多一世（Ferdinand I，1035/1038~1065 年在位）和拉米罗一世（Ramiro I，1035~1064/1069 年在位）分别成为后来卡斯蒂利亚—莱昂和阿拉贡诸位国王的祖先。这样一来，此处又形成了三个相互竞争的王国，而它们的统治者都是桑乔三世的后代。

204

作为地中海海上霸权的伊斯兰帝国

在西班牙以外，10~11 世纪的穆斯林（即基督徒所说的撒拉森人）利用他们的海上优势，一如既往地维护着自己的统治，或至少是持续索取贡品，这给地中海的大型岛屿带来了影响，也在不同程度上干扰着基督徒居住的大陆沿海地区。在此过程中也发生了一些由科尔多瓦统治者委托进行的征服行动，最终，穆斯林于 903 年将附近的巴利阿里群岛并入了科尔多瓦埃米尔国。科西嘉岛和撒丁岛名义上是伦巴第王国和拜占庭帝国的残余，但就连它们似乎从 9 世纪起也遭到了来自北非的海盗的入侵，不过尽管这些海盗占领了沿海地区，但显然未能完全控制内陆地区。那里建立了一些小规模的基督教地方政权（在撒丁岛甚至有四个"王国"），直到 11 世纪初，比萨，后来还有热那亚，在教宗的支持下控制了这些岛屿。"白蜡树堡"（Fraxinetum），即圣特罗佩附近的拉加尔代弗雷纳（La Garde-Freinet bei Saint Tropez），是普罗旺斯海岸的一个山地要塞，自 888/889 年以后，主要来自西班牙的穆斯林海盗就盘踞在这里，给基督徒带来了约长达十年的困扰。得益于加洛林王朝势力的衰落和地区巨头之间的争斗，撒拉森人从这个据点出发，既能重创海上交通，又能深入内陆，他们像维京人和匈牙利人一样劫掠阿尔卑斯山地区的教堂和修道院，在隘口伏击前往罗马的朝圣者。随着时间的推移，打击穆斯林海盗成了一个国际性的问题。拜占庭海军在 931 年的远征以及 942 年与意大利国王于格联合进行的另一次远征只带来了暂时的解脱，以及促使哈里发阿卜杜勒·拉赫曼三世 940 年颁布禁令，禁止进一步伤害基督徒，但除此之外未能取得更大成果。此后，自 950 年以后，奥托大帝与哈里发通过使节进行的谈判中也讨论了联合打击私掠船的问题。奥托大帝于 968 年在意大利宣布，他将在回朝途中"经白蜡树堡消灭撒拉森人"[58]，可惜这番豪言并未能实现。直到 972 年，得到拜占庭方面海上支援的勃艮第—普罗旺斯军队才实现了这个目标。

西西里岛是伊斯兰帝国在地中海地区最重要的前哨，827~902 年，穆斯林仍从北非出发，将该岛从东罗马帝国手中夺走，并纳入了（今突尼斯的）阿格拉布王朝（aghlabiden）

的统治。831 年，阿拉伯人已经在巴勒莫（Palermo）站稳了脚跟。该处先是成为总督治所，从 970 年起拥有一位埃米尔，作为贸易和行政中心经历了快速的发展。在法蒂玛王朝——909 年在凯鲁万取代了阿格拉布王朝——的统治下，当地开启了明显的伊斯兰化进程，促使大部分基督徒改变了信仰，而且显然进行得比西班牙迅速，（遵循希腊礼的）教会组织也随之瓦解。埃米尔阿布·卡西姆（Abu al-Kasim，970~982 年在位）还开始谋求对意大利南部，特别是卡拉布里亚和普利亚实施统治；早在 9 世纪，西西里岛的穆斯林不仅入侵了该地，还力压拜占庭帝国和当地王公（最初还有加洛林王朝）的抵抗，建立了短暂的统治。当西西里埃米尔从 976 年开始在内陆征战时，他很快就与奥托王朝的新势力发生了冲突，后者作为西方的皇帝，也将意大利南部视为其帝国的一部分。虽然埃米尔本人在 982 年与奥托二世在科隆纳角的激烈战役中战死，但他的军队还是取得了重大胜利，为继续进军开辟了道路。而纵使拜占庭帝国在接下来的几年里艰难地守住了巴里和塔兰托，但马泰拉（Matera）和科森扎（Cosenza）等其他地方都曾在阿拉伯人的进攻下沦陷，长期或短暂地受其统治。这种军事压迫渐渐才减弱，皇帝巴西尔二世因而从 1025 年开始为收复西西里岛备战，但最终又因他的去世戛然而止。直到 1038 年，事情才有了进展：乔治斯·马尼亚克斯（Georgios Maniakes，逝于 1043 年），一位在东方战场上证明过自己实力的将军，在很短的时间内就占领了西西里岛的整个东海岸。但此人最终在拜占庭的宫廷阴谋中落败，成为对立皇帝，然后很快又落败，于 1041/1042 年离开了意大利。在科尔多瓦哈里发国灭亡几年后，这个羸弱的埃米尔国也解体为不同的局部政权，从 1061 年起逐渐沦为诺曼人的猎物。

诺曼人入侵意大利南部

诺曼人在 11 世纪成功地完成了东西方皇帝、阿拉伯人以及伦巴第传统地区王公以前都未能完成的任务，即长久地统一包括西西里岛在内的整个意大利南部。这放在对中世纪王国建设的比较研究中，是一个特别有吸引力的案例。从名称上看，他们和 250 年前从斯堪的纳维亚出发的说日耳曼语、信仰异教的北方人（Nordmänner）是同一群人，他们在北海对岸作为"维京人"、在波罗的海对岸作为"瓦良格人"寻求冒险，追逐战利品，最终还谋求建立新的家园。10 世纪初，这些人在塞纳河下游定居下来，不久后被称为"诺曼底"（Normandie），成为西法兰克王国联盟中讲古法语（altfranzösisch）的基督徒。1066 年，诺曼底从那里发动了对英格兰的征服，这是一场由公爵领导的有计划的战役，且一战即胜；而在此之前不久，挪威的诺曼人在其国王的领导下也曾在英格兰海岸发动过一次类似的进攻，但以失败告终。相反，勇敢的维京人征服地中海的行动却相当成功，他们早在 9 世纪就已穿越直布罗陀海峡，掠夺了巴利阿里群岛、罗讷河口和利古里亚海岸。到了 11 世纪早期，他们也还是以小规模雇佣兵团体的形式出现的，很可能完全由男性组成，没有突出的领袖，起初也没有权力诉求。而（根据后来的回顾性记载）在此之前，即最迟 1015/1016 年，有 40 名过路去耶路撒冷朝圣的诺曼人被证明武装参与了解除撒拉森人萨勒诺城之围。[59] 因此，其他在南方寻找财富的人也越来越多地被招募进来，并成为卡普亚、萨勒诺和其他地方王公麾下的精锐战士，他们既要继续抵御阿拉伯人的进攻，又要支持普利亚反对拜占庭统治的起义（1017/1018 年，但以失败告终）。他们参加了马尼亚克斯在西西里岛的战役（1038/1040），在此期间，他们偶然遇到了拜占庭特遣队中的瓦良格人。不过这只是一个小插曲，因为从那时起，除了仍与撒拉森人为敌，与拜占庭的对抗也渐成诺曼人军事活动中的常态。

　　当被带到这里的诺曼人决定留下来，并要求分享这片土地和人民的统治权作为与其地位相称的回报时，意大利南部地区本已动荡不安的形势便亟待改变。一个典型例子是雷努尔夫·德伦戈（Rainulf Drengot，逝于 1045 年），他是最早抵达的诺曼人之一，将坎帕尼亚的阿韦尔萨（Aversa）建设成军事要塞；1030 年，后来成为其妻舅的那不勒斯公爵正式将该城作为封地授予他，作为一个新伯国的中心。后来他又娶了卡普亚亲王的侄女。1038 年，在萨勒诺亲王的斡旋下，他再次被皇帝康拉德二世封为阿韦尔萨伯爵。1038/1040 年的西西里战役标志着欧特维尔家族（Hauteville）开始崛起，家族中几名兄弟于 1040 年夺取了梅尔菲城（Melfi），并在"铁臂"威廉（Wilhelm Eisenarm，逝于 1046 年）的领导下，很快对拜占庭在普利亚的统治发起了进攻。虽然他们未能长久占领首府巴里，但他们牢牢占据着该地大片区域，实力如此雄厚，以至于 1047 年亨利三世皇帝在进军卡普亚时不得不承认了威廉的领地，封威廉的弟弟德罗戈（Drogo，逝于 1051 年）为普利亚伯爵。与此同时，他的弟弟罗伯特·圭斯卡德（Robert Guiscard，逝于 1085 年）也从故乡来到卡拉布里亚建立自己的领地，1059 年，雷焦作为当地最后的堡垒被其攻下。当地抵抗诺曼人野蛮扩张的斗争在公爵所在地贝内文托进入白热化：1050 年，面对来自普利亚的德罗戈的严重威胁，该城的居民驱逐了世袭的统治者并援引了 8 世纪时的古老特权，即让这片土地作为教会国家的一部分，处于教宗的直接统治之下。利奥九世（Leo IX，1049~1054 年在位）在拒绝了诺曼人首领提出的通过教宗封地仪式，承认他们目前所拥有的领土的请求后，与诺曼人陷入冲突。起初这位教宗指望皇帝提供

208

援助，但后者并未兑现承诺，因而他只能带着自己招募的战士与诺曼人开战。1053 年 6 月 18 日，教宗在普利亚的奇维塔特（Civitate）大败于德罗戈之弟及普利亚伯爵继任者汉弗莱（Humfred，逝于 1057 年）、罗伯特·圭斯卡德和他们共同的姐夫理查德（Richard，逝于 1078 年）。利奥九世被带到了由胜利者占领的贝内文托城，实际上成了阶下囚，被关押了 9 个月才得以返回罗马。

　　奇维塔特之战是一个影响深远的事件，不仅教宗们的希望破灭了，被迫放弃保留，或者说放弃夺回他们曾在南方拥有或被许诺拥有的所有领土和财产，而且几个世纪以来分别宣称自己拥有这个重要的文化前沿地区，并尽其所能抵御阿拉伯人的东西方两大帝国，现在也意识到自己受到一股在短短几十年里凭借暴力崛起的新势力的威胁。这支侵略队伍人数稀少，但自信满满，以联姻方式与地方的王公贵族结盟，好把他们最终拉下马，并对罗马化了的伦巴第人、信奉东正教的希腊人以及移民至此的穆斯林建立起一种"外来统治"。这种统治一开始是分散发展的，尽管存在严重的内部冲突，但统治权还是逐渐集中到欧特维尔家族手中。早在 1057 年，罗伯特·圭斯卡德就在汉弗莱死后获得了普利亚伯国，而阿韦尔萨的理查德在长期围攻卡普亚后将该地收入囊中，并在 1061 年后不久获得了加埃塔。1061 年，欧特维尔兄弟中最年轻的罗杰一世（Roger I，逝于 1101 年）开始在墨西拿（Messina）向穆斯林占领的西西里岛发动战争，巅峰时刻是 1072 年初占领巴勒莫。而就在这几个月前，罗伯特·圭斯卡德在艰苦的巴里之战中取得了胜利，结束了拜占庭在意大利南部长达 500 年的统治。1076/1077 年，他最终攻下萨勒诺，由此清除了最后一个原本从伦巴第分裂出来的亲王国。

　　面对南方迅猛而深刻的变化，教宗必须立即做出反应，而教廷本身在奇维塔特一战失败后，花了数年时间才认识到新形势下的机遇。1058 年底，当教廷需要军事援助来对抗在罗马扶立的对立教宗时，卡普亚的理查德一世准备率领300 名战士挺身而出。他帮助教宗尼古拉二世（1058~1061年在位）击败了对手，并主要在罗马大执事希尔德布兰特（Hildebrand）、蒙特卡西诺修道院院长德西德里乌斯（Desiderius von Montecassino），亦即后来的两位教宗格里高利七世（Gregor VII，1073~1085 年在位）、维克多三世（Viktor III，1086/1087 年在位）协商下，建立起联盟。教宗方面需要一个近在咫尺的有效保护力量，而诺曼人的首领也希望他们在意大利南部地区征服的领地——他们曾为此与利奥九世作战——得到正式承认。1059 年 8 月 23 日，尼古拉二世在梅尔菲的一次宗教会议上与罗伯特·圭斯卡德——"蒙上帝和圣彼得恩典的普利亚、卡拉布里亚和未来的西西里公爵"，以及理查德"卡普亚亲王"会面时接受了他们的效忠宣誓和保护罗马教廷的承诺，特别是为未来通过"更好的"枢机主教实现教宗选举自由提供担保。[60] 这样，在拉丁世界的南部边缘第一次出现了一个得到教宗认可的世俗政权，在随后的时期里，这个政权作为盟友被证明只有某种程度的可靠性，但对宗座改革（Reformpapsttum）的成功推行来说，却是不可或缺的。

210

第四章

教宗统治下的欧洲：
1050~1200年

11世纪中叶，西方帝国的势力在全欧洲范围内发展到了一个高峰：1046年，亨利三世在加冕为皇帝之前，强行任命了一位非罗马出身的主教担任教宗，他以人们呼吁已久的教会革新为己任，由此带来了教宗历史的转折点。然而，自亨利三世逝世（1056年）至"红胡子"弗里德里希登基（1155年）这整整一个世纪里，广大基督教信众和他们的统治者都习惯了没有一个凌驾于他们之上的世俗领袖：亨利四世（Heinrich IV）作为皇帝从一开始就被教宗革除了教籍，亨利五世（Heinrich V）是在丑闻缠身的情况下强行要求加冕的，洛泰尔三世（Lothar III）则在四年的皇帝生涯中几乎毫无建树。教宗们越来越有意识和手腕将整个拉丁教会的管理权掌握在自己手中，并在所谓的叙任权之争中成功地捍卫了自主权。教宗们利用皇位空悬时期，日益成为基督教世界唯一公认的最高权威，甚至远远超出了宗教信仰领域，对欧洲大陆的政治发展也产生了决定性的影响：从十字军东征和建立新王国，再到制定和传播具有普遍约束力的基督教生活准则。

当西方帝国不得不为其在意大利的主权而战，而东方帝国以小亚细亚大面积失守为代价才得以成为一个主要的（但第二等的）欧洲强国时，西欧的君主国，尤其是英格兰，后来也有法兰克王国，正渐渐获得更高的政治权重和宗教影响力。在南方，西班牙"收复失地运动"（Reconquista）的进展和诺曼人建立王国的进程也改变了不断扩张的基督教世界的权力结构；而在斯堪的纳维亚和东欧，1000 年前后的决定性历史事件之后，基督教世界也渐渐成形。

1　教宗权威的增强

亨利三世时期的开端

从 1046 年开始的（现代学界所称的）宗座改革（Reformpapsttum）有着长期的原因和强烈的推动力。这可以追溯到很久之前的事件：加洛林王朝的教会改革结束于 900 年前后，此后，许多地方（但几乎不包括罗马）都出现了对教会和社会弊病的不满情绪。其中，只有一部分批评来自修道院，他们认为自己由于外部和内部原因而面临衰败的危险，要求获得更大限度的自由，建于 909/910 年的著名的西法兰克克吕尼修道院（Kloster Cluny）被划归教宗直辖就体现了这一点。而教会法的传统规范与日常生活经验之间的差异则更为普遍，因而引起了异议。有一些事情变得不可接受了，尤其是买卖圣职的行为、对高级神职人员独身原则的普遍忽视，以及教会和神职人员过于膨胀的世俗财产权。因此，当国王亨利三世在 1046 年前往罗马的途中得知等待他的教宗格里高利六世（1045/1046 年在位）仍有两位在世的前任，并且是通过向其中一位付钱买下教宗之位，他就不再想从教宗那里接受加冕了。在距离罗马两天路程的苏特里（Sutri）匆忙召开的宗教会议上，他敦促格里高利六世辞任，并向罗马人宣布下一任教宗为其随行的一位德意志主教——班贝格的苏伊德格（Suidger von Bamberg）。苏伊德格自称克雷芒二世（Clemens II，1046/1047 年在位），于 1046 年圣诞节在圣伯多禄大教堂为亨利加冕。

213

　　这位德意志教宗以前从未见过永恒之城，且仅仅 9 个月后就撒手人寰了。随着他的离世，好几位新式教宗先后继位，他们作为经验丰富的帝国主教由皇帝提名为教宗，并依赖着皇帝的支持。他们与以往出身罗马城教士阶层的教宗不同，从一开始就关注着整个教会，没有消极等待他人发出怨诉或请求，而是主动肩负起罗马教廷传统深厚的至高权威，以便借助主教制度下被证明行之有效的手段，来打击他们所了解到的任何地方的教会积弊。尤其是利奥九世（Leo IX），此人曾是图勒（Toul）的主教，也是唯一一位获得较长任期的教宗（1049~1054 年在位）。他不仅在意大利，还去了法兰克、德意志，甚至远至匈牙利边境，四处奔波，使教宗制度的认知度得到了前所未有的提升；他还四处寻找机会，在宗教会议上（有时得到皇帝站台支持）再三宣扬改革的设想，抨击潜藏的不端。凡是他没能亲自前往的地方，都会派全权特使去传达教会最高权威的旨意。利奥九世从家乡洛林地区和意大利北部得到了重要的帮手和顾问，通过安排他们加入枢机团，将他们安顿在罗马这个陌生环境中。鉴于罗马贵族的态度，这个环境甚至可以说是充满敌意的；而且枢机团是城市神职人员的最高团体，向来只有罗马人能加入。枢机团向外来者开放，恰恰是异乡人登上了彼得圣座所带来的结果，这极大地拓展了宗座改革的空间。但是，教宗自我意识的强化也很快显现了阴暗面。1054 年夏天，利奥九世派往君士坦丁堡的心腹——枢机主教亨伯特（Humbert，逝于 1061 年）——与那里的牧首米哈伊尔·色路拉里乌斯（Michael Kerullarios，逝于 1059 年）发生了激烈的争执，以相互逐出教门告终。人们过了一段时间才意识到，这是东西方教会决裂的时刻，但它也表明了，这种囿于时代认知的猜忌，是多么容易转变成公开的敌对。

214

与萨利安王朝分庭抗礼

皇帝亨利三世的早逝（1056 年 10 月 5 日，教宗维克多二世在场）使罗马的改革者们陷入了困境，因为他们无法指望已经加冕但尚不足 6 岁的继位者亨利四世（1056~1106 年在位）提供有效的帮助，此时仍由先皇遗孀阿格尼丝（逝于1077 年）摄政。罗马贵族立即致力于重新扶立一位本地出身的教宗。此事先是促使枢机团就新教宗人选两度与萨利亚宫廷磋商以寻求共识，但后来在 1059 年春由原籍在勃艮第的教宗尼古拉二世（1058~1061 年在位）主持的拉特兰宗教会议上，为了"明智地处理未来的情况"，他们明确规定，在教宗选举中，枢机主教和其他枢机执事的地位应优先于罗马的神职人员和人民（同时保留了"未来皇帝"亨利四世的权力）[1]。当年夏天，阿格尼丝主政的宫廷眼看着枢机团与曾是敌人的意大利南部的诺曼人结盟从而获得政治支持，自然十分反感。无论如何，接下来的一次教宗更迭导致了双方的决裂。当时枢机主教们未经协商就扶立了卢卡主教亚历山大二世（Alexander II，1061~1073 年在位），而太后属意的人选却是帕尔马主教卡达卢斯（Cadalus von Parma，逝于 1071/1072 年），后者被意大利北部的教会弟兄们推举为教宗何诺二世（Honorius II），因为他们对罗马教会与当地贵族联合推行的中央集权的改革路线深感愤怒。虽然这场冲突很快就以对亚历山大有利的方式得到了解决，但它却产生了持久的影响，德意志帝国教会从此失去了在改革者中间的主导地位。亚历山大二世越来越关注法兰克教会的状况，为诺曼人占领的英格兰赐福（1066 年），还首次向西班牙王国派遣了教宗使节。而在德意志帝国方面，亨利四世开始独立执政，并一再推迟加冕仪式。罗马方面对此持怀疑态度，后来甚至发展为否定态度，以至于亚历山大二世在 1073 年召开的最后一次宗教会议上将这位年轻国王的几名顾

215

问革除了教籍，因为他们要为德意志宫廷中的买卖圣职行为承担责任。

在这种情况下，教宗格里高利七世（1073~1085 年在位）登上了历史舞台。他就是成长于罗马的希尔德布兰特大执事，多年来一直深度参与其前辈们的改革政策。他辗转各地，坚决打击圣职买卖，支持教士独身主义，强调神职人员的地位应高于所有平信徒，并自 1078 年起，为了实现主教选举自由，从根本上反对传统的授职礼，也就是由国王或其他世俗统治者将戒指和权杖交给新任主教的仪式［亦称"叙任"（Investitur），后世正是以此为这场持续数年的争端命名的］。在他于 1075 年拟定但当时并未颁布的纲领性文件《教宗敕令》（Dictatus Papae）中，格里高利七世将自己描述为教会的"普世主教"[2]，对其他主教拥有广泛的权力，而其他主教并不容易接受这一点。此外，他还努力通过书信与能接触到的所有君主取得联系。现存的书信档案告诉我们，他的信件不仅投递到德意志、法兰西和英格兰宫廷以及君士坦丁堡御前，还寄给了西班牙阿拉贡、卡斯蒂利亚—莱昂和纳瓦拉的统治者，寄给了丹麦、挪威和瑞典的斯堪的纳维亚国王，寄给了波兰公爵，寄给了一位所谓的罗斯国王，寄给了匈牙利、塞尔维亚和克罗地亚/达尔马提亚的统治者，甚至还寄给了在罗马没什么人听说过的爱尔兰统治者和毛里塔尼亚的伊斯兰统治者。我们可以明确地看到，格里高利七世将"基督教世界"（Christenheit）视为众王国之联盟，当中的每一个王国都忠诚于使徒圣座，本质上是相互平等的。因此在教宗看来，如果亨利四世不再是罗马皇帝，那么他就只是一个"德意志国王"[3]，和"法兰西国王"或"英格兰国王"没什么两样。格里高利七世声称对所有受洗和受膏的统治者都有宗教惩罚权；而对于亨利四世，他很长时间里都期盼着这位皇帝能以先皇亨利三世为榜样进行统治。相比之下，

216

教宗对法兰西国王腓力一世（1060~1108 年在位）的评价从一开始就差得多，后者毫不掩饰地收受利益来分配主教辖区，也毫不避讳地侵占教会财产。早在 1073/1074 年，格里高利七世

图 8　1077 年，卡诺莎，亨利四世国王与克吕尼修道院院长于格（Hugo von Cluny）
在托斯卡纳女边伯玛蒂尔德面前（微型画，约 1115 年）

就用最严厉的制裁来震慑腓力一世，威胁要扳倒他的王位。然而，教宗在 1074 年实施绝罚的第一位对象并不是腓力一世，而是自 1059 年起从教宗那里获得封地的诺曼公爵罗伯特·圭斯卡德。在格里高利担任教宗之初，罗伯特·圭斯卡德再次攻击教宗国，并威胁到贝内文托、阿马尔菲（Amalfi）和萨勒诺的政治局势。因此，格里高利在 1074 年的罗马大斋期宗教会议（Fastensynode）上将其逐出教会，甚至号召在夏季对其发起一场战役，但由于缺乏参与者，这场战役一直没有开始。

因此，当教宗在 1076 年初突然收到来自萨利安国王和大多数德意志主教充满愤怒的信件，得知他们因为受到自己的专横对待而拒绝服从，并要求自己退位时，他已做好了心理准备。格里高利七世在大斋期宗教会议上做出了回应。在他之前，还从未有教宗受到过罢黜的威胁。除了对所有参与的主教实施严厉处罚，他还将亨利四世获得过的一切效忠誓言宣布为无效，并将其逐出教会，意在使其无法继续执政，从而被迫屈服。用时人的话说，这起史无前例的事件使"整个罗马世界为之颤抖"[4]，并且远比随后发生的，仅仅局限于萨利安国家历史框架内的事件更让人难以忘却，那就是大多数主教和许多世俗权贵背弃了遭受绝罚的亨利。而这位萨利安国王面临另立新王的威胁，不得不于 1076/1077 年仲冬前往卡诺莎（Canossa）悔罪。在托斯卡纳女边伯玛蒂尔德（Mathilde，逝于 1115 年）的城堡里，在富有的调解人的帮助下，亨利四世正式悔罪，从而与格里高利七世重新达成和解，尽管他们都没能阻止对立国王鲁道夫（Rudolf，1077~1080 年在位）被选上德意志帝国王位，也没能阻止持续数年的王位之争。1080 年，事件纷至沓来：格里高利先是承认鲁道夫为国王，然后再次放逐并废黜了亨利；但亨利以扶植对立教宗作为反击，并在同年秋天得悉对手战败。于是从 1081 年起，再无后顾之忧的萨利安国王开赴意大利与敌人决一死战，在罗马城下将格里高利七世一步步逼到绝境。1084 年复活节，他终于成功地推进到圣伯多禄大教堂，并在那里由他的教宗——拉文纳总主教维伯特（Wibert，1084~1100 年在位，即克雷芒三世）加冕为皇帝，而格里高利七世则被大多数枢机主教和罗马人抛弃，不得不在诺曼人的保护下逃往萨勒诺，于 1085 年在那里去世。

格里高利派的胜利

亨利四世可能和他的父亲一样，认为自己只是凭借皇帝权威用一个更好的教宗取代了一个不合适的教宗，而且多年来，维伯特／克雷芒三世主要在罗马和拉文纳任职，而格里高利的支持者们却很难找到一位新教宗，这让他感到很欣慰。维克多三世（1086/1087 年在位），即蒙特卡西诺修道院院长德西德里乌斯仅在格里高利七世去世一年后就被选为继任者，但尚未做出什么值得称道的举措，隔年便去世了。乌尔班二世（Urban II，1088~1099 年在位），即枢机主教奥斯提亚的奥多（Odo von Ostia），是一名法兰西人，曾任克吕尼修道院院长，在特拉奇纳（Terracina，位于教宗国南部）当选后，起初仅在诺曼人的势力范围内行动。然而，随着时间的推移，宗座改革在 40 多年间显然已成为整个拉丁教会的事情，教宗的成功不再仅仅取决于他在罗马实施统治，或他在亨利四世的萨利安王朝中得到承认，相反，其他王国的教会现在也有了表达意见的权利，因此他们对皇帝统治持保留意见是不可避免的。维伯特／克雷芒三世尽管从丹麦和东方国家得到了支持，甚至还与罗斯和拜占庭建立了关系，但这对他并没有什么帮助，因为法兰西和西班牙，从 1095 年起还有英格兰，都坚定地站在乌尔班二世一边；而乌尔班虽然原则上坚守格里高利七世的政治遗产，在外交上却很有技巧，愿意在个别情况下做出让步，并使自己的追随者一步步增加。因此，乘亨利四世第三次征战意大利失败之机，他于 1094 年成功进入了罗马拉特兰大殿（维伯特一派则直到 1098 年仍据守着圣天使堡），并于 1095年春在皮亚琴察——"帝国属意大利"（Reichsitalien）[①] 的中心——召开了一次出席人数众多的宗教会议。从那里出发，他踏上了前往祖国法兰西的为期一年的旅程，但只去了离法兰西国王很远的南部和西部，因为作为教宗，他应避免与因公开通奸而被逐出教门多年的国王腓力一世会面。此行的高潮是乌尔班二世于 1095 年 11 月来到克莱蒙（Clermont），逗留期间，他在一次宗教会议结束时号召发动十字军东征，获得前所未有的巨大反响，这反映了格里高利派在拉丁世界的霸权地位。作为这场教会分裂中的胜者，乌尔班二世从此居住在罗马，尽管维伯特 / 克雷芒三世比他多活了一年。

由于亨利四世无意继续对抗，他选择寻求与新教宗帕斯夏二世（Paschalis II，1099~1118 年在位）和解，某种程度上这就是又一次"卡诺莎之行"，可惜他被毫不留情地拒绝了；1100~1105 年，维伯特支持者先后扶立的三位对立教宗也没有形成气候。以"天主教会主教"之名签发教令的帕斯夏二世从1104 年底国王亨利五世（1106~1125 年在位）起兵反抗父亲的事件中，[5] 得到了从根本上巩固自己地位的机会；1106 年初，亨利五世在教宗使节的支持下夺取了政权。1107 年，法国也发生了转机，帕斯夏二世在为期数月的访问中与国王腓力及王位继承人路易六世（1108~1137 年在位）达成了协议。从此行开始，教宗与卡佩王朝形成了持久的盟友关系。与亨利五世的和平却没能持续多久，因为这位末代萨利安国王在关于叙任问

---

① 即 Regnum Italiae/Regnum Italicum，是组成神圣罗马帝国的一部分，大致包括意大利半岛北部和中部地区。

题（此时已成为主要矛盾）的秘密谈判破裂后，于 1111 年在罗马诉诸暴力，囚禁了教宗和在场的枢机主教，两个月后才将他们释放，以换取对其继承权的最大程度的确认，并强迫他们将自己加冕为皇帝，这使宗座改革陷入了最严重的危机。帕斯夏二世的权威受到了严重动摇，他不得不接受随后几年里宗教会议和使节团不断违抗其意志的现实；并且宁愿在那位由别人施以绝罚①的皇帝第二次到达罗马、与教宗在城内的反对者联手之前，于 1117 年离开了自己的治所——这在历史上还是从未有过的情况。帕斯夏二世去世后，罗马城内的反对者们立即控制了通过正常选举产生的新教宗杰拉斯二世（Gelasius II，1118~1119 年在位），已启程返回德意志的亨利五世感觉迎来了新机会，于是匆忙返回台伯河，在杰拉斯二世缺席的情况下行使了前任的提名权，却非常偶然地任命了来自葡萄牙布拉加（Braga）、原籍法兰西、此时刚好逗留在罗马的总主教莫里提乌斯（Mauritius）为教宗。他自称格里高利（八世），但在罗马和坎帕尼亚地区以外响应寥寥，因此他的历史作用只是最终证明了皇帝任命教宗的制度是不合时宜的。亨利五世于 1118 年 6 月离开罗马后就不再关心这位对立教宗了，而是在再度被施以绝罚之后，②重新与宗座改革派达成妥协。

221

　　在此期间，亨利五世不得不与教宗卡利克斯特二世（Calixts II，1119~1124 年在位）的代表进行谈判。1119 年初，当被迫逃亡法兰西的杰拉斯二世在克吕尼修道院逝世时，卡利克斯特被迅速推选为教宗的继任者。他不是枢机主教，继任之前担任维埃纳总主教，是对帕斯夏二世之屈从策略最激烈的批评者之一；但作为教宗，他表现出了足够的勇气和技巧，推动

---

①　1115 年，教廷使节在德意志宣布将亨利五世逐出教门。

②　教宗杰拉斯二世将皇帝亨利五世和对立教宗格里高利八世二人革除教籍。

与亨利五世达成协议。协议的首要目的是在继承权问题上达成妥协，而早在几年前，法兰西和英格兰已就这一问题找到了解决方案。为了确保主教选举的自由，同时又不剥夺国王在教会重要职位之任命上的影响力，双方商定了一种新的圣职授予方式，即以权杖（Szepter）为象征，由皇帝授予主教和修道院院长以世俗权力。①1122 年 9 月 23 日签订的《沃尔姆斯宗教协定》明确规定了双方的特权，赦免了皇帝所受的绝罚（不同于卡诺莎事件，此处没有以悔罪作为赦免的前提），其前提自然是保证教宗选举不受世俗权力的任何干涉。尽管如此，半年后在第一次拉特兰公会议——后被称为第九次（只涉及西方教会的）基督教大公会议——的全体教会讨论上，卡利克斯特二世还是颇费了一番功夫才促成众人同意专门针对萨利安王朝的规定，也就是说，"这些规定不是被批准通过的，而是为了和平才被容忍的"⁶。这番论争充分反映了，宗座改革自从在皇帝亨利三世统治期间开展以来，已在帝国全境发展到何等程度。

由枢机主教选举教宗的制度

在教廷与萨利安王朝及罗马人民之间的所谓"叙任权之争"的腥风血雨中，1059 年的教宗选举法令规定，只有枢机主教有权投票选举教宗，②这意味着拉丁教会的最高职位被一个在 12 世纪欧洲独一无二的"委员会"掌控着。这个一目了然的团体不再有四十人之多，而是往往由少数几个教会当权者组成；当中多半是意大利人，法兰西人也不少，间或有英格兰人、德意志人和西班牙人；有新老教团的成员，也有主教座

---

① 德国主教授任时，首先由皇帝授予以权标为象征的世俗职权，然后由罗马教宗授予以权戒和牧杖为标记的宗教权力。

② 在此之前，罗马人民和其他神职人员也可参与选举教宗。

堂的教士，还有世俗教士，且他们的神学和法学学识越来越渊博；他们由教宗单独任命（"创设"），每当彼得之圣座出现空缺时，就必须履行职责，共同商定新的方向。由于最初只规定了他们的特权，而没有规定选举的程序，原因是他们本质上希望达成全票通过的理想化结果，所以，当存在意见分歧时，便难以避免出现选举无果甚至教会分裂的局面了。这个局面不可能由枢机主教自己解决，而只能由此时已扩及多个世俗政权的"基督教世界"表态解决。这种情况在萨利安王朝终结后出现过两次，解决这个问题耗费了欧洲多年时间。

1130 年，何诺二世去世后，先是一个强势的少数派推举圣天使教堂（S. Angelo）①的枢机主教格雷戈里奥（Gregorio）为教宗英诺森二世（Innocenz II，1130~1143 年在位）；作为回应，处于下风的多数派也在同一天一致推举枢机主教彼得·皮埃莱奥尼（Petrus Pierleone）为教宗。后者在圣伯多禄大教堂被祝圣，登基为教宗阿纳克莱图斯二世（Anaklet II，1130~1138 年在位），从一开始就在罗马拥有大批追随者。人们确信英诺森二世得到了年轻枢机主教的支持，他们大多来自法兰西和意大利北部，而投票给阿纳克莱图斯二世的则主要是年龄较大、来自罗马和意大利南部的枢机主教；但至今仍不确定分裂的两派各自在教会政策上是否也秉持一致的观点。不过，很清楚的是，英诺森很早就被迫离开"永恒之城"，但将错就错地在阿尔卑斯山另一侧以合法教宗自居。多亏了一些声望显赫的支持者出手相助，如颇具号召力的熙笃会修道院院长克莱尔沃的伯纳德（Bernhard von Clairvaux，逝于 1153 年）、克吕尼修道院院长尊者彼得（Petrus Venerabilis，逝于 1156 年）和创立了普赖蒙特莱修

---

① Chiesa di Sant' Angelo in Pescheria，罗马鱼市圣天使教堂。

会（Prämonstratenser）的马格德堡总主教诺伯特（Nobert，
逝于 1134 年），英诺森二世得以与法兰西国王路易六世、英
格兰国王亨利一世和德意志国王洛泰尔三世会晤，这些君王与
他们的主教一致承认了英诺森的合法地位。很快，伯纳德就
宣称英诺森是"被城市（urbs）驱逐，但被大地（orbis）接
纳"[7]，并因此将英诺森在全体教会中获得的共鸣作为其具有
更高合法性的依据，因为阿纳克莱图斯二世除罗马和教宗国外，
只获得了米兰、苏格兰的支持，起初也获得了阿基坦的支持，
但最主要是得到了南部诺曼人政权的支持，毕竟1130 年，他帮
助曾获教宗封爵的西西里的罗杰二世（Roger II von Sizilien）
夺取了王位。1133 年，在洛泰尔三世——英诺森二世在拉特兰
大殿（而非圣伯多禄大教堂）将其加冕为皇帝——的帮助下，
教宗得以短暂回到罗马，但皇帝一离开，他就不得不退守比萨，
以那里为中心统治教会达三年之久。直到 1138 年初阿纳克莱图
斯二世去世，形势才变得对他有利，1139 年召开的第二次拉特
兰公会议通过的决议对战败的阿纳克莱图斯派进行了严厉制裁。

　　在随后的二十年里，枢机主教们始终团结一致，然而从
1143 年起，他们受到了罗马公社运动的压力。该运动在卡比
托利欧山上建立元老院，反对教宗对这座城市的统治。教宗和
枢机主教们被迫多次离开罗马城，并不得不竭力从外部获得
有效的支持。哈德良四世（Hadrian IV，1154~1159 年在位）
是第一位也是迄今为止唯一一位登上彼得圣座的英格兰人，他
对自己加冕的皇帝"红胡子"弗里德里希一世没有提供帮助
感到失望，于是在 1156 年与诺曼人媾和。此举在枢机主教中
无可避免地引起了争议和恐慌，而皇帝在意大利北部地区的强
权政治以及后来甚至和罗马公社产生勾连，更是加深了这种疑
惧。哈德良死后，在对"红胡子"弗里德里希应当采取何种态
度的问题上，枢机团分成了两派：明显多数人推举教廷国务卿

（Kanzler）奥尔兰多（Roland/Orlando Bandinelli）为教宗亚历山大三世（Alexander III，1159~1181 年在位）；亲皇帝的少数派支持将枢机主教屋大维（Oktavian）提升为教宗维克多四世（Viktor IV）。由此引发的新一轮分裂比 1130 年的分裂更具有政治色彩。

双方很快就亮明立场：1160 年初，弗里德里希一世和来自德意志和意大利的一众帝国主教在帕维亚表态支持维克多；而在当年夏天伦敦和博韦（Beauvais）几乎同时举行的宗教会议上，亚历山大三世被英格兰和法兰西的神职人员承认为合法教宗，并得到了国王的认可；双方都宣布将对方逐出教会。亚历山大三世也于 1162 年亲自前往法兰西，尽管获得了广大教区信众的支持（Obedienz），他依然需要高超的技巧才能让英法这对政治宿敌继续一致支持自己；相比之下，维克多四世则更多依赖于"红胡子"弗里德里希的意大利政策的成果。1164 年，维克多四世逝世，比劲敌更早退出了历史舞台，这对皇帝来说是一个沉重的打击，因为到此时为止一直担任枢机主教的帕斯夏三世（Paschalis III，1164~1168 年在位）是匆忙被推举为教宗的，他不可能拥有与前任一样的合法性，所以就连在德意志帝国教会中也不是那么受欢迎。亚历山大三世在诺曼人的帮助下于 1165 年返回罗马，作为回应，皇帝于 1167 年出兵帮助帕斯夏三世在圣伯多禄大教堂登基，逼迫亚历山大出逃。但由于皇帝的军营中暴发了致命的瘟疫，这场战争立即变成了一场灾难。帕斯夏三世至少还能回到罗马，但他于 1168 年在当地去世，被另一位枢机主教取代。后者自称卡利克斯特三世（Calixt III，1168~1178 年在位），但作为第三任对立教宗，其势力范围仅限于罗马、教宗国北部、托斯卡纳和德意志部分地区，而亚历山大三世则留在罗马以南。眼看着无法扭转局势、获得全体教会的支持，卡利克斯特三世的处境越发

225 艰难，随后还得知皇帝自 1169 年起就与亚历山大三世开展谈判，谋求平衡；不过，由于亚历山大三世与（为对抗"红胡子"弗里德里希而建立的）伦巴第城市联盟以及诺曼人站在同一阵线，这一谈判过程十分艰难。直到弗里德里希发动第五次意大利战役（从 1174 年开始），和解的条件才逐渐成熟，其中很大一部分原因是皇帝在莱尼亚诺战役（1176 年）中败于伦巴第军队。始于 1159 年的枢机主教之争最终于 1177 年7 月落幕，相关各方围绕意大利权力平衡问题在威尼斯达成了多边和平协议，其中包括将弗里德里希一世秘密逐出教会（但没有悔罪）和弗里德里希一世应公开亲吻亚历山大三世的脚——此时，皇帝已将亚历山大三世称为"精神上的父和最高主教"。[8]

　　教会恢复统一的标志是 1179 年 3 月由 300 多名主教参加的第三次拉特兰公会议。此次会议从过去几十年的经验中总结出了一条（至今仍然有效的）规则，即须达到出席枢机主教中的三分之二多数票才能当选为教宗。这实际上有助于确保教会在接下来的 200 年里不再发生新的分裂，尽管代价是选举过程因要达到规定票数而变得越来越漫长。而为了避免这种情况的发生，13 世纪教宗选举引入了"秘密会议"（Konklave），即将参选者"关起来"的制度。

作为欧洲中心的教廷

　　宗座改革所越来越坚定地实践的"普世主教制"（Universalepiskopat）理念，亦即罗马主教应对其他所有教会拥有最高牧领权（Hirtengewalt），在 12 世纪逐渐涵盖了整个拉丁世界。教宗们自己在意大利以外旅居，往往是受不利的政治因素所迫，目的地多为法兰西（1131 年和 1147/1148 年也曾绕道至德意志西部）；相反，教廷派出的使节则是为长远计，当中多半是枢机主教级别的人物，有些未来甚至登上了彼得圣座，他们的任务是以教宗的名义进行审判、调停和制定标准。早在 1091 年，维伯特／克雷芒三世的使节已在匈牙利显露头角；而直到 1102/1103 年，才有一位使节被派往丹麦，领导隆德（Lund）教省的建设；1103/1104 年，另一位使节现身波兰，为教士的生活制定更严格的守则。不久之后，教宗的全权代表于 1117 年取道西班牙抵达葡萄牙，1125 年经过英格兰抵达苏格兰；几十年后，又有罗马的使节于 1151 年抵达爱尔兰，于 1152/1153 年抵达挪威和瑞典，为的是在当地管理相应的教会事务。

226

在某些情况下，基督教向欧洲边缘地带扩张也是有政治因素参与的，因为受到挑战的统治者或刚刚开始崛起的统治者乐于寻求教会的保护，作为对其内政和外交地位的肯定，即使这不同于诺曼人从 1059 年开始建立的正式的封建关系。1088/1089 年，阿拉贡王国以定期支付利息的方式换取罗马教会的保护，犹豫良久后，1116 年，巴塞罗那伯国也被置于罗马教会保护之下。至于葡萄牙，它的第一任国王阿丰索·恩里克斯（Afonso Henriques）于 1143 年向来自罗马的使节称臣，并请求教宗的保护，但他不得不等待亚历山大三世的决定，后者直到 1179 年才承认了葡萄牙国王的头衔，并承诺提供保护。我们知道波兰、罗斯和匈牙利早在格里高利七世时期就做出过类似的努力，但都没有成功，而在克罗地亚／达尔马提亚，一位教宗使节在 1076 年积极参与了新王权的建立。但即使在不涉及教宗保护或王位转移的地方，如斯堪的纳维亚，当一个基督教王国希望通过建立自己的总主教区而实现教会独立时，罗马也总是会彰显它的决定性作用。

基督教在向四面八方大力扩张的同时，来自中央的"吸力"也同样强大。积极的改革政策迅速催生了为教宗和枢机

227

主教管理教会服务的机构网络。他们以 1100 年前不久出现的新名义"罗马教廷"（römische Kurie）履行着行政和司法职责，[9] 所覆盖的范围之大，超过了所有世俗统治者的宫廷。为了更好地说明教廷的职能、规模，我们可以举一个例子："红胡子"弗里德里希皇帝在位 38 年间的文件现存 1000 多份，同一时期统治区域包括法兰西大部分地区的英国国王亨利二世则有 4000 多份文件传世；相比之下，教廷国务卿留下的文件多达 9500 份。由于每份文件都需要单独提交和接收，这些丰富的遗存资料便让我们很好地了解了谁在什么时候、和谁一起到访教廷。在 12 世纪，教廷并不一定固定在罗马，而是忠实于（后人总结的）所谓"教宗在哪里，罗马就在哪里"[10] 的原则，也可以定在教宗国的其他地方，如维泰博（Viterbo）、奥尔维耶托（Orvieto）、韦莱特里（Velletri）或阿纳尼（Anagni），或陪同教宗前往更遥远的目的地。

除了给某些人提供梦寐以求的法定头衔作为其特权，教廷还遵照古老的传统，针对人们的请求提供权威的法律咨询意见。与教宗历史的早期阶段相比，此类谕令的数量和分量在 12 世纪急剧增加。一是因为教宗立法所覆盖的地理范围大大扩展了；二是因为其他早期的教会规范制定者，如不是由教宗召开的宗教会议，已几乎丧失了重要性；三是因为教廷创立法律的行为与法学的蓬勃发展相得益彰，后者通过收集具体判例并加以系统化整理，使新法投入使用，其中大规模开展这项工作的主要是各大法学院。因此，在中世纪盛期的教宗体制下，教会立法权的集中化为建立一个涵盖全体教会，亦即涵盖全欧洲的统一的法律体系，以及将理论成果投入应用，创造了决定性的条件。最终，顺应这个发展进程的逻辑，教廷也变成了一个庞大的法庭，因为教宗们开始宣称自己是教会的最高法官，每个人都可以向其申诉，而他们的判决又是无可争议的。12 世纪期间，从远近各地提交到罗马的需要开庭审理的案件不断增加，这带来了双重结果：一方面，教廷逐渐形成了独立的法庭；另一方面，教宗将许多案件的判决权下放给指定的法官，即邻近原告所在地的教会官员，他们被临时赋予教廷全权，凌驾于当地的教会管辖权之上。尽管教会的长期分裂造成了两次危机，而且几乎没有任何真正的权力手段，但是 12 世纪，教宗被公认为欧洲的权威，其影响力明显超越了霍亨施陶芬帝国。"红胡子"弗里德里希时期巴黎的一位姓名不详的教法学者由此总结出了一句至理名言："真正的皇帝其实是教宗。"[11]

2　早期的十字军东征："法兰克人"在"海外"

先决条件

教宗树立了全新的领导者角色，其中最显著的效果是，拉丁基督教以"十字军东征"（这一术语是 13 世纪才出现的）的形式向东方进行军事扩张。具体的起因是 1095 年教宗乌尔班二世在皮亚琴察收到了来自君士坦丁堡的求援信号，这促使他于几个月后从法兰西发出战斗号召，呼吁解救因拜占庭领土被穆斯林统治者大面积占领而陷入水深火热的东方教会兄弟。在此过程中，他借鉴了西方教会长期以来的努力，鼓励骁勇善战的武装贵族追求积极的军事目标，例如对国内和平破坏者进行干预，打击（西班牙）异教徒或教宗的敌人（最初是诺曼人，后来是被施以绝罚的亨利四世）。前往《圣经》中的重要之地巴勒斯坦（特别是耶路撒冷）朝圣是一项古老传统，而且作为对取悦上帝的行为的奖赏，朝圣者有望减免罪罚，在一些人看来甚至能赦免罪愆本身，这些都为乌尔班二世的倡议增添了不小的号召力。就这样，聚集在克莱蒙的人群发出了"神意欲此"（Deus vult）的呼喊，[12] 并开始在自己身上缝制十字形布条，以表示他们出征的意愿。而教宗的呼吁在法兰西境外迅速传播，也唤起了超出预期的宗教激情。在尚未有被绝罚的皇帝和同样被绝罚的法兰西国王或任何其他基督教君主参与的情况下，仅凭教宗的话语就调集起了一支国际部队，甚至在此之前，农民和其他社会阶层也已行动起来，他们受朝圣者的刺激，在装备极度匮乏的情况下成群结队地踏上了前往东方的旅程，而这迟早会让他们所有人陷入灾难。然而，对一些人来说，对东方基督徒所受苦难的愤慨演变成了对自己国家的非基督徒的疯狂仇恨，并以无节制的暴力行为宣泄出来，所针对的便是莱茵河畔的（第一次以张扬的形象出现在社会上的）犹太社区。为耶稣之死复仇的狂热，交织着抢掠的贪婪和杀戮的快感：1096 年 5~6 月，施派耶尔、沃尔姆斯、美因茨、科隆、特里尔等地的犹太人聚居区遭到袭击，数百名犹太人被俘虏、折磨、逼死，只有少数人通过强制洗礼保住了性命。管理着城市的主教们尽管在各个地方表现出保护犹太人的姿态，但也无法长时间抵挡暴动民众的冲击，更别说（被围困于意大利的）皇帝已经丧失了权威。

第一次十字军东征

在这个阴郁的序幕之后，骑士大军开拔，兵分几路于1097 年 5 月中旬抵达君士坦丁堡。大军招募自法兰西南部和西部、洛林地区、诺曼底和意大利南部的诺曼人社会，即主要来自欧洲的罗曼语区，因此，十字军在拜占庭和阿拉伯语文献中被统称为"法兰克人"。他们的统领是身份显赫而战争经验丰富的王公，地位仅次于王室，如下洛林公爵布永的戈特弗里德（Gottfried von Bouillon，约 1060~1100 年）、图卢兹伯爵雷蒙四世（Raimund IV，约 1041~1105 年）、英王的兄长诺曼底公爵"短袜"罗贝尔（Robert Kurzhose，即罗贝尔二世，约 1054~1134 年）、罗伯特·圭斯卡德之子塔兰托的博希蒙德（Bohemund von Tarent，约 1055~1111 年）。他们的精神领袖是教宗使节勒皮主教阿代马尔（Ademar von Le Puy，逝于 1098 年），他是委托人的代表，除他以外，没有别人担任最高军事指挥官。在跨越博斯普鲁斯海峡之前，科穆宁王朝皇帝阿莱克修斯一世（Alexios I Komnenos，1081~1118 年在位）迫使抵达君士坦丁堡的人数远超他预期、庞大得使人恐惧的十字军宣誓效忠，并要他们承诺把未来征服的领土中原属于东罗马帝国的部分交还给他。在安纳托利亚，与十字军交战的不是一个完整统一的伊斯兰帝国，而是局部政权塞尔柱的统治者，后者未曾料到竟要迎战来自遥远西方的数万大军。因此，在一场胜仗之后，十字军前往叙利亚之路虽困难重重，但更多是因为补给匮乏，而不是因为战事激烈。直到 1097/1098 年，十字军才在安提阿遇到顽强抵抗，围城数月之久。由于拜占庭没有提供军事援助，十字军与这个东部帝国决裂了，并决定以自己的名义进行征服，这为日后埋下了严重的后果。第一个这么做的是博希蒙德，他将最终被攻下的安提阿据为己有，并将其定为一个独立公国的中心，这意味着他可以不必继续向耶路撒冷进军。其余十字军受瘟疫的摧残剩下大约 2 万人，他们于 1099 年初踏上了最后的征程，并于 6 月到达耶路撒冷城下。这座基督徒、犹太人和穆斯林心目中的圣城在不久前（1098 年）刚被埃及法蒂玛王朝从塞尔柱人手中夺取，并建立了坚固的城防。可尽管如此，7 月 15 日，十字军还是借助攻城塔拿下该城，而攻城塔的建筑材料几乎全是靠热那亚船只运来的。攻城战演变成了一场可怕的大屠杀，据说胜利者"蹚着撒拉森人的鲜血前行，血泊深及马的膝盖"[13]。总而言之，来到耶路撒冷的十字军并不急着聚在主的墓前举行一场感恩祷告，倒是先屠杀了成千上万的伊斯兰和犹太居民。

231

这个血腥的日子深深印刻在了穆斯林的集体记忆中。而对于四周后在阿斯卡隆（Askalon）击败了一支埃及军队从而巩固了胜利果实的基督徒而言，耶路撒冷之战是压倒性的、能带来无穷益处的胜利，他们排除万难，出其不意地击败了离心离德的伊斯兰世界。不久，1101 年，一支新的强大的十字军

图 9　1099 年十字军攻占耶路撒冷（微型画，约 1250 年）

从意大利、法兰西和德意志出发，于 1102 年穿越安纳托利亚时在激烈的战斗中被歼灭，这意味着十字军再也不能以同样的形式取得胜利。但是，1099 年的一次伟大胜利足以在随后的数百年里无可辩驳地证明，在上帝的帮助下，通往耶路撒冷的道路已经打开，尤其是直到中世纪末期，教宗们还在不断唤起十字军战士的斗志，以期让整个拉丁世界的人民联合起来，夺回圣地耶路撒冷（尽管最终都是徒劳无功）。事实上，我们不 232 应低估它在精神和文化上的意义，因为随着时间的推移，从西班牙到匈牙利，从斯堪的纳维亚到西西里岛，西方各地成千上万的人追随着十字架的标志，迁移到陌生的东方，也正是在异乡，他们比在故土更强烈地感受到自己欧洲人的身份（即所谓的"法兰克人"），不管他们是在朝圣结束后返回家乡，还是 233 选择在黎凡特地区度过余生。

十字军的"海外领地"（Outremer）

只有当胜利者将其在所征服领土上的暂时优势转化为稳固的形式时，第一次十字军东征的成功才能持久。而之所以没能找到统一的解决方案，是因为参与其中的军队组织各不相同，而且他们的领袖也有各自的利益立场，倘若他们不打算返回家乡的话。除了诺曼人塔兰托的博希蒙德已于 1098 年取得对安提阿及周边地区的统治权，洛林公爵戈特弗里德的弟弟布洛涅的鲍德温（Balduin von Boulogne）也自行越过幼发拉底河向埃德萨（Edessa）进发，并以伯爵头衔自居，统治着当地主要由亚美尼亚基督徒构成的居民。攻占耶路撒冷后，这座城市特别需要一位庇护人，布永的戈特弗里德从一众指挥官中脱颖而出，在没有加冕礼和国王头衔的情况下接受了这项任务，但仅仅一年后就去世了。他的弟弟鲍德温一世（1100~1118 年在位）继位，将埃德萨伯爵头衔留给了同名堂

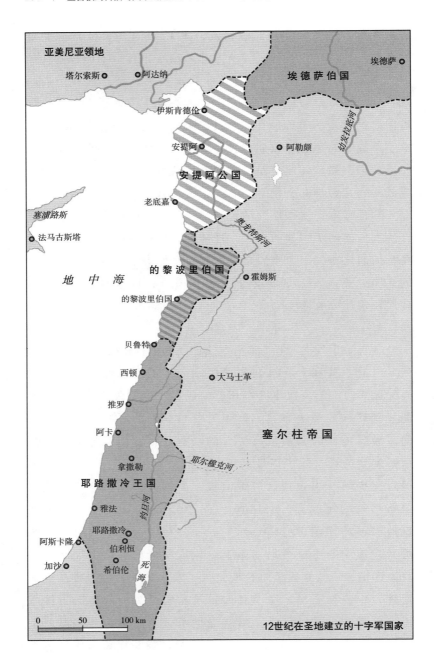

亚美尼亚领地

塔尔索斯 阿达纳

埃德萨

埃 德 萨 伯 国

伊斯肯德伦

安提阿 阿勒颇

幼发拉底河

安 提 阿 公 国

老底嘉

塞浦路斯

法马古斯塔

奥龙特斯河

地 中 海

的 黎 波 里 伯 国

的黎波里伯国 霍姆斯

贝鲁特

西顿 大马士革

推罗

阿卡 塞 尔 柱 帝 国

拿撒勒

耶尔穆克河

耶 路 撒 冷 王 国

雅法 约旦河

耶路撒冷

阿斯卡隆 伯利恒

加沙 希伯伦 死海

0　　　50　　　100 km

12世纪在圣地建立的十字军国家

弟（即鲍德温二世），并于 1100 年圣诞节在伯利恒的圣诞教堂
（Geburtskirche von Bethlehem）由原籍在比萨的戴伯尔特牧
首（Daibert，逝于 1105 年）加冕为国王。由此建立的耶路撒
冷王国很快从地中海扩展到约旦河，部分领土延伸到了现代以
色列（包括约旦河西岸）和黎巴嫩南部地区，成为十字军国家
中最重要的一个。在其边界以北，的黎波里伯国（Grafschaft
Tripolis）在持续至 1109 年的激战中逐渐成形，成为图卢兹伯
爵雷蒙及其继承人的领地。

　　如此建立起来的拉丁东方在当时的法语中被称为
"Outremer"（海外领地），是由移民至此的统治阶级主导的。
自从最初的大部分十字军士兵返回了家乡，来自欧洲的移民和
商人进入并巩固了这个阶层，不过始终存在一定程度的人员流
动，据估计，其人口数量在 12 世纪略高于 10 万，主要集中
在城市。相比之下，人口达 3 倍之多的本土居民权利地位低人
一等，其中，希腊基督徒和东方基督徒的地位相对优于犹太人
和（主要生活在农村的）穆斯林。偶尔有人将其评价为近代殖
民主义的前奏，此论断并不全然合理，因为这并不是欧洲帝国
的海外征服，而是十字军东征后的即兴产物；十字军东征的目
的是夺回古老的基督教领土，（相传）乌尔班二世曾说，"神在
万民中将这些领土赐予你们"[14]。援助东方弟兄的初衷已然丧
失，这就是为什么叙利亚和巴勒斯坦本土的、与拜占庭建立了
联系的希腊教会，现在却受自己的拉丁式教阶制度反制（在安
提阿和耶路撒冷设有牧首，并与罗马教宗有联系）。在这种情
况下，对伊斯兰教的打击很快就让位于事实上的宽容，依照以
往穆斯林的统治模式，这种宽容带来的结果是：不再向异教者
传教，而仅仅是从经济状况出发，在法律上将这些人贬为次一
等的居民。

　　在此背景下，一种以欧洲为模范的政治秩序发展起来了，

235

最初发挥主导作用的是君主特权以及与教会之间的关系，从
12 世纪中叶起，贵族自身的力量越来越强大。大型王室封地
（Seigneurien）已变成可世袭的资产，通过大力兴建堡垒，它
们成了至关重要的军事中坚力量；在有高级神职人员参与的最
高封建法庭——"高等法院"（Haute Cour）中，封建领主们
也对政治决策产生了重大影响。相比于不断更迭的国王（当
中有些身体不佳，有些来自异乡），男爵们反倒是能连续不
断地代表国家的人。另一支崛起的势力是强大的圣殿骑士团
（Templer）和圣约翰骑士团（Johanniter），他们兴起于 12
世纪初，是为有效地保护和治疗前往耶路撒冷的朝圣者而建立
的；他们的武装力量发展成了精锐部队，到 12 世纪末，约占
耶路撒冷国王特遣队人数的一半。最后，同样值得强调的是那
些早就被赋予特许权的贸易据点，它们是意大利海运城市（特
别是威尼斯、比萨和热那亚）在巴勒斯坦港口建立的，不仅在
经济上，而且在与欧洲的交通联系上都有着至关重要的地位，
最容易被拿来与后来的殖民主义做比较。

第二次十字军东征

鉴于从埃及到美索不达米亚的整个伊斯兰势力范围具有巨
大潜力，以及与拜占庭之间的关系摇摆不定，十字军政权除了
寄希望于对方发生内乱和在紧急情况下得到欧洲的援助，别无
他法。这种局面第一次出现在 1144 年，那一年摩苏尔和阿勒
颇统治者伊马德丁·赞吉（Imadaddin Zangi，逝于 1146 年）
袭击了引人注目的埃德萨伯国。听到这一消息，出身于新成立
的熙笃会的教宗尤金三世（Eugen III，1145~1153 年在位）
迫不得已像乌尔班二世那样，发起十字军东征的呼吁，主要呼
吁对象是法兰西骑士。修道院院长克莱尔沃的伯纳德——一位
极具号召力的教团弟兄，尤其帮尤金赢得了广泛的响应，他不

仅说服了法兰西国王路易七世（Ludwig VII，1137~1180 年在位）背负这个使命，还促使德意志神圣罗马皇帝康拉德三世（1138~1152 年在位）参与行动，尽管教宗实际上希望后者尽快前往罗马，帮忙干预罗马公社运动。伯纳德有力地制止了新一波迫害犹太人的浪潮；与此同时，他承诺赋予萨克森贵族和十字军在东方一样的特权，这些萨克森贵族决定不去圣地，而是要与相邻的波罗的海南岸斯拉夫人作战，目的是"要么彻底击溃他们，要么使他们皈信"15。卡斯蒂利亚—莱昂国王阿方索七世（Alfons VII，1126~1157 年在位）也利用这一时机，让教宗授权他同步发动另一场十字军东征，征讨对象是他势力范围内的摩尔人。

　　由此发起的新一轮十字军东征再度成为牵动全欧洲的大事件，但与前一次不同的是，这次有两位国王带队参加，1096/1097 年，他们率领各自的"民族"军队，分别踏上看似一片光明的两条陆路。十字军在海峡处遭遇了这次没有发出求援信号的拜占庭，双方陷入困境，耗费了很长时间，这让法兰西人第一次萌生了攻占君士坦丁堡以确保自己成功的想法（但最终没有实现）。在小亚细亚，西方军队遭遇了塞尔柱人比 50 年前更顽强的抵抗，以惨败收场，只有一小部分人侥幸逃脱，抵达沿海地区。康拉德三世在 1147~1148 年冬天病倒在君士坦丁堡，直到春天才乘船抵达圣地，而路易七世则从海路抵达安提阿，并从那里前往耶路撒冷。由于没有足够的兵力，最初的战争目标，即重新征服遥远的埃德萨，已不再是一个明智选择。这也是为什么国王们为了所谓的更容易取得的胜利而接受了另一个方案，即利用残余部队和新招募的兵员进攻距离较近的大马士革。这是一个致命的决定，因为那里的统治者出于对阿勒颇统治者的恐惧，多年来一直与耶路撒冷王国结盟以确保自身的安全。此外，这次考虑不周的进军在 1148 年 7 月惨遭

失败，十字军和巴勒斯坦男爵之间互生怨恨。康拉德三世于 9
月 8 日失望而归，路易七世也在 1149 年复活节追随他返回欧
洲，双方都损失惨重，没有取得任何卓著的成功。

人们深信得到上帝庇佑而开启的这番伟业，确凿无疑地失
败了，这使欧洲公众产生了明显的幻灭感，并对失败的原因展
开了激烈的讨论。除了非常理性的思考，例如得出了补给不足、
路途遥远和自然条件恶劣这样的结论，还有对"他者"——圣
地的希腊人和基督徒——的强烈指责，欧洲民众认为自己遭到
了他们的背叛和欺骗。当然，也有人提出了形而上学的理由，
比如留下来的人，特别是十字军自身犯下了罪过，因而受到了
惩罚；还有人说这是上帝不可捉摸的旨意，他是在考验自己的
子民；甚至有个别人提出了根本性的反对意见，他们以许多参
与者动机不纯为依据，指责十字军东征是由"伪先知、偶像崇
拜者、敌基督见证人"策动的，他们"用空洞的言辞将基督徒
引入歧途"。[16] 克莱尔沃的伯纳德处于舆论的风口浪尖，他曾
不遗余力地宣传十字军东征，此时又在写给尤金三世的一封信
里，以《旧约》中上帝带领以色列人穿越沙漠的情景作为辩
护。[17] 他与其他神职人员一起，要求立即重新启程前往耶路撒
冷，以消除所遭受的耻辱，克服十字军统治者所面临的威胁，
而且这次不应再顾及拜占庭。然而，他很快就发现没有一个有
权势的人愿意听从这一呼吁，欧洲并没有那么容易被说服集体
投身又一场冒险。

第三次十字军东征

随后几年的事态发展表明，第二次十字军东征不仅没有
改善海外"法兰克人"的处境，反而使其更加岌岌可危。基
督徒久攻不下的大马士革于 1154 年降于阿勒颇统治者努尔丁
（Nuraddin，1146~1174 年在位），此位君主曾于 1149 年对

安提阿公国发起过一次胜利的进攻。虽然在南部的耶路撒冷国王鲍德温三世（1143~1163 年在位）能够征服沿海城市阿斯卡隆（1153 年），从而为进入富庶的埃及扫清了障碍，由他的弟弟和继任者阿马里奇（Amalrich，1163~1174 年在位）多次发起进攻，但这也招致努尔丁的干预，其指挥官谢尔库赫（Schirkuh）在 1169 年攻占了开罗。谢尔库赫死后，他的侄子萨拉丁（Saladin，1169~1193 年在位）废黜了尼罗河畔什叶派法蒂玛王朝的哈里发（1171 年），并随即宣告了要将东方所有伊斯兰势力统一在其家族阿尤布王朝统治之下的目标；1174年努尔丁死后，萨拉丁也在大马士革夺得政权，随后自封为统治整个伊斯兰叙利亚的苏丹。此外，由于拜占庭在争夺安纳托利亚的过程中，1176 年在密列奥塞法隆（Myriokephalon）战役中惨败于塞尔柱人，从而彻底战败，他们便不再是"法兰西人"的潜在盟友，从此以后，后者只能完全依靠自己的力量来对抗萨拉丁压迫性的势力。

在欧洲，教廷正在旷日持久的亚历山大三世分裂事件中苦苦挣扎，皇帝正在为他对意大利的主权而斗争，法兰西则陷入了与英格兰的长期冲突。因此，在很长一段时间里，人们并没有真正认真对待"海外领地"局势的升级和一再从那里传来的求助信号；甚至在 1185/1186 年，一个高级使团向法兰西国王腓力二世（Philipp II，1180~1223 年在位）和英格兰国王亨利二世（Heinrich II，1154~1189 年在位）提议，请他们统治单纯因多年停战协议才免受萨拉丁侵袭的耶路撒冷王国时，得到的反应也很冷淡。而 1187 年降临的灾难更是让人瞠目结舌：外约旦领主沙蒂永的雷纳尔德（Rainald von Châtillon）肆意破坏了岌岌可危的和平，为萨拉丁双手奉上开战的理由。1187 年 7 月 3~4 日，决定性的战役在加利利的哈丁（Hattin in Galilaea）打响，耶路撒冷国王吕西尼昂的居伊（Guido von Lusignan，1186~1192 年在位）调动了所有能调动的兵力。但结局是毁灭性的惨败，圣殿骑士团和圣约翰骑士团血流成河，他们带来的真十字架圣物也永远地遗失了，国王本人也被俘（直到 1188 年）。10 月 2 日，萨拉丁以胜利者的姿态进入耶路撒冷，除个别沿海地区外，占领了这个已经无力抵抗的王国的绝大部分领土。没过多久，10 月 29 日，教宗格里高利八世又发出十字军东征的呼吁，敦促人们放下一切纷争，以纯洁的心灵共同收复圣地。[18] 这次呼吁的主要对象是国王们，他们共同征募了有史以来向东方进军的最强大的十字军。1189 年初，一位教宗使节在法兰西和英格兰统治者之间斡旋，成功说服双方参加十字军东征。但是，40 年前作为施瓦本公爵见证了第二次十字军东征的皇帝弗里德里希一世也不愿袖手旁观，他动员了一支德意志军队，于 1189 年 5 月抢先一步从雷根斯堡出发。

因此，第三次十字军东征分为两个阶段。首先是"红胡子"弗里德里希带着他的人马沿传统的陆路穿越巴尔干半岛来到君士坦丁堡，那里再次出现了异常紧张的局势，他甚至公开威胁要先攻打这座皇城，然后才去横渡那大老远之外的达达尼尔海峡。塞尔柱人在小亚细亚挡住了他们的去路，"红胡子"弗里德里希大军在以哥念（Ikonium）① 将其击败，但随后在托罗斯山脉（Taurusgebirge）另一侧信奉基督教的亚美尼亚人领土上，不幸突然降临：因着"上帝隐秘的旨意"[19]，皇帝于 1190 年 6 月 10 日淹死在萨列法河（Saleph）中 ②。他的大部分军队解散了，只有少数将士继续前进，于 10 月才抵达巴勒斯坦的阿卡沿海要塞，收复该要塞成了十字军东征的主要

---

① 即今科尼亚（Konya）。

② 有研究认为"红胡子"弗里德里希心脏病发坠河溺亡，也有说法称其在萨列法河洗澡受凉后去世。

目标。法兰西人和英格兰人直到"红胡子"弗里德里希死后才出发，走海路经由西西里岛，分别于 1191 年 4 月和 6 月抵达阿卡；其中，继承父亲亨利二世王位的英格兰狮心王理查一世（Richard I Löwenherz，1189~1199 年在位），已在途中征服了属于拜占庭的塞浦路斯岛。7 月 12 日，受围困两年之久的阿卡被迫投降，重新落入基督徒之手，这可以说是一个相当大的成功，它为 13 世纪耶路撒冷王国在重重制约中继续存在创造了条件，但也足以成为法兰西国王腓力二世离开的理由。狮心王理查受把耶路撒冷也攻占下来的冲动驱使，在圣地停留了整整一年，但最终同意与萨拉丁达成为期多年的停战协议。基督徒由此获得从推罗（Tyrus）到雅法（Jaffa）的海岸线，并可以自由前往耶路撒冷朝圣，但耶路撒冷仍在穆斯林手中。

皇帝的十字军东征

　　就在狮心王理查也离开圣地后，过了短短半年，苏丹萨拉丁于 1193 年 3 月去世，他的阿尤布王朝在家族内部分崩离析，这大大巩固了基督徒起初还需要苦心维持的现状，甚至带来了进一步获胜的希望。皇帝亨利六世（Heinrich VI，1190~1197 年在位）是"红胡子"弗里德里希的继承人，从 1194 年起也是西西里王国的统治者，他继承了诺曼人前辈向地中海东部扩张的事业，于 1195 年宣布开启一种新型的十字军东征，主要是为了维护他的帝国地位。这固然得到了教宗的批准，但更多是出于他自己的决定，也没有什么来自东方的明确诱因。这一次也有数不胜数的将士被征募进来，几乎尽数来自霍亨施陶芬王朝统治下的德意志—意大利双重帝国。除了在巴勒斯坦开展军事行动外，对被迫缴纳高额贡金的东方帝国进行恐吓，以及将亚美尼亚基督徒的奇里乞亚王国纳入自己的封建联盟，也属于这次东征的政治构想。

几经拖延后，海船终于在 1197 年 3 月开始航行，一直持续到 9 月亨利六世突然去世（1197 年 9 月 28 日逝于墨西拿），逝世前他显然已不再想亲自参加东征了。在前往阿卡途中，军队在塞浦路斯停靠。皇帝任命的领袖——帝国文书长兼希尔德斯海姆主教——奎尔富特的康拉德（Konrad von Querfurt，逝于 1202 年）在此处将吕西尼昂的阿马尔里克（Aimerich von Lusignan，逝于 1205 年），即退守此岛的耶路撒冷国王居伊的弟弟和继承人，加冕为塞浦路斯国王，从而将他置于西方皇帝的领导之下。在巴勒斯坦，沿海城市西顿（Sidon）和贝鲁特（Beirut）于 10 月被攻占，从而重新打通了耶路撒冷王国与北部的黎波里伯国之间的陆路往来。1198 年 1 月 6 日，当皇帝的死讯早已广为人知时，美因茨总主教康拉德却代表皇帝，在塔尔索斯（Tarsus）为亚美尼亚统治者莱翁二世（Leo II，逝于 1219 年）戴上了他请求得到的王冠。然而，随着有利于海上交通的季节到来，德意志十字军迅速瓦解，这不仅是因为来自国内的消息动摇了军心，还因为随着皇帝逝世，东征不再名正言顺。这次东征的最后一项行动是 1198 年 3 月 5 日在阿卡成立条顿骑士团（Deutscher Orden）：一批宗教界和世俗界的权贵聚在一起，共同决定将那里的德意志医院兄弟会（Spital）升格为骑士团，并将此决议呈交新任教宗英诺森三世（Innocenz III，1198~1216 年在位）批准。随着皇帝的去世，发动新的十字军东征的主动权又落到了教宗手中。

3　阿尔卑斯山两侧的西方帝国

查理曼建立的西方罗马帝国，后来由奥托大帝长久地维持在一个狭窄了许多的范围内。它与其他基督教国家的区别在于，虽然重心始终在阿尔卑斯山以北（法兰克王国，后来是东法兰克／德意志），但它也涵盖了远至罗马的意大利大部分地区。9
世纪，这个拉丁帝国决定不能像拜占庭那样简单地世袭皇位或
指定继位者，而必须每一次都由罗马教宗重新授予皇权，因而，
谁拥有对亚平宁半岛北部和中部的统治权，谁才能成为西方基
督教世界的最高世俗权威。也就是说，奥托、萨利安和霍亨施
陶芬王朝都面临着双重任务，即既要与德意志帝国北部日益自
信的权贵反复建立共识，又要不忘维护其在南部的主权。

亨利四世

皇帝亨利三世之死（1056 年，享年 39 岁）是一个重要的
转折点，这不仅关系到宗座改革，也关系到德意志和意大利的
内部权力平衡。他未成年的儿子亨利四世（1056~1106 年在
位）先是由母后阿格尼丝摄政直至被迫退位（1062 年），之后
又由相互争斗的帝国主教们摄政，这种代理国事的状况使其不
具有统御四方的能力，这也几乎无法向年轻的萨利安君主灌输
一种可靠的治理方式。亨利四世成年（1065 年）后并没有访
问罗马，他成了第一位（在很长一段时间内也是唯一一位）罗
马—德意志统治者，当代编年史家对他的评价多半是负面的，
因为他在短短几年内就招致了王国领导层的不满。他在萨克森
试图重新确立王权，却引发了公开的叛乱，1073 年被迫逃离
公国。虽然国王在德意志西部和南部支持者的帮助下于 1075
年平息了叛乱，但他随即又陷入了与教宗格里高利七世的对
峙，双方争论的焦点不仅在于精神和世俗权力何者地位更高，
还在于教宗似乎否决了萨利安王朝——他称之为"德意志国
王"[20]——统治意大利的权力。格里高利对亨利"闻所未闻的
傲慢"[21]、毫不留情的制裁首先激起了王朝内部反对者的信心，
认为真的有可能把亨利拉下王位，此外，这也立即重新煽动起
萨克森人的敌意。即使亨利四世（短暂地）与格里高利七世在

244

卡诺莎达成了和解，也没能阻止 1077 年 3 月 15 日，一小撮心意已决的德意志贵族在福希海姆将亨利曾经的妻舅、施瓦本公爵鲁道夫推举为对立国王，将亨利逼入武装争夺王位的旋涡。三年后，他侥幸占据了上风，原因是对手虽在决定性的白埃尔斯特河战役（Weiße Elster，1080 年 10 月 15 日）中取得胜利，却丢了性命。此时，亨利已再次被格里高利七世以不服从为由施以绝罚，并因为鲁道夫的缘故被正式废黜了"德意志和意大利国王"之位，而教宗也仅仅明确授予了鲁道夫在德意志帝国的统治权。[22] 此举促使这位萨利安国王扶立一位敌对教宗，并在 1081 年翻越阿尔卑斯山来实现这件事；而此时在他身后，又有一个忠于教宗的对立国王卷土重来，即萨尔姆的赫尔曼伯爵（Hermann von Salm，逝于 1088 年），尽管这次引起的反响并不大。

亨利四世数度进攻罗马后，终于在 1084 年复活节，在圣伯多禄大教堂由自己扶持的教宗维伯特／克雷芒三世加冕为皇帝，但这顶皇冠因为教会分裂而威信尽丧，在欧洲大部分地区都得不到承认。尽管如此，亨利回国后仍大大巩固了他在德意志的统治，原因是对立国王不战而溃后，他还拿下了萨克森，但没有承认对立教宗的合法性①。从 1090 年起，皇帝再度踏上意大利之行以寻求救赎，尽管他与女边伯玛蒂尔德的军队作战取得了初步胜利，但意大利之行最终变成了一场灾难：先是被已经加冕为国王的长子康拉德（Konrad，生于 1074 年）背弃，1093 年后者显然是为了确保自己的政治前途，而在玛蒂尔德的见证下由（格里高利派系的）米兰总主教加冕为意大利国王；接着，亨利的第二任妻子尤普拉夏［Eupraxia，也称阿德尔海德（Adelheid）］也离开了他，并在乌尔班二世于皮亚琴察举行的宗教会议（1095 年）上公开对丈夫做出了最严重

① 指维克多三世。

的道德指控。亨利四世因缺乏军事支持而无法自保，多年来一直被限制在维罗纳地区，而教宗乌尔班二世却有能力在1095年发起十字军东征的倡议并有重大建树，这个事实标志着中世纪盛期皇权历史上的最低点，根据一位反对派编年史家的说法，这甚至让亨利产生了自杀的念头。直到与自1077年起就被废黜的巴伐利亚公爵韦尔夫四世（Welf IV）达成和解，皇帝才放下在阿尔卑斯山以南的所有政治野心，于1097年经布伦纳山口（Brennerpaß）返回德意志，他的统治在那里被重新接纳。1099年，他让自己的小儿子亨利五世（1106~1125年在位）在亚琛加冕为王位继承者，以取代不忠诚于他的康拉德（1101年逝于佛罗伦萨）。维伯特/克雷芒三世一死（1100年），他就表示希望与教宗帕斯夏二世达成和解，却未能如愿，即便他提议发动前往耶路撒冷的赎罪十字军东征，并于1103年在美因茨首次宣布要维护帝国全境的和平。在经历了四分之一个世纪的绝罚后，他的处境已经无可救药，很可能是这个因素诱使他的儿子亨利五世在1104年底与一群巴伐利亚贵族共同起兵反抗他，以强行推行新的统治。在教宗特派使者的友善支持下，年轻的亨利五世在1105年占据了上风，最终俘虏了他的父亲，说服其于新年前夜在英格尔海姆（Ingelheim）正式自愿退位。皇帝不久就逃脱了，在莱茵河下游地区支持者的保护下逃亡了数月，直到1106年8月7日死于列日（Lüttich），这场闹剧才落下帷幕。

246

亨利五世

　　亨利五世是最后一位萨利安王朝统治者，他很快就克服了与父亲的争斗所造成的内部不和，从而能够在德意志稳固的权力基础上重建帝国。为此，他不仅与帕斯夏二世就主教（及部分修道院院长）的叙任问题进行了谈判（国王授圣职的做法

自 1078/1080 年起就被教宗禁止了，但他不愿放弃），而且在
1110 年与英格兰国王亨利一世年轻的女儿——带来丰厚嫁妆
的玛蒂尔德（Mathilde，生于 1102 年）——隆重订婚，以此
来彰显自己的权力主张。不久之后，罗马之行变成了一场国内
政治惨败，因为亨利五世同意了教宗的提议，即如果教廷把所
有来自帝国的赠礼（Regalien）①归还给他，他就放弃叙任权。
此事很快就传得街知巷闻了，陪同亨利前来罗马的主教和世俗
贵族怒不可遏，使他不得不撤回决定。随后发生的事带来了毁
灭性的影响：亨利将教宗囚禁了两个月，威胁教宗将掀起新一
场教会分裂，迫使其于 1111 年 4 月 13 日为自己举行皇帝加
冕礼。和他父亲的加冕礼一样，亨利五世并没有得到其他基督
教政权的承认，特别是在法兰西，此事引起了人们对这位"暴
君"的极大愤怒。24

　　亨利五世不顾教宗使节对他宣布的绝罚，试图进一步巩
固自己在德意志的权力、地位，但现在有越来越多的贵族反
对他，他们不希望恢复强势的中央集权，而是倾向于建立自
己的地区统治。当中最顽强的抵抗又是从萨克森发起的，（自
1106 年起）他们的领导者是洛泰尔公爵。1115 年，洛泰尔在
韦尔费斯霍尔茨［Welfesholz，位于艾斯莱本（Eisleben）附
近］取得了一场重大胜利，长久地封锁了萨利安王朝通往北
方的通道。但就连曾任文书长的美因茨总主教阿达尔贝特一世
（1111~1137 年在位）也于 1112 年与亨利决裂，并于 1114 年
皇帝与英格兰公主玛蒂尔德在美因茨举行婚礼时被囚禁。后来
多亏了一次城市起义，他才获得自由，并继续与亨利作对。而
亨利最重要的支持者是他的侄子——霍亨施陶芬家族的施瓦本
公爵弗里德里希二世（1105~1147 年在位）。1116 年，亨利指

----

① 指用于正式场合的象征尊贵身份的服饰、冠冕、剑、戒指、权杖等标志物。

定弗里德里希为代理人，自己则再次转战意大利，以夺取托斯卡纳女边伯玛蒂尔德逝世（1115 年）后留下的丰厚地产；这些庄园分布在通往罗马的道路旁，罗马教会也对其虎视眈眈。由于帕斯夏二世直至去世（1118 年初）一直持拒绝态度，亨利五世未能与教宗建立新的联系，但不久之后，皇帝就利用罗马混乱的局势，扶立了自己的教宗格里高利八世（1118~1121年在位），从而再次使自己与拉丁教会的绝大多数人对立起来。然而，他很快就放弃了这件事，并于 1118 年年中返回德意志，而倘若他不妥协于这个宗座改革的大势，那么他就没有机会再与德意志贵族们达成和解。新教宗卡利克斯特二世（1119~1124 年在位）希望在德法边境与皇帝会面，但 1119年的第一次谈判失败了，原因仅仅是双方未能就亨利五世放弃叙任权（连同代表教会的戒指和法杖）所要求得到的补偿条件达成一致。尽管遭遇挫折，但大多数德意志贵族仍在努力，他们比以往任何时候都更有力地推动了帝国政策的发展。与教宗之间的新一轮使节往来为达成妥协铺平了道路，1122 年在沃尔姆斯宣布的协定让众人颇感宽慰。这个所谓的《沃尔姆斯宗教协定》与之前在法兰西和英格兰达成的方案大体吻合，而考虑到帝国内部的不同发展情况，它规定：在德意志（那里的叙任权现在又归皇帝所有），主教候选人先获得象征世俗权力的权杖，然后才被祝圣；在勃艮第和意大利则相反，候选人先被祝圣，然后才获得权杖。绝罚得到赦免后，亨利五世本希望通过对罗马进行和平访问来换取教宗的宽恕，不过这个愿望未能实现。

相反，亨利五世选择于 1124 年夏启程攻打法兰西国王路易六世，他与英格兰岳父达成了作战协议，后者从诺曼底出发。至今我们仍不清楚他究竟想要达到什么目的，但他至少不太可能预料到，当受到威胁的卡佩王朝从圣但尼发出号召，呼

248

吁全法兰西投入战斗时，竟能远远超出其狭小的王室直辖领地范围，动员起庞大的兵力，给予亨利猛烈反击。面对对方显著的优势，皇帝才刚到梅斯附近就退缩了，这样法兰西国王就可以宣称自己是不挥一剑就取胜的胜利者。[25] 1125 年 5 月 23 日，膝下无子的亨利五世在乌得勒支病逝。去世之后，这位萨利安君主长久地被西方邻国铭记为"帝国和教会的捣乱者"。而遗孀玛蒂尔德回到英格兰，继续以"皇后"的身份发挥重要的作用。

洛泰尔三世和康拉德三世

1125 年 8 月在美因茨举行的国王选举成了此后漫长争端的根源，因为在阿达尔贝特总主教的巧妙手段下，最终获胜的不是霍亨施陶芬家族的施瓦本公爵兼萨利安王朝末期的隐秘继承人——弗里德里希二世（Friedrich II），而是亨利五世最强劲的对手——出身于赫尔姆施泰特附近叙普林根堡伯爵家族（Grafenfamilie von Süpplingenburg bei Helmstedt）的萨克森公爵洛泰尔三世（1125~1137 年在位）。洛泰尔将国王的权力重心转移回北方，并通过将独生女格特鲁德（Gertrud）嫁给韦尔夫家族的巴伐利亚公爵"骄傲的"亨利（Heinrich der Stolze，1126~1139 年在位），在南方收获了一个强大的盟友。多年来，他一直辗转于阿尔萨斯和美因弗兰肯两地，不仅与很早就遭到废黜的弗里德里希二世作战，而且与其弟康拉德作战，后者甚至在 1127 年底被自己的追随者推举为对立国王。康拉德比洛泰尔先一步前往意大利，并于 1128 年在蒙扎（Monza）接受了米兰总主教的加冕，但之后未能夺取女边伯玛蒂尔德遗留的地产。1130 年，他回到了德意志，在此期间，洛泰尔国王显然已在那里站稳了脚跟；但还没来得及彻底击败霍亨施陶芬王朝，罗马爆发的教廷分裂就促使洛泰尔翻越阿尔卑斯山，去帮助得到大多数欧洲人承认的英诺森二世登上彼得圣座。1132/1133 年，洛泰尔率领一小支军队成功挺进罗马，至少占领了罗马城的一部分，从而得以于 1133 年 6 月 4 日在拉特兰大殿接受皇帝加冕礼。不过，他不可能实现比这更大的目标了，所以他很快又转向北方，竭尽全力，希望能击退霍亨施陶芬兄弟。1135 年，弗里德里希被允许保留公爵头衔，康拉德则放弃了国王头衔并表示臣服。此后，皇帝才于 1136 年开始实行激进的意大利政策，矛头直指另一位教宗阿纳克莱图斯二世及其庇护人西西里国王罗杰二世。帝国军队的攻势在 1137 年 5 月底攻占巴里以及罗杰二世求和遭拒时达到顶峰。可惜帝国最终还是没能取得更大的战绩，因为德意志兵员拒绝在炎热的夏季继续发动攻击，而且皇帝与教宗英诺森在被征服领土的封建主权问题上产生了分歧。洛泰尔开始撤退，在穿过布伦纳山口时病重，最终于 1137 年 12 月 4 日在阿尔卑斯山的布来滕旺村（Breitenwang）去世。编年史家弗赖津的奥托（Otto von Freising）称赞他有能力"恢复帝国皇冠昔日的威望"[26]。

　　继承统治的，并不是被洛泰尔授予巴伐利亚和萨克森公爵之位，并在意大利之行中被洛泰尔委托接管托斯卡纳边区和管理玛蒂尔德遗产的"骄傲的"亨利，也不是霍亨施陶芬家族的弗里德里希公爵，而是弗里德里希的弟弟康拉德三世（1138~1152 年在位）。这位失败的前对立国王盖过了所有对手的风头，因为特里尔总主教阿尔贝罗（Albero，1131~1152 年在位）连同其他几人抢先在科布伦茨为他安排了一场选举，紧接着又有一名教宗使节在亚琛为他加冕。当他将两个公国从拒绝服从的韦尔夫家族手中收回并授予他人时，他便注定要迎来更多新的严峻挑战了。此事一出，就有竞争势力要另建王朝，即便 1139 年"骄傲的"亨利突然去世，也未能使争端自

250

动化解。原因是"骄傲的"亨利时年 6 岁的儿子"狮子"亨利（Heinrich der Löwe）在大多数萨克森贵族支持下，坚持双重继承制，而逝者的弟弟韦尔夫六世（Welf VI）则坚决保卫巴伐利亚。1142 年，人们试图通过承认"狮子"亨利对萨克森的继承权来消除分歧，并通过将亨利的寡母、皇帝之女格特鲁德嫁给新任公爵巴本堡家族的亨利（Babenberger Heinrich, Jasomirgott①，1143~1156 年在位），希望未来能让韦尔夫家族重新入主巴伐利亚。然而这一尝试失败了，因为格特鲁德在当年晚些时候就死于难产。帝国各地战火连天，韦尔夫六世与西西里国王罗杰二世和匈牙利国王盖萨二世结盟，更是让冲突升级；康拉德三世则向拜占庭靠拢，将他的小姨子贝尔塔［Bertha，又称伊琳娜（Eirene）］送给了未来的皇帝曼努埃尔一世（Manuel I）为妻。在与东方帝国的外交往来中，他以皇帝自居，由于德意志内部的权力斗争和罗马叛乱导致的动荡局势，教宗对他的加冕礼一直被推迟。1146 年末，康拉德决定参加新一轮十字军东征（韦尔夫六世也参加了），虽然突然打乱了原本登基为皇的计划，但至少不妨碍他赶在出发前让 10 岁的儿子亨利（六世，Heinrich VI，1147~1150 年在位）②当选为国王。两年后，他作为战败者从东方回到他那变得更支离破碎的祖国。在德意志土地上，韦尔夫六世早早地就败给了霍亨施陶芬王朝的追随者，"狮子"亨利猛烈进军巴伐利亚，国王反攻不伦瑞克以失败告终。前往罗马的时间最终定在了 1152 年，但在这之前，康拉德三世就于 2 月 15 日在班贝格逝

251

---

① 这个绰号最早出现在 1350 年前后，写作"Joachsam(b)ergot"，可能是从阿拉伯地区或拜占庭传回来的一个粗鄙的称呼，因为他参加过十字军东征；19 世纪人们将这个绰号改为"Jasomirgott"，即取"Ja, so mir Gott helfe!"（上帝，请帮助我！）的谐音，以表示其虔诚。

② 作为共主。

世了，是奥托大帝的后继者中第一个没有介入意大利事务和得
到皇帝冠冕的君王。

"红胡子"弗里德里希 I：进攻的时代

当人人都渴望政局能有一个新的开端时，"红胡子"弗里
德里希一世（1152~1190 年在位）迅速登基。他于 3 月 4 日
在法兰克福当选，3 月 9 日在亚琛加冕，日期显然是事先就确
定好的，很可能是为了赶在康拉德三世按计划访问罗马之前，
将王位传给其小儿子弗里德里希（Friedrich），好接替已于
1150 年去世的长子亨利。然而事实上，最终当选的并不是这
位年仅 8 岁的小王子，而是康拉德那个年届三十的同名同姓的
侄子，也即那位在 1125 年落选的施瓦本公爵弗里德里希二世
的儿子兼继承人（自 1147 年起）。之所以出现这种局面，不
仅是因为弗里德里希一世雷厉风行地推动选举开展，更是因为
这个霍亨施陶芬王朝君主的母亲是韦尔夫家族的成员，也就
是"骄傲的"亨利的妹妹，因此他也赢得了表弟"狮子"亨利
的支持，"仿佛成了两个家族的基石"27，由此开辟了内部和
平的前景。事实上，在弗里德里希执政的最初几年里，他一
直致力于帮助"狮子"亨利拿回巴伐利亚的继承权，同时又
不过分触怒他的巴本堡亲戚。在 1156 年之前谈判达成的解决
方案是，巴本堡的亨利接受从巴伐利亚分离出来的奥地利边
区（Markgrafschaft Österreich）①，并将其升格为一个享有特
权的新公国。彼时，双方都能平等地参与弗里德里希接下来对
意大利的进攻，这样一个事实充分反映了，维持德意志局势的
（相对）稳定，对于在阿尔卑斯山南麓开展积极的行动，是多
么重要的先决条件；洛泰尔三世也不太能做到这一点，而康拉

---

① 或称"奥地利藩侯国"，原为巴伐利亚公国的东部边区。

德三世则是完完全全没能做到。

相反，弗里德里希一世一心想早日加冕，并在 1153 年 3 月的《康斯坦茨条约》中向教宗承诺，未经教宗同意，他不会与罗马公社运动或西西里的诺曼帝国媾和，而是要让罗马人臣服于教宗，且决不将意大利领土割让给拜占庭。因此，1154 年秋季开始的第一次意大利之行以罗马为主要目的地，弗里德里希没有接受罗马人的拉拢，而是依照传统，于 1155 年 6 月 18 日在圣伯多禄大教堂由哈德良四世为自己加冕，哪怕当时城内正在进行激烈的战斗。弗里德里希一世没有对诺曼人发动战争，很快就回国了，当然个中也有同行的贵族向他施压的缘故。这样一来，教宗哈德良四世于 1156 年在贝内文托与西西里国王威廉一世（Wilhelm I，1154~1166 年在位）议和，不同于"红胡子"弗里德里希，威廉一世主动提出对罗马公社进行有效干预。彼时，皇帝已经在第二任妻子贝娅特丽克丝（Beatrix，自 1156 年起）的故乡——勃艮第伯国——巩固了自己的权威，然而他更关注的是城市众多的意大利北部地区，因为在往返罗马的途中，那里让他感受到了明显的敌意。经历了几代人，寄寓在司法裁判权、税收和义务体系中的"帝国的荣光"已渐渐式微，弗里德里希以光复往日荣耀为重任，在他判断在阿尔卑斯山北麓已无后顾之忧后，便将全部精力投入 1158~1167 年的三次意大利之行中。与此同时，他马上开始包围和攻打被周边小城市憎恶的富庶的米兰，并在文书长达瑟尔的雷纳尔德（Rainald von Dassel，科隆总主教，1159~1167 年在位）的建议和罗马皇帝法（Kaiserrecht）学者的支持下，于 1158 年 11 月在隆卡利亚（Roncaglia）宫廷会议上宣布，他打算在"赠礼"（Regalia）这个宏大理念下实施针对这些城市独立性的措施。

由此引发的多年矛盾，在 1159 年秋罗马出现的新一轮教宗分裂中变得更加尖锐，其中，大多数伦巴第城市都站在了被皇帝否认的亚历山大三世一边，这样他们也就可以向教会之敌、被绝罚的"红胡子"弗里德里希宣战。"红胡子"弗里德里希的残暴行为在摧毁米兰和放逐米兰居民（1162 年）事件中达到顶峰，针对此，从 1164 年开始，就有受到影响的城市结成联盟，其中很快也包括亲皇帝的公社，后者于 1167 年联合起来，组成了军事实力不容小觑的伦巴第联盟（Lombardische Liga）。总的来说，弗里德里希对（超出帝国范围就不被人尊重的）教宗维克多四世的承诺，以及他对教宗继承人选的顽固坚持（即目中无人地主张自己对彼得圣座有决定权），使 1155 年刚经历更新换代的帝国在欧洲的声誉格外受损，以至于 1160 年时任坎特伯雷总主教的秘书索尔兹伯里的约翰（Johnannes von Salisbury）就提出了一个著名的问题："到底是谁把德意志人任命为了各国的法官？"[28] 最终，教宗分裂的混乱局面促使"红胡子"弗里德里希以武力寻求解决之道：1167 年，他率领军队带着他的现任教宗帕斯夏三世来到罗马，并让其在圣伯多禄大教堂登基。然而，胜利的果实没品尝几天，教宗就倒台了，原因是一场严重的流行病（可能是细菌性痢疾）在罗马炎热的夏天暴发了，造成数千名皇帝扈从死亡，其中就包括帝国宰相（Erzkanzler）达瑟尔的雷纳尔德、施瓦本公爵弗里德里希（即 1152 年未当选的康拉德三世之子）和韦尔夫七世（韦尔夫六世的唯一继承人，德意志南部韦尔夫家族的首领）。皇帝别无选择，只能尽快向北撤退，而受伦巴第联盟的威胁，甚至干脆逃离了意大利，他在那里以武力为基础建立的帝国统治宣告破产。

"红胡子"弗里德里希 II：重建共识

弗里德里希在接下来的六年里对德意志的统治一直没有

254

被动摇。他进一步放手让自 1168 年起成为英格兰公主玛蒂尔德丈夫的"狮子"亨利在萨克森和波罗的海南岸发展势力，自己则把握住机会，从罗马战乱的死者那里获得丰厚的遗产，还于 1169 年成功将他 4 岁的儿子亨利六世（Heinrich VI，1190~1197 年在位）选为罗马国王并为其举行加冕礼。1172年，"红胡子"弗里德里希宣布重返意大利，美因茨总主教克里斯蒂安（Christian von Mainz，1165~1183 年在位）作为帝国公使替他张罗打点，把托斯卡纳、翁布里亚、各个边区及其他地方仍忠诚于霍亨施陶芬王朝的人们联结起来。皇帝明确了打击伦巴第联盟的目标，于 1174 年秋季开始了他的第五次意大利之行。在对亚历山德里亚（Alessandria）——为纪念亚历山大三世而在皮埃蒙特（Piemont）地区建立的一座城市——进行了一次徒劳的进攻后，战争双方在蒙特贝罗（Montebello）签订了临时和约（1175 年）。和约的意义在于为所有争端提供一个平等的仲裁法庭，也就是说，皇帝和伦巴第联盟可以在平等的基础上进行谈判。由于"红胡子"弗里德里希不想让教宗参与和谈，因此还没来得及达成任何协议，新的敌对行动便已箭在弦上。为此，皇帝要求从阿尔卑斯山北麓调集援兵，却始终没有从"狮子"亨利那里得到援助。结果，1176 年 5 月 29 日，亨利的骑兵团在莱尼亚诺（Legnano）对阵米兰的步兵，这是德意志统治者历史上第一次在"帝国属意大利"遭遇军事失败。这是一个转折点，从这时起，弗里德里希在催逼之下，接受了与亚历山大三世议和的选项。经过复杂的谈判，双方最终于 1177 年 8 月签订了《威尼斯和约》。和约的核心内容是，通过放弃教宗分裂来消除皇帝与教宗之间的矛盾，但皇帝与伦巴第联盟及西西里之间，只分别达成停战六年和停战十五年的协议。

　　皇帝途经勃艮第，于 1178 年 7 月在阿尔勒接受了一场

图 10　皇帝"红胡子"弗里德里希一世与他的儿子亨利和弗里德里希
（微型画，约 1180 年）

256 特别的国王加冕礼，[①] 然后返回德意志，不久之后，立即对国内政治进行了重大变革。"红胡子"弗里德里希结束了自当选国王以来与势倾朝野的"狮子"亨利之间的情谊，因为萨克森贵族中有众多反对亨利的人，在此之前他一直忽视了他们的控诉；而现在这些反对者得到了帝国其他重要贵族的支持，如科隆总主教菲利普（Philipp von Köln，1167~1191 年在位），他们敦促"红胡子"弗里德里希对这位韦尔夫家族成员多次破坏和平的行为进行干预。这场由亨利的反对者主导的传讯分了几个阶段进行，他们宣布这位拒绝出席审判的"双重公爵"（Doppelherzog）[②] 对皇帝不敬，因而 1179 年，人们在马格德堡宣判将亨利驱逐，1180 年又在维尔茨堡宣布没收他的两个公国和其他帝国领地。这一年，巴伐利亚公国被授予维特尔斯巴赫的奥托（Wittelsbacher Otto，1180~1183 年任公爵），萨克森公国被分给科隆总主教菲利普和阿斯坎尼家族（Askanier）的安哈尔特的伯纳德（Bernhard von Anhalt，1180~1212 年任公爵）。皇帝积极支持他们以武力强制执行这个判决。在帝国军队越过不伦瑞克推进到吕贝克，并在那里得到丹麦人的支持后，"狮子"亨利认输，于 1181 年 11 月在埃尔福特宫廷会议上臣服于表兄脚下，后者将他流放到盎格鲁势力控制的诺曼底，即他岳父英格兰国王亨利二世的地盘。然而，中央集权这次所取得的显著胜利只是一个表面现象，因为政治发展的未来仍属于贵族封建领土制，而在这方面，"狮子"亨利无疑走在了时代的前列。

如此大规模的冲突在弗里德里希于德意志施政的十年间是绝无仅有的。解决这个问题后，以及 1184 年美因茨在圣灵

---

① 成为勃艮第国王。

② 萨克森和巴伐利亚公爵。

降临节举行了"盛况空前、闻名整个罗马世界"，"不仅有罗马帝国的游客，还有许多外国游客"的宫廷庆典之后，[29] 皇帝很快又被吸引回意大利北部地区。由于上一年在威尼斯与伦巴第联盟达成了和约，1184 年秋天，他可以不带军队前往那里。在这份和约中，"红胡子"弗里德里希承认了伦巴第联盟的合法性，承认公社有权自由选举自己的执政官，以及承认"赠礼"（Regalien）归城墙内的人所有（此前"红胡子"弗里德里希曾在隆卡利亚宣称拥有这个"赠礼"）；而作为条件，"红胡子"弗里德里希除了要求得到公民的效忠宣誓和执政官的叙任权，顺应 12 世纪政治手段的演变，他还要求对方不仅当下立即，而且未来也要支付钱财。皇帝退居到了一种类似于德意志贵族的领主地位，这恰恰使他能够在米兰受到隆重的接待；之后，他前往维罗纳与教宗卢修斯三世（Lucius III，1181~1185 年在位）进行了长达数周的会谈。尽管人们没能就亨利六世在父皇还活着时加冕为皇帝的问题达成共识，对女边伯玛蒂尔德遗产问题的讨论也无果而终，但帝国与西西里的诺曼政权之间通过秘密谈判，甚至有可能是通过教宗的亲自调停，已倾向于化解宿怨，1184 年底，皇帝的儿子与西西里国王威廉二世的姑姑康斯坦丝（Konstanze）订婚消息的公布，就反映了这一点。婚礼于 1186 年 1 月在米兰举行，当时人们很难预料到，新娘会在三年后成为西西里王国的继承人，从而为她丈夫的意大利政策带来全新的前景。与此同时，由于霍亨施陶芬家族坚持对意大利中部行使帝国主权，而教宗乌尔班三世（1185~1187 年在位）极力反对，因此亨利六世与教廷之间出现了新的龃龉。亨利六世由此占领了教宗国的大部分地区，教宗以远离罗马的维罗纳为治所，据说他甚至考虑过要将皇帝逐出教会，但在 1187 年 10 月 20 日去世前，始终没有实现这一想法。当圣地传来令人震惊的消息并引发第三次十字军东征时，新一次教宗选举势在必行。格里高利八世及其继任者——1188 年 2 月入主罗马的克雷芒三世（Clemens III，1187~1191 年在位），非常重视皇帝的参与，并为此压下了所有争议。1189 年，双方就教宗国的迁离和亨利六世不久后的加冕达成了共识。

亨利六世

亨利六世代表前往耶路撒冷的父亲，于 1189 年 5 月开始了他在德意志的统治，一年后，当弗里德里希一世去世的消息传来时，他便成了唯一的国王。除了进行皇帝加冕礼，亨利还有一个尽早前往意大利的强烈动机：没有子嗣的西西里国王威廉二世早早辞世（1189 年 11 月 18 日），让亨利的妻子康斯坦丝出人意料地成了诺曼政权的继承人，巴勒莫宫廷的反对派在亲教宗的封建主的支持下，将先王罗杰二世的私生子莱切的坦克雷德伯爵（Tankred von Lecce，1189~1194 年在位）推上了王位。然而，在穿越阿尔卑斯山之前，亨利不得不先去防备萨克森的"狮子"亨利，后者违背誓言从流放地返回家乡。二人于 1190 年夏天就"狮子"亨利的逗留问题达成了协议，为了确保协议有效，其长子亨利（不伦瑞克的亨利）将参加定于秋季开启的意大利之行。在罗马，霍亨施陶芬王朝之君和康斯坦丝于 1191 年 4 月 15 日从新任教宗西莱斯廷三世（Coelestin III，1191~1198 年在位）手中接过了皇冠，而在此之前，他放弃了忠于皇帝的邻近城市图斯库鲁姆（Tusculum），换取了罗马人的好感。几天后，违背教宗意愿而开展的征服诺曼王国的战役在那不勒斯城外碰了壁，夏季瘟疫暴发后更是让战争以溃败收场。这场瘟疫也波及了皇帝本人，不仅如此，康斯坦丝还被敌人俘虏了。和 1167 年的情形一样，唯有仓促撤退才能够挽回局面，哪怕只是为了驳斥亨利已死的谣言也不得不这样

做。1192 年，长舒了一口气的教宗西莱斯廷三世与西西里国
王坦克雷德达成了新的协议；皇帝却面临着贵族们越发蔓延的
反对情绪，有消息称，他们甚至在谋划除掉他。

在这个危急关头，有几个幸运的巧合给了他帮助。起初
被带到西西里岛的康斯坦丝在被移交给教宗的途中获释，并于
1192 年底与丈夫团聚。与此同时，人们听说了东征归来的英
格兰国王理查被奥地利公爵囚禁的消息。"狮心王"理查曾在
阿卡城下与奥地利公爵为敌，现在公爵将他交给了皇帝。亨利
六世囚禁了理查整整一年，无情地以此向英格兰勒索了骇人听
闻的赎金，还逼迫对方向帝国的封建主权低头（实际上并没有
法律效力）。与"狮子"亨利（逝于 1195 年）私下和解之后，
1194 年 5 月，这位皇帝带着充足的军费，开始了他的第二次
南征。西西里国王坦克雷德已于 2 月 20 日去世，只留下一个
构不成威胁的小继承人，可以说是帮了亨利六世一个大忙。因
此，这一次，霍亨施陶芬之君在热那亚和比萨舰队的帮助下，
几乎一帆风顺地抵达了西西里岛，并于 11 月 20 日在民众的
欢呼中攻入巴勒莫。从坦克雷德遗孀手中接过诺曼王朝的王冠
和财宝后，亨利六世于圣诞节在巴勒莫大教堂加冕为西西里国
王。这是一次压倒性的胜利，因为获得这个拥有强大中央集权
制的富裕国家，势必会大大增强霍亨施陶芬王朝对德意志贵族
和其他欧洲君主的优势，同时也对意大利教宗形成紧逼的包围
之势。

为了巩固新的局势，亨利六世任命他的妻子康斯坦丝统治
这个南方王国；不久前，1194 年 12 月 26 日，康斯坦丝在意
大利中部的耶西（Jesi）生下了他渴望已久的王位继承人弗里
德里希·罗杰（Frederick Roger），亦即后来的弗里德里希
二世皇帝。亨利希望通过宣布发动新一轮十字军东征来安抚西
莱斯廷三世，因为教宗不同意亨利援引康斯坦丝的王位继承权

和古老的帝国法，将自己立为西西里国王，却不尊重教宗的封建主权。在德意志，皇帝敦促有选举权的贵族们做出一个"全新的、闻所未闻的决定"[30]，即就像在西西里那样，直接通过王朝世袭（而无须选举）来传承德意志王位，如此就能为两个王国在未来的联合提供保障；而为了实现这一点，他已做好将所有帝国封地的完整继承权授予家族母系支脉，必要时甚至授予旁系亲属的准备。1196 年 4 月，亨利在维尔茨堡获得了大多数权贵的支持，随后却没能与教宗达成一致，而为了能举行加冕礼，教宗的认同是必不可少的。结果，贵族们也改变了主意，他们只打算在 1196 年圣诞节在法兰克福将两岁的弗里德里希·罗杰选举为国王。不过，这似乎可以保证王位能至少延续一代，但 1197 年 9 月 28 日，年仅 32 岁的亨利六世在准备东征时突然去世，康斯坦丝也于 1198 年 11 月 28 日随他而去，留下年轻的弗里德里希·罗杰面对未知的命运，德意志和西西里两个王国也暂时再次分道扬镳。

4　西欧的强大君主国

除了位于欧洲大陆中心的萨利安王朝和霍亨施陶芬王朝跨越阿尔卑斯山南北的神圣罗马帝国（作为一个选举制国家，它离不开教宗的加冕，发展却并非从未中断），西欧的一些规模较小、内部却更团结的王国也日益强大起来，尽管偶有倒退，但由于王朝的连续性，君主制中央集权日渐巩固，而且它们与遥远的教宗之间的联系并不那么迫切。1066 年的诺曼征服使英格兰与国王们的出生地法兰西之间建立起牢固的联系。国王们与经历过换血的贵族阶层一起建立了强势的统治，随着时间推移，影响力还延伸到威尔士、苏格兰和爱尔兰。在法兰西，卡佩王朝长寿的君主们至少在北半部地区稳步扩大了自己的势力，而且从长远来看，他们还能与跑到英格兰当国王的诺曼底和安茹封建主抗衡。最后，在伊比利亚半岛，基督教王国得到来自比利牛斯山脉另一侧的支持，面对安达卢斯政权棋高一着，尤其是卡斯蒂利亚—莱昂王国，其统治者甚至短暂地获得了皇帝的称号。

1135 年之前的盎格鲁—诺曼王国

尽管在黑斯廷斯战役中获胜的诺曼底公爵"征服者"威廉一世（1066~1087 年在位）非常重视自己作为盎格鲁 - 撒克逊王国之合法继承人的身份，并于 1066 年圣诞节在威斯特敏斯特的"忏悔者"爱德华墓前接受了加冕礼，但他成为"盎格鲁人的国王和诺曼人的公爵"[31]的过程却是一场令人敌视的军事征服，深深地改变了这个岛国（甚至影响了英语的发展，使之吸收了大量法语元素）。新任统治者仍须长期面临地方起义的挑战，并屡次受到斯堪的纳维亚入侵之威胁；他征收高额税收，没收在黑斯廷斯被杀者的财产，而且作为最高封建主，他让来自诺曼底和法兰西北部的贵族取代了本地幸存的权贵，允许他们在全国各地修建了大量堡垒。盎格鲁 - 撒克逊教会的面貌也发生了变化，短短几年之内，所有主教席位都被来自欧洲大陆的神职人员占据。坎特伯雷的兰弗朗克总主教（Lanfranc von Canterbury，1070~1089 年在位）就是其中的佼佼者，他出生于意大利，曾任诺曼底勒贝克（Le Bec）修道院院长，担任过教宗使节，还与格里高利七世有着密切联系，推动了教会改革。对英格兰施行统治时，威廉依然以自己出身的诺曼底为原点，并且继续作为法兰西国王的臣属管理着那个公国。他在诺曼底一住就是数年，扩张自己势力范围时也尽可能避免与腓力一世陷入冲突。在一场领土扩张战役中，"征服者"威廉染上致命的疾病，最终于 1087 年 9 月 9 日在鲁昂殒命。逝世前一年，他刚刚编纂了《末日审判书》（Domesday Book）①。这部卷宗是他对自己统治英格兰的骄傲回顾，在当时的整个欧洲是绝无仅有的，描述了英格兰伯爵领地的划分情况，"细致到没有一胡符土地是归属不明、价值不详的"[32]。

"征服者"威廉的遗愿是将诺曼底公国留给与法兰西宫廷同一阵线的长子"短袜"罗贝尔，英格兰王位却要传给次子"红脸"威廉二世（Rufus，1087~1100 年在位），这为日后的严重纷争埋下了祸根。原因是英格兰的诺曼男爵们为支持罗贝尔而起兵反抗，而威廉二世自 1090/1091 年起就插手欧陆，意图夺取诺曼底。1096 年，当罗贝尔踏上十字军东征之路时，他将公国抵押给了已进行事实统治却没有公爵头衔的弟弟。就在罗贝尔从东方返回前不久，威廉二世于 1100 年 8 月在一次狩猎中离奇死亡，这给了"征服者"威廉的小儿子亨利一世（1100~1135 年在位）仓促加冕、夺取英格兰王位的机会。虽然罗贝尔夺回了他的公国，但在他 1101 年登陆的地方——英格兰，弟弟亨利却怎么也赶不走。相应地，亨利数次渡海进入诺曼底，并于 1106 年取得了对罗贝尔的决定性胜利，罗贝尔被迫作为阶下囚在英格兰城堡中度过了余下的 28 年人生。这个双重王国的重新统一，完全符合英吉利海峡两岸封建领主阶层的利益。这种状态存续了整整一个世纪，尽管直到 1119 年，法兰西国王才通过正式的分封承认了这一点。

263　　　亨利一世即位之初，为了与被视为独断专行的兄长"红脸"威廉割席，他颁布了第一份《加冕宪章》，以书面形式向权贵们保证，他将尊重"忏悔者"爱德华和父亲"征服者"威廉一世的法律，尊重封地的世袭性质，恢复教会的自

---

① 编纂于 1086 年，正式名称为《土地赋税调查书》或《温切斯特书》，调查和汇编了全国的地产情况，以便于征税、确定封臣义务等。

由。[33]具体而言，这体现在他召回了总主教坎特伯雷的安瑟伦（Anselm von Canterbury，1093~1109 年在位），这位来自勒贝克的重要神学家多年前因与威廉二世在教会政策上发生争执而离开了这个国家。然而，哪怕是现在，由于安瑟伦坚持教宗对国王叙任权的禁令，而亨利又要求英格兰主教们宣誓效忠，新的矛盾不可避免地出现了。在总主教再次被流放后，1107 年的《伦敦协定》（Londoner Konkordat）达成了一个解决方案，即国王须放弃高级教会职位的正式任命权，但仍然可以对相关人选施加决定性影响。亨利一世与法兰西国王兼诺曼底封建主的长久对峙屡屡爆发为公开的冲突，促使亨利向罗马帝国靠拢，其女儿玛蒂尔德与皇帝亨利五世的订婚（1110 年）和结婚（1114 年）就充分体现了这一点，最终发展为 1124 年联合对抗路易六世的军事行动，可惜行动以失败收场。1120 年，亨利一世在英吉利海峡的一次海难中失去了唯一的婚生子，因而他把所有的希望都寄托在女儿玛蒂尔德身上。1125 年，这位没有孩子的寡后回到了父亲的宫廷，并被王国议会承认为王位继承人，尽管诺曼底和盎格鲁－撒克逊的传统都不承认女王执政。1128 年，玛蒂尔德与比她年轻得多的安茹伯爵"金雀花"若弗鲁瓦（Gottfried Plantagenet von Anjou，逝于 1151 年）缔结了新的婚姻。若弗鲁瓦和她一样，在英格兰总是被视作"外来者"，而且他也把那个同样有着纯正法兰西血统的布洛瓦的斯蒂芬伯爵（Stephan von Blois）——"征服者"威廉的外孙——当作政治对手。1135 年 12 月 1 日，亨利一世在再一次征战法兰西时逝世，王国的未来留待人们尽情构想。

腓力一世和路易六世时期的法兰西

264

与实施强权统治的盎格鲁—诺曼帝国相比，卡佩王朝早期的法兰西是一个由大型封建采邑（弗兰德、诺曼底、布列塔尼、安茹、阿基坦、图卢兹、巴塞罗那、勃艮第、布洛瓦 – 香槟）组成的国家，这些领地的实际权力与王权相当，或仅略逊一筹。按照加洛林王朝传统选举和受膏的王位继承者，地位没有受到任何人的质疑，但他们只直接管理位于北部中央的王室直辖地［巴黎周围的卢瓦尔河、默兹河和瓦兹河（Oise）之间］，并最多能控制三分之一的主教区，其余的则掌握在世俗贵族手中。觐见的路途、出席宫廷会议的次数、参与国王选举的情况以及宫廷法院的影响力，无不清楚地表明了他们与 11世纪德意志和英格兰中央集权制之间的巨大差距。

腓力一世（1060~1108 年在位）8 岁继承父亲法兰西国王亨利一世的王位（前一年刚被选为王位继承人并举行了加冕礼），在尚未成年时，便不得不接受他的封臣诺曼底公爵“征服者”威廉在 1066 年成功夺取英格兰王位、功高盖主的事实。（自 1067 年起）作为一个独立的统治者，腓力一世有能力亲自整合王室辖地，与“征服者”威廉交往时却不得不注意遏制他对曼恩（Maine）和布列塔尼的进攻，并通过支持他时不时就发起暴动的儿子“短袜”罗贝尔来煽起他的不满。与父亲一样，腓力一世也远离了教会改革运动，但尽管教宗格里高利七世因他不合乎教规的行为而对他进行了严厉的斥责和威胁，争端并没有演变到亨利四世那个地步。禁止国王为主教授职的命令首先在法兰西本土颁布（1077/1078 年），而且罗马教廷使节大力干预教会现状，尤其是在腓力难以施加影响的法兰西南部，甚至在罢免主教时连兰斯总主教都不放过——这些都没有对他造成切身的影响。真正严重的事情发生在 1092 年：腓力在结婚20 年后背弃了妻子贝尔塔（Bertha），转而娶了安茹伯爵富尔克（四世，Fulco IV）的妻子贝尔塔拉达（Bertrada），婚礼由一名服从于他的主教主持。这导致 1094 年欧坦（Autun）宗教会议宣布了教宗将他逐出教会的决定；而更进一步的结果是，教宗在 1095/1096 年前往法兰西时避开了他，而他（就和被绝罚的萨利安皇帝一样）也没有参加随后的十字军东征，尽管那场军事行动很大程度就是由法兰西骑士主导的。

　　大概是受到了自 1101 年起就参与统治的王位继承人路易的影响，1104 年在巴黎举行的宗教会议达成了协议，腓力和贝尔塔拉达宣誓表示愿意分离，并获得赦免。与此同时，人们也为在法兰西变得越发尖锐的叙任问题找到了解决方案，是由沙特尔的伊沃主教（Ivo von Chartres，1090~1115/1116 年在位）构想出来的。在没有签订正式协定的情况下，国王放弃了为主教祝圣的象征仪式，作为回报，得到的只有部分教会财产的转让，以及未来主教的效忠誓言。在此基础上，1106/1107年来到法兰西的帕斯夏二世得以在圣但尼与腓力一世及其儿子庄严会晤，强调了双方的基本共识，几乎同时，与萨利安王朝的亨利五世试图开展类似的谈判却未能达成一致，用后来圣但尼修道院院长絮热（Suger）的话说，教宗"满怀对法兰西人的爱……和对德意志人的恐惧和仇恨"，返回了罗马。[34]

　　事实上，卡佩王朝后来的历代君主都秉持着与教宗友好往来的宗旨；他们取代奥托王朝和早期萨利安王朝的皇帝保护使徒圣座，所提出的条件也有别于这些皇帝，而且很重要的一点是，他们没有提出领土诉求。在帕斯夏二世之后，路易六世（1108~1137 年在位）还分别于 1119 年和 1131 年会晤了妻子阿德莱德（Adelaide）的叔叔教宗卡利克斯特二世以及教宗英诺森二世，并给予他们有力的支持。在 1108 年父亲去世后的内部权力斗争中，他通过在奥尔良仓促加冕，击败了贝尔塔拉达所生的同父异母兄弟，然后通过武装干预地方领主以及行政改革，进一步巩固了王室辖地。他不仅与英格兰的亨利一世作战并取得了不同程度的胜利，还冒险进军奥弗涅（Auvergne）和弗兰德地区，当我们回顾历史，就会发现这似乎是法兰西君

266

主制统摄全国的漫长道路的开端。1131 年，在他已接受加冕的长子腓力英年早逝仅仅 12 天后，路易六世就让教宗英诺森二世在兰斯为次子路易七世举行了国王加冕仪式，从而安排好了自己身故后的继承问题。就在路易六世于 1137 年 8 月 1 日逝世前，新的王位继承人迎娶了埃莉诺（Eleonore）——阿基坦公爵家族的父系血脉断绝后遗留的女性继承人，卡佩王朝似乎由此迎来光明的未来。

安茹—金雀花王朝和卡佩王朝 I：
亨利二世和路易七世

西欧的权力变局说明了很多问题。1135 年底，英格兰的亨利一世在没有商定继承人的情况下与世长辞，但 20 个月后，法兰西的路易六世去世前将王位传给了一位已接受加冕的继承人，后者通过和平合并西南部地区［普瓦捷、利穆赞（Limousin）、奥弗涅、加斯科涅（Gascogne）］，将王室辖地扩大了一倍多。盎格鲁—诺曼王国则因为经年累月的王位之争而风雨飘摇；亨利一世的外甥布洛瓦伯爵斯蒂芬（1135~1154年在位）比其他人先一步渡海来到英格兰，在伦敦市民的明显支持下于 1135 年圣诞节在威斯特敏斯特加冕，从此开启了所谓的"无政府时期"（Anarchie）。在取得初步成功后，斯蒂芬很快就引起了一些不满。1139 年，亨利一世的女儿、斯蒂芬的表妹玛蒂尔德皇后见时机已到，就在英格兰西部登陆，公开支持亨利一世的私生子、格洛斯特伯爵罗伯特（逝于 1147年）发动的起义。1141 年，斯蒂芬国王落入敌手，且玛蒂尔德虽没有明确自称女王，但使用起了"英格兰和诺曼底女统治者"的名号，这场战争似乎已经取得了胜利。[35] 然而，攻占伦敦的行动失败了，罗伯特被敌人俘虏后，为了赎回他，玛蒂尔德一方也不得不将斯蒂芬释放。在接下来的战斗中，国王逐渐占据了上风，这也是玛蒂尔德于 1148 年离开该岛的原因。在此期间，她的丈夫安茹的若弗鲁瓦于 1144 年侵占了诺曼底，并从法兰西国王手中夺取了这个公国作为自己的领地，以便在 1150 年将其传给年幼的儿子亨利二世。

而在另一边，路易七世却没能利用好地位已提升为"法兰克国王和阿基坦公爵"³⁶的优势。据称，在妻子埃莉诺的影响下，他卷入了各种地区冲突，引起了广泛的恐慌，当他的军队攻入维特里（Vitry）城时，1000 多人在避难的教堂中被烧死。因此，他早在 1145 年就决定参加第二次十字军东征，便仿佛是为了摆脱国内动荡的局势，但结果，这却不仅是军事上的失败，还是他个人的失败，因为与他同行的埃莉诺王后在安提阿宫廷的出轨行为让人怀疑她对婚姻的忠诚度，她的行为可以说是整个军事行动失败的道德方面的原因之一。尽管路易最重要的顾问修道院院长絮热竭尽全力进行调解，但这对夫妇回国后，裂痕也还是无法弥合。在絮热去世（1151 年）一年后，国王在一次王国会议上宣布离婚，公开的理由是两人的近亲关系，但实际上是由于双方互不信任以及没能诞下男嗣。被遗弃的埃莉诺离开宫廷，回到了阿基坦，在那里她仍然被尊为统治者。仅过了两个月的时间，她就带着巨额遗产与路易的死敌——金雀花王朝的亨利缔结了新的婚姻。亨利比埃莉诺年轻 10 岁，是玛蒂尔德的儿子，不久前已成为英格兰国王。二人于 1152 年的圣灵降临节举行婚礼。

亨利二世（1154~1189 年在位）于 1153 年出现在英格兰，没有花费太多时间来争夺王位。因为就在自己的长子突然夭折后，国王斯蒂芬也准备进行协商了。斯蒂芬收养了这位对手，好让后者能顺利继承王位。1154 年 10 月 25 日，斯蒂芬国王就在多佛尔（Dover）辞世了。作为英格兰国王、诺曼底公爵、安茹伯爵［包含曼恩和都兰（Touraine）］和阿基坦公爵，亨利以诺曼底为中心，建立了一个从苏格兰边境延伸到比利牛斯山的安茹王国。他统摄的这个君合国以一系列截然不同的合法头衔为基础，但总体上远胜于被他三面环绕的法兰西卡佩君主国。在不列颠岛上，亨利二世国王追求的目标是在长期的王位之争后，恢复亨利一世时期的国王权威并对其进一步强化。他采取的手段是将宫廷发展成中央财政机构［财政署（Exchequer）］和最高司法机构，且两个机构都在全国各地配有相应的胥吏；下令兴建众多贵族城堡，并将所有封臣的随军义务改为定期纳税，收得的税款使他能够招募雇佣兵。1157 年，他强迫苏格兰国王马尔科姆四世（Malcolm IV，1153~1165 年在位）和威尔士的大多数王公一样向他效忠，然后在 1169 年开始了对爱尔兰漫长的征服。然而相较之下，亨利还是对欧洲大陆更感兴趣，他在那里逗留的时间比在英格兰更长，目的是巩固他这个异质的王国在法兰西土地上的部分，并尽可能地扩大其范围。他的对手路易七世也在王室辖地上建立了一个以官吏为基础的权力机构，并且继续依赖王室主教（Kronepiskopat）的作用以及与教宗之间的友好关系；但路易也仍然少不了与弗兰德、香槟、勃艮第和图卢兹等地富有野心和自信的封建贵族拉扯，这样一来，他就很难抵挡自己过于强大的封臣——亨利二世的进攻了。金雀花王朝的亨利首先安排尚未成年的儿子若弗鲁瓦二世与布列塔尼公国的女继承人订婚，然后迫使后者的父亲退位，从而将这片与法兰西王室相隔的领地掌握在手中。他又收下了韦克桑（Vexin）伯爵领，这是刚刚萌生的让路易国王之女与他的儿子亨利联姻的计划中预定的嫁妆。在图卢兹伯爵领，他也成功地取代了国王的封建主地位。但路易七世已经安分知足了，因为 1165 年，即在他统治了整整 28 年并缔结了三段婚姻之后，终于迎来了亲生儿子，也就是未来的国王腓力二世·奥古斯特（Philipp II August）。

　　亨利二世创业守成的转折点是他与坎特伯雷总主教托马斯·贝克特（Thomas Becket，1162~1170 年在位）之间发生的冲突。托马斯是亨利在伦敦城的前任中书令（Chancellor），由亨利亲自推上了英格兰教会的顶端。因为致力于恢复亨利一世时期的"旧例"，包括王权与神职人员的关系，尤其是依据《克拉伦登法典》（Konstitutionen von Clarendon，1164 年）的规定，[37] 王室的司法管辖权应高于教会的司法管辖权，亨利二世与总主教托马斯公开决裂。托马斯未能得到整个主教团的支持，当人们向教宗亚历山大三世控诉其叛国时，他不得已逃到了法兰西。在经历了六年的流亡和艰难的谈判后，他于 1170 年底回到了坎特伯雷，但仅仅过了几个星期，他就在大教堂里被四名骑士杀害了，杀手们声称这是遵照国王明确表达过的意愿采取的行动。这个血腥行径让亨利二世在道德意义上成了行凶者，在整个欧洲引起轩然大波，也让托马斯这个生前并不乏争议的人物俨然成为殉道者。1173 年托马斯被封为圣徒，这促使国王离开英格兰缺席一年多，对爱尔兰进行征讨。1172 年，亨利二世向两名驻诺曼底的教宗使节承认了自己的间接共谋行为，并口头放弃了《克拉伦登法典》，请求教会的宽恕，但从此以后，他的权威就摇摇欲坠了。

　　居住在普瓦捷的妻子埃莉诺煽动儿子们争夺继承权，这给亨利带来了很多麻烦。争端于 1173 年首次爆发，他们提供了法兰西国王所乐见的插手机会，很快就暴露了金雀花王朝庞大王国的脆弱性。为 1167 年才出生的小儿子约翰（"无地王"）配备土地的计划，驱使现时在世的最年长儿子——1170 年已登基为王的亨利（"幼王"）——和他的弟弟理查（"狮心王"）发动叛乱，在此过程中，亨利与法兰西国王路易七世一起进攻诺曼底。亨利二世在英吉利海峡两岸的激战中化解了危机，并于 1174 年与儿子们达成了协议，将埃莉诺王后囚禁多年。然而，直到国王腓力二世·奥古斯特（1180~1223 年在位）在没有经过正式选举的情况下继承父位，成为英格兰的新对手时，英格兰的局势才重新稳定下来。他借金雀花家族内部纷争之机，不断为自己攫取权力。1183 年，在卡佩王朝帮助下对其他野心勃勃的兄弟发动攻击的"幼王"亨利在战乱中死亡；1186 年，布列塔尼公爵若弗鲁瓦做客腓力的王都巴黎时，在一次比武中丧生。然而，余下的儿子理查和约翰也未能与父亲达成和解，最终，第三次十字军东征前夕，在法兰西西部男爵们的普遍反对下，亨利二世被迫在长达 35 年能征惯战的统治生涯最后放弃抵抗。1189 年 7 月初，他屈服于法兰西封建主的所有要求，几天后在希农（Chinon）与世长辞，同时代的批评家们将他视为"志骄者必败"的案例。[38]

安茹—金雀花王朝和卡佩王朝 II：腓力二世·奥古斯特的胜利

在英格兰，世袭传承的观念是如此之强，以至于"狮心王"理查一世（1189~1199 年在位）不仅可以毫无争议地继承其前任在大陆部分的统治，还能来到不列颠岛上继承王位，尽管他不会说英语，而且多年来一直与父亲的对手腓力二世·奥古斯特结盟，共同攻击自己的父亲。这种新的局势允许法兰西国王和英格兰国王同时离开欧洲，参加第三次十字军东征；但就在东征过程中，某种程度上已然深入骨髓的敌意再次浮现，因而双方在阿卡分道扬镳。当理查在回国途中被奥地利公爵和亨利六世皇帝俘获时，腓力想尽一切办法延长对方的监禁时间，并试图让他落入自己之手。但他没有成功，因为霍亨施陶芬王朝把这位金雀花君主变成了自己的附庸；而腓力现在把理查在王位继承中挤掉的弟弟约翰拉拢过来，约翰向腓力效忠，并取代兄长成为腓力信任的封臣。理查回到英格兰老家后，为了巩固自己的权威，重新举行加冕礼，进行了坚决的防御，并在接下来的几年里与大陆敌手作战，取得了显著的胜利，直到教宗英诺森三世于 1199 年初强制双方停战。不久之后，他在利穆赞围攻一名叛乱的封臣时受了重伤，于 1199 年 4 月 6 日亡故。

由于"狮心王"理查一直没有子嗣，"无地王"约翰（1199~1216 年在位）的登基之路便畅通无阻了。他渡海前往英格兰继承了王位，也继承了与前"赞助人"腓力二世·奥古斯特的敌对立场。卡佩王朝君主仍然着意瓦解安茹—金雀花王国，于是选择支持约翰的侄子、布列塔尼公爵若弗鲁瓦之子亚瑟（Arthur）继承王位，后者此时正生活在巴黎宫廷里。亚瑟得到了安茹、曼恩和都兰封地，并得到了法兰西西部大多数男爵的支持。约翰发动进攻，俘虏了亚瑟，并于 1200 年强行进入王室封臣之列。然而，这也给了腓力可乘之机，一旦其他封臣发起控诉，他就可以借助领主管辖权对其进行干预。由于英格兰国王逃避传讯（与他的姐夫"狮子"亨利在 1179/1180 年的情形类似），1202 年人们举行了缺席判决，剥夺了约翰在法兰西的所有领地。随后，判决结果的强制执行马上导致约翰政权的崩溃。被大陆男爵们抛弃之后，约翰被迫在 1203 年末退守英格兰，直到腓力占领诺曼底和安茹（1204/1205 年）之后，他才得以反击。1206 年，约翰向法兰西西海岸发动进攻，双方达成停战协议，规定阿基坦的主权归约翰所有，但他必须放弃卢瓦尔河以北的所有土地。这个决定并没有消除英法之间的对立，敌意仍然弥漫在整个中世纪晚期，但这是自 1066 年以来，英格兰统治者第一次将不列颠岛确定为他们的主要阵地。

272

西班牙"收复失地运动"的成功

在比利牛斯山脉另一侧，基督教王国的南下扩张从 11 世

纪中叶起进入了最强势的阶段，到 13 世纪初便已取得对安达
卢斯政权的明显优势；而安达卢斯尽管并非束手待毙，却也被
逼退到伊比利亚半岛最南部的四分之一地带。从长期的、延续
的结果来看，这场错综复杂的局势演变似乎是某个历史进程发
展到白热化阶段的体现：自 8 世纪起，阿斯图里亚斯开始着力
收复失地（Reconquista），即要收复 711 年被阿拉伯人夺去
的哥特王国；在十字军东征的影响下，与穆斯林之间的宗教冲
突日益成为 11 世纪的常态（和近东的形势颇为相似）。基督徒
的军事胜利伴随着大规模的迁移、定居，但他们没有像法兰西
和英格兰那样形成一个整体的国家，而仅仅是固化了既有的局
势，即这个尚武的王国内部同时存在三至五个王朝，它们之间
的界线和政治权重在分分合合中变化不停。自 1054 年起成为
纳瓦拉封建主的费尔南多一世（1035/1038~1065 年在位）首
先确立了卡斯蒂利亚—莱昂的首要地位，又成功将科尔多瓦哈
里发政权瓦解（1031 年）后出现的泰法诸国中最大的四个——
萨拉戈萨、托莱多、巴伦西亚和巴达霍斯（Badajoz）——置
于自己的保护之下，以换取进贡。他亲自在西方率军横渡杜罗
河抵达科英布拉；与此同时，在法兰西骑士的积极支持和教宗
亚历山大二世的明确准允下，阿拉贡军队在东北部（暂时）攻
占了摩尔人的要塞巴瓦斯特罗（Barbastro），照亮了未来发
展的道路。费尔南多的王国需要分给三个儿子，其中阿方索六
世（1065~1109 年在位）表现突出，到 1072 年的时候，他已
经将卡斯蒂利亚—莱昂和加利西亚重新统一在自己手中。1076
年后，他与堂弟阿拉贡国王桑乔一世·拉米雷斯（Sancho I
Ramirez，1064~1094 年在位）分享了纳瓦拉，后者是第一
位前往罗马的西班牙统治者，于 1068 年获得了教宗的庇护。
1085 年，阿方索六世在对阵摩尔人的战争中取得了最令人印
象深刻的胜利，攻占了前西哥特王国的政治和教会之都托莱

多，这个地方早已阿拉伯化，并形成了一个庞大的犹太人社区。正因如此，在 12~13 世纪，这座城市因其活跃的翻译活动而成为不同宗教文化之间的重要中介。

就在第二年，由于穆斯林一方重新集结了力量，局势发生了逆转。一股势力来自阿尔摩拉维德王朝（Almoraviden）①，即以摩洛哥的马拉喀什（Marrakesch）为中心的柏柏尔游牧民族，他们传播的是一种特别严谨的伊斯兰教信仰。为响应安达卢斯的求援，他们于 1086 年渡海而来，到 1095 年时已经集中控制了泰法诸国，名义上归巴格达哈里发统治，只有巴伦西亚和萨拉戈萨没有受到影响。其中，巴伦西亚的军事领袖、后来的西班牙民族英雄熙德（El Cid，逝于 1099 年）与阿方索六世关系紧张，但他还是确保了有生之年对当地维持特殊统治；萨拉戈萨虽直到 1110 年才落入阿尔摩拉维德王朝之手，但在 1118 就被阿拉贡重新占领了。阿方索自称是"统治西班牙所有民族的皇帝"³⁹，但 1086 年在离巴达霍斯不远的萨拉卡（Zalaca）一开战就遭遇惨败，从此不得不集中精力进行拖延防御，尤其是保卫历史名城托莱多。曾为法兰西克吕尼修士的伯纳德（Bernhard）被任命为托莱多总主教，并于 1088 年受教宗乌尔班二世委托负责整个半岛的教会重组工作，但由于地区间差异过大，重组工作只维持在零敲碎打的程度。阿方索六世唯一的儿子在与阿尔摩拉维德王朝的战争中丧生了，他考虑将女儿乌拉卡（Urraca，1109~1126 年在位）立为继承人，并在去世前不久将她嫁与阿拉贡国王阿方索一世（1104~1134 年在位）。这场婚姻本可以促进信仰基督教的西班牙向统一迈进

---

①　柏柏尔人建立的王朝（1056~1147 年），也称"穆拉比特王朝"（Al-Murābiṭūn），鼎盛时期的势力范围包括今毛里塔尼亚、西撒哈拉、摩洛哥、直布罗陀、阿尔及利亚的特莱姆森，塞内加尔及马里大部，以及今西班牙及葡萄牙的大部分地区。

一步，却在卡斯蒂利亚—莱昂王国激起强烈担忧，担心阿拉贡王国会占据统治地位，因为其国王此时正以"全西班牙皇帝"的身份行事，[40]且乌拉卡一直没有诞下子嗣。于是，乌拉卡第一段婚姻所生的儿子阿方索七世（Alfons VII，1126~1157年在位）开始崭露头角。他于 1111 年被加冕为由莱昂统治的加利西亚的国王，与表弟阿丰索一世·恩里克斯（阿方索六世私生女的儿子）抗衡。后者与当地贵族结盟，将加利西亚以南毗邻的葡萄牙伯国，即米尼奥河（Minho）和蒙德古河（Mondego）之间的地区据为己有，并宣布占有布拉加主教区（Braga，1070 年重建，1100 年升格为都主教区）。1128 年"分离主义派"取得军事胜利后，1137 年在界河——米尼奥河——举行的统治者会晤确认了领土分布现状。这个结果激励阿丰索一世·恩里克斯在战胜穆斯林后于 1139 年给自己冠以国王称号，不过似乎没有举行正式的仪式。他显然没有意识到，此举已经为未来建立一个欧洲国家铺平了道路。

阿方索七世在他没有留下子嗣的继父阿拉贡国王去世后，于 1135 年在莱昂举行了正式的皇帝加冕礼。但他不得不接受纳瓦拉在由贵族选举产生的国王加西亚四世·拉米雷斯（García IV Ramírez，1134~1150 年在位）统治下再次独立的事实，而且紧接着，1137 年，阿拉贡和加泰罗尼亚结盟，领导权落入巴塞罗那伯爵拉蒙·贝伦加尔四世（Raimund Berengar IV，1131~1162 年在位）之手。阿方索七世与他就如何在对摩尔人的持续战争中瓜分所获得的领土达成了协议。但由于阿尔摩哈德人（Almohads）①对分崩离析的阿尔摩

---

① 阿尔摩哈德王朝是柏柏尔人在北非及西班牙南部建立的伊斯兰教王朝（1147~1269年），也称作"穆瓦希德王朝"（al-Muwaḥḥidūn），12 世纪初掀起了反对阿尔摩拉维德 / 穆拉比特王朝的宗教政治运动。

拉维德王朝发起了新的伊斯兰改革运动，作战难度大大提高。
从 1147 年起，阿尔摩哈德人从马拉喀什出发，先是在科尔多
瓦、塞维利亚和格拉纳达河站稳脚跟，随后逐渐掌控了整个安
达卢斯地区，给基督徒和犹太人带去更强的压迫感。西班牙的
基督教统治者为打击其势力范围内的穆斯林而发动的第二次十
字军东征只产生了暂时性的效果；1147 年，葡萄牙国王阿丰
索一世·恩里克斯说服一支刚好从海上路过的由德意志、弗兰
德和英格兰战士组成的十字军，帮他攻下了里斯本，其后，一
名英格兰人被任命为当地的第一任主教。12 世纪，安达卢斯
与北非的联系再次得到加强，而同样地，相比以往任何时候，
伊比利亚半岛的基督教地区面对比利牛斯山脉另一侧的拉丁欧
洲，态度也变得更为开放了。这一点既体现在对（主要由法兰
西神职人员介绍过来的）罗马教会改革的接受上，也体现在克
吕尼派、熙笃会、普赖蒙特莱修会以及其他宗教团体的宗教传
播上，尤其是骑士团，它们成了"收复失地运动"中重要的
政治和军事因素。而伊比利亚统治家族的联姻对象不仅涉及法
兰西、英格兰和德意志，甚至远至波兰、西西里和拉丁东方，
也尤其清楚地表明，西班牙已成为基督教诸国中不可或缺的
一员。

　　由于阿方索七世分割了他的政治遗产，卡斯蒂利亚和莱
昂在他去世（1157 年）时就不再是一个整体了，以两国之结
合为基础建立西班牙帝国的设想也化为泡影。直到 1230 年的
时候，卡斯蒂利亚—托莱多和莱昂—加利西亚两个王国形成
了，并迅速为争夺霸权而爆发公开冲突。尽管莱昂国王费尔
南多二世（Ferdinand II，1157~1188 年在位）作为未成年侄
子卡斯蒂利亚的阿方索八世（Alfons VIII，1158~1214 年在
位）的监护人以及阿拉贡—巴塞罗那的阿方索二世（Alfons
II，1162~1196 年在位）的庇护人，暂时取得了统治地位，可

一旦这两位君主长大成人，他们各自的贵族阶层就会主张王国独立了。卡斯蒂利亚和莱昂之间的争斗持续不断，它们反复与葡萄牙、纳瓦拉和阿拉贡结成不同的联盟；但由于教会禁止通婚，它们实际上几乎未能结成牢固有效的王朝联盟。这不仅妨碍了对阿尔摩哈德王朝发起新的进攻，还变相帮助后者扩大了进攻范围，它们甚至与某些基督教势力结盟，以共同攻打卡斯蒂利亚（和阿拉贡）。直到 1195 年阿方索八世在阿拉科斯（Alarcos）遭受穆斯林重创后，在教宗的敦促下，本着再度风靡欧洲的十字军精神，基督教一方经过艰苦谈判才结成了广泛的联盟，最终只有莱昂的阿方索九世（Alfons IX，1188~1230 年在位）拒绝加入。1212 年，联军一路攻至远在南方的纳瓦斯·德·托洛萨（Las Navas de Tolosa），大胜阿尔摩哈德人，连遥远的科隆都听闻了捷报。[41] 这为进一步攻打安达卢斯扫除了障碍。尽管"收复失地运动"直到 1492 年才完全实现目标，但安达卢斯从此以后已算是彻底落于下风了。

5　北方和东方的欧洲化

11~12 世纪，从爱尔兰到罗斯的整个欧洲北半部分布着众多民族和国家；到 1000 年前后，至少它们的领导层都已向基督教信仰敞开怀抱，并各自皈依了拉丁教会或希腊教会。除此之外，无论是这些北方政权之间，还是与西欧及中欧相比，都在诸多方面展现了巨大的差异，例如政治组织程度，对书写文化和教会生活的接受，以及与其他老牌基督教国家和罗马教宗之间的关系等。它们在中世纪盛期的历史特点是逐渐克服了距离感，最终融入了一个还在日益扩张的基督教大环境中。这样一个基督教环境在 1200 年前后还没有停止壮大，而且在不同地区呈现了极其多样的发展路径。西北部的凯尔特民族（早已接受洗礼）在盎格鲁—诺曼王国的压力下只实现了有限的政治发展，而神圣罗马帝国以东的政权则主要在与萨利安王朝和霍亨施陶芬王朝的交往中展现了自己的实力；与它们相比，北欧王国则在密切的相互依存关系中自主发展，甚少受到来自外部的威胁。相反，罗斯的政治力量经历了"区域化"（Regionalisierung）的发展进程，甚至在 13 世纪大部分落入蒙古人／鞑靼人（Mongol/Tartar）之手以前，仿佛从欧洲人的视野中消失了。

受盎格鲁－诺曼人影响的凯尔特人

1066 年的动荡将英格兰与斯堪的纳维亚解绑，并与大陆上的诺曼底合并。这件事也对讲凯尔特语的民族产生了重大影响。这些民族曾被盎格鲁－撒克逊人排挤到边缘地带，但凡想去往欧洲中心地区，都得借道英格兰。居住在威尔士崎岖山地的人们直观地感受到"征服者"威廉和他的儿子们的权力诉求不断增强。早在 1063 年，哈拉尔德·戈德温森（Harald Godwinson），也就是威廉后来在黑斯廷斯击败的对手，就挫败了几个世纪以来由格鲁福德·埃普·卢埃林（Gruffudd ap Llywelyn，1039~1063 年在位）领导的唯一一次建立统一威尔士王国的尝试。回到几个小国对立并存的状态后，1081 年将战线推进至圣大卫（St David's）——威尔士最重要的信仰之地——的威廉，开始建立具备军事进攻能力的边区，好协助他的诺曼底追随者逐步从东部和南部渗透到这个国家。这样一来，本土贵族（不再是国王）的活动空间就缩小了，被限制在所谓的"纯威尔士"[42] 范围内，他们往往与新统治者结成王朝联盟，例如向亨利一世宣誓效忠，或者在所谓的"无政府时期"之后再次向英格兰的亨利二世宣誓效忠。直到 13 世纪晚期，即西北地区格温内斯（Gwynedd）由贵族卢埃林·埃普·

278

约沃斯（Llywelyn ab Iorwerth，1195~1240 年在位）及其后代统治并贴上威尔士"标签"将近一百年后，威尔士才被彻底征服。英格兰的决定性影响首先体现在教会关系的变迁上，12世纪初以前，威尔士的教会关系与爱尔兰的一样，都是依照凯尔特僧侣所推广的模式来建立的。从 1107 年开始，坎特伯雷总主教们致力于将威尔士划分为四个主教管区并纳入他们的都主教区。由于坎特伯雷和罗马的阻挠，将圣大卫升格为独立的总主教区的历次努力均告失败，因此，威尔士的教会比世俗政治更顺畅地实现了与安茹—金雀花王朝的趋同。从法兰西修道院远渡而来的本笃会人士，后来也有熙笃会人士，也以类似的方式在威尔士找到立足之地。

在爱尔兰，无数的小国王中总有一些短暂尝试，试图由一位上位国王 / 最高国王（Ober-oder Hochkönig）来建立权力等级制度；而自 9 世纪挪威维京人定居以来，东海岸和南海岸也形成了城市贸易市集，因而这座日渐强盛的邻近大岛很早就受到欧洲大陆教会改革方案的影响。自 1074 年起，第一个固定教区——都柏林——连续有 4 位主教接受坎特伯雷总主教的祝圣。而最晚从 1111 年的爱尔兰宗教会议开始，当地教会与罗马建立起联系，申请设立自己的总主教席位及教省，这似乎是一种忤逆现有教会关系的运动。阿马的马拉奇亚斯主教（Malachias von Armagh，逝于 1148 年）肩负着全面改革的使命，于 1139 年从罗马游历归来，推行罗马礼仪，推动熙笃会迅速扩张，在战胜传统上主导着爱尔兰教会的贵族氏族及其家族修道院方面发挥了重要作用。1152 年，在教宗使节的主持下，爱尔兰首次将全岛划分为 36 个教区和 4 个总主教区，从而完成自治。仅仅几年后（可能是在 1155 年），英格兰新国王亨利二世从（生于英格兰的）教宗哈德良四世那里获得了征服爱尔兰的授权，目的是"将信仰的真理带给无知和未开化的人民，铲除主田里的罪恶稗子"[43]。英格兰的历史著作就是这样为 1167/1171 年的军事行动辩护的。主动权最初并不在亨利二世手中，而是在爱尔兰的小国王德莫特·麦克默罗（Dermot Mac Murrough，逝于 1171 年）手中，他在内部权力斗争中被击败，金雀花王朝允许他招募盎格鲁—诺曼和威尔士雇佣兵进行报复。其中一些雇佣兵在行动取得成功后留在了爱尔兰，继续臣服于 1171 年，亦即贝克特谋杀案次年亲自来到爱尔兰接受当地诸王臣服（除当时西北部的最高国王外）的英格兰国王。1172 年，教宗亚历山大三世明确批准了他的军事行动。虽然不可能计划占领全岛，但从那时起，尤其是东部和南部地区，实际上已经被占据军事优势的外国人以英格兰国王之名义控制了。爱尔兰自主建立独立国家的道路到头来被切断了。

相比之下，苏格兰面临的处境从一开始就好得多，它是由土生土长的皮克特人和从西部入侵而来的爱尔兰人（Scotti）在 9 世纪共同发展起来的。当时两个部族已经发展出一个共同的王权，这个王权一直通过世袭稳定地传承到 1034 年，然后甚至可以由母系支脉继承。对长期占领西面岛屿的挪威维京人的战争以及从南面发起进攻的盎格鲁－撒克逊人的防御取得胜利，巩固了爱尔兰君主制；统治者将重心放在东南低地，对高地的控制却相当有限。它与英格兰一直存在边界争议，边界的变动反映了双方势力强弱的变化。国王马尔科姆三世（Malcolm III，1058~1093 年在位）已成为"征服者"威廉的附庸，他的儿子埃德加（Edgar，1097~1107 年在位）和亚历山大一世（Alexander I，1107~1124 年在位）也不得不承认盎格鲁—诺曼王国的宗主国地位，而大卫一世（David I，1124~1153 年在位）甚至是在亨利一世的宫廷中长大的，他在 1135 年后强大起来，并在英格兰所谓的"无政府时期"收复了失地。大卫一世的统治以盎格鲁—诺曼模式为蓝本，建造城堡，重组宫廷、行政和司法机构，并通过自己铸币统一了税收。在教会领域，他划定了十个主教管区，但由于北英格兰约克总主教的抗议而未能将圣安德鲁斯提升为都主教区。尽管在亨利二世时期双方敌对再次增强，国王"狮子"威廉一世（Wilhelm I der Löwe，1165~1214 年在位）参与了反对金雀花王朝的大叛乱，于 1174 年沦为阶下囚而不得不再次向英格兰至高无上的统治者低头，但仍然避免了苏格兰教会并入英格兰教会的结果。1189 年，威廉从新任英格兰国王"狮心王"理查那里用一大笔钱在一定程度上赎回了自己的自由，之后的解决办法是，教宗西莱斯廷三世于 1192 年将苏格兰教会宣布为罗马教会"特殊的女儿"，撤销了都主教权限，直接听命于宗座 44（这种情况一直持续到 15 世纪末格拉斯哥和圣安德鲁斯总主教区建立）。

281

北欧王国

　　丹麦、挪威和瑞典早在 9~10 世纪就已崛起，构成了欧洲北部政治秩序的核心，但彼时还远未达到现代的规模。自克努特大帝（逝于 1035 年）的北海帝国瓦解以后，北欧三国再次走上各自的发展道路，但与此同时，好几个王朝之间错综复杂的关联又使它们形成了一个共同体，从欧洲大陆国家中脱颖而出。尽管长期以来，来自英格兰、法兰西和德意志的教会和文化元素强势影响着这片土地，但三个王国的政治独立性从未受到动摇。国王都是由权贵们从统治家族有继承资格的一众成员中选举出来的，他们努力从早期的中心地带向外扩张，即使在维京时代 ① 结束后，其对外扩张的野心也没有减退。丹麦和挪威试图在 1066 年后重新称雄英格兰，行动尽数失败后，到了 12 世纪，丹麦选择将目标锁定在波罗的海南岸（吕根岛、波

---

① 一般指 790~1066 年维京人侵扰欧洲沿海地区和岛屿的时代。

美拉尼亚）至爱沙尼亚一带，挪威则征服了苏格兰周围的岛屿（从法罗群岛到马恩岛），而瑞典在 1150 年前后将手伸向芬兰，彼时当地的传教活动才刚刚起步。

教会组织的扩大，无论是在农村地区建设教士网络还是确立教区法规，都完全符合国王们的利益，因为统治者可以从中获得一个忠诚的基础和具有约束力的规范，甚至通过对被暴力杀死的君王进行封圣，例如挪威的奥拉夫二世（逝于 1030 年）、丹麦的克努特四世（逝于 1086 年）和瑞典的埃里克九世（逝于 1160 年），而获得神圣的光环。1060 年前后，丹麦（即日德兰半岛、群岛和今瑞典南部的斯科纳省）划定了 8 个教区；而挪威直到 12 世纪中叶才设立了 11 个教区，其中 5 个在大陆，6 个在边远的岛上（包括格陵兰和冰岛）；在瑞典，教会划分为 6 个教区（后来芬兰成为第 7 个教区）直至大约 1170 年。这些新的主教区并入拉丁教会的过程十分值得注意，因为这反映了北欧王国的独立性在日益提高。不来梅—汉堡总主教阿达尔贝特（Adalbert von Bremen-Hamburg，1043~1072 年在位）率先宣称，他的教会自安斯加尔（逝于 865 年）时代起就有传教传统，故相对于所有北方教会具有更高的地位。有鉴于此，丹麦国王"贤明王"埃里克一世（Erich I Ejegod，1095~1103 年在位）选择在一次前往耶路撒冷的朝圣途中寻求罗马教宗帕斯夏二世的准允，建立了自己的总主教区。教宗使节首次访问丹麦后，隆德（斯科纳）于 1104 年被确定为整个斯堪的纳维亚半岛的都主教区。1133 年不来梅发起的抵抗没有起到任何作用，原因是教宗大分裂期间，教宗英诺森二世在洛泰尔三世皇帝的帮助下得以进入罗马；当时，教宗被迫重申"丹麦、瑞典、挪威、法罗群岛、格陵兰岛、赫尔辛兰（Hälsingland）、冰岛、拉普人（Lappen）和斯拉夫人的主教区"[45]——换句话说即地理上已知的整个北方地区——应隶属于不来梅教会。但事实上，事态的发展恰恰相反，随着时间的推移，挪威和瑞典也要主张自己的权利。1152 年，罗马派出的使节（即后来的教宗哈德良四世）在特隆海姆（尼德罗斯）设立了挪威总主教席位，接着 1164 年乌普萨拉被升格为瑞典的都主教区，这使三个国家教会都拥有了极富政治影响力的最高阶教职。例如，1181/1182 年在克莱尔沃以修道士身份去世的总主教隆德的埃斯基尔（Eskil von Lund，1137~1177 年在位），生前不仅是北方熙笃会的先驱，还是丹麦国王在亚历山大三世的教宗分裂问题上的反对者。

几乎与此同时，1130 年前后，北欧王国也爆发了旷日持久的王位之争，原因是有王室血统的候选人数代代增加，派系之争愈演愈烈。丹麦的情况便是如此，国王斯文·埃斯特里德森去世（1074/1076 年）后，他的 5 个婚生或私生儿子先后继承了王位，直到 1134 年；但随后，孙子和曾孙辈陷入了激烈的权力斗争，连罗马皇帝也不时被卷入其中。因此，1134 年洛泰尔三世在哈尔伯施塔特（Halberstadt）为（彼时仍在世的）国王尼尔斯（Niels）的儿子马格努斯（Magnus）加冕，相应地，马格努斯向皇帝宣誓效忠，并承诺他的继承人也将遵守规定，"未经皇帝允许不得继承王位"；[46] 1152 年，"红胡子"弗里德里希在梅泽堡就斯文三世和克努特五世之间的王位之争做出了有利于前者的裁决。然而，皇帝的背书并没有帮助他们中的任何一方，因为在流血冲突之后，斯文·埃斯特里德森的另一个曾孙瓦尔德马一世（Waldemar I，1157~1182 年在位）压制了所有叛乱，登基上位。挪威国王哈拉尔德·西居尔松（逝于 1066 年）的后代所统治的挪威从 1130 年起也经历了类似的动乱，在此期间，未成年的马格努斯·埃尔林松（Magnus Erlingsson，1161~1184 年在位）通过第一次有史料记载的加冕礼——由特隆海姆总主教于 1163/1164 年在卑尔根（Bergen）举行——获得了更高的权威（随后，丹麦的瓦尔德马一世于 1170 年立即为他的长子赢得了这份权威）。当时颁布的一项法律规定是只有国王的合法长子能继承王位，但这项法律没有发挥效力，因此在马格努斯逝世（1184 年）后又爆发了新的争斗，直到 13 世纪，挪威才建立起明确的世袭君主制。在历史记载匮乏得多的瑞典，奥洛夫·舍特康努格（逝于 1021/1022 年）家族于 1120 年前后退出历史舞台。经历了一段空位时期之后——其间丹麦王子马格努斯试图夺取王位，斯韦克一世（Sverker I，约 1130~ 约 1156 年在位）崛起，显然他祖上并无王室背景，于是自己建立了一个新王朝。这个王朝与国王圣埃里克九世（Erich IX der Heilige，约 1150~1160 年在位）及其后继者一直相争至 13 世纪；在此期间，斯韦阿兰和约塔兰两个地区间的对立也重新抬头。

284

11 世纪帝国的东部邻国

　　波希米亚、波兰和匈牙利在 10 世纪依次进入拉丁基督教世界，它们因地理位置相近而继续保持着紧密联系，但国家的发展却各不相同，这也是由它们与萨利安帝国的距离决定的。只有最遥远的匈牙利一直与拜占庭保持着关系，圣伊什特万（逝于 1038 年）开启的阿尔帕德王朝国祚绵长；而在波兰的皮雅斯特王朝中，"勇敢者"波列斯瓦夫（逝于 1025 年）建立的王权很快又消亡了，波希米亚则在普热米斯尔王朝的统治下发展成德意志国家联盟中一个独立的公国。11 世纪不变的是波兰和波希米亚之间的对立，双方要争夺的核心地区是西里西亚，最初也包括摩拉维亚，而匈牙利则一直更倾向于波兰一方。萨利安王朝急于取得某种平衡，主要通过干预王位争端来维护自己的霸权。

　　因此，波希米亚公爵布热季斯拉夫一世（Břetislaw I，

1034~1055 年在位）在康拉德二世皇帝帮助下起兵反抗自己的父亲，在夺回摩拉维亚后，他最初能够在帝国的支持下入侵波兰；当地爆发的动乱（当中有些是针对基督教的）迫使卡西米尔一世（Kasimir I，1034~1058 年在位）和来自奥托家族的母亲在父王梅什科二世死后逃到德意志，而布热季斯拉夫一世懂得如何将这个乱局化为己用。亨利三世从 1040 年开始牵制波希米亚人的扩张，使卡西米尔得以返回，彼时波希米亚人的扩张势头极盛，已经越过西里西亚拓展到了格涅兹诺和克拉科夫，并在将（生于捷克的）圣阿达尔贝特的遗骨转移到布拉格一事中达到顶峰。显然，（隶属于美因茨的）城堡（Hradschin）主教辖区将升格为与格涅兹诺和匈牙利的格兰地位相当的都主教区。然而，这并没有得到罗马的认可。1041 年，布热季斯拉夫被迫屈服于攻至布拉格城下的德意志，并从 1042 年起参加了亨利对匈牙利的战役。在那里，他为伊什特万的外甥和继承人彼得·奥赛罗国王（1038~1041 年、1044~1046 年在位）寻求帮助，后者当时刚被伊什特万的妹夫奥鲍·萨穆埃尔（Aba Samuel，1041~1044 年在位）[1] 推翻。亨利在拉布河畔的门福（Menfö）取得胜利（1044 年）后，彼得·奥赛罗在塞克什白堡庄严地重新登基，并宣誓效忠萨利安王朝。而由于没有国王头衔的卡西米尔在波兰称雄，并将收复的克拉科夫定为自己的治所，1046 年他还与波希米亚的布热季斯拉夫一同到梅泽堡觐见[2]，因此亨利三世在一个短暂时期内对这三个邻国都处于支配地位。

但没过多久，1050 年，卡西米尔就毫发无损地夺取了亨

---

① 奥鲍·萨穆埃尔的妻子是伊什特万的一个妹妹萨洛尔塔（Sarolta），而彼得·奥赛罗的母亲是伊什特万的另一个妹妹格里梅尔达（Grimelda）。

② 1046 年亨利三世在梅泽堡宫廷解决了布热季斯拉夫、卡西米尔之间的争端。

利赐予波希米亚的西里西亚，数年以后才向布热季斯拉夫支付年度贡金作为补偿，便已表明皇帝权威的局限性。匈牙利的情况有过之而无不及，1046 年德意志人离开不久，国王彼得就在一次新的、带有反基督教色彩的起义中被刺瞎了双眼，阿尔帕德家族的安德烈一世（Andreas I，1046~1060 年在位）从流亡地基辅回到祖国，将其赶下了台。皇帝发动了两次战役（1051 年、1052 年）却无法击败安德烈一世，于是同意在教宗利奥九世的调停下议和。1058 年，安德烈一世为确保自己的儿子所罗门（Salomon，1063~1074 年在位，约逝于 1087 年）继承王位而与弟弟贝拉（Bela）开战，为了得到皇帝的支持，他这才与亨利四世的宫廷达成协议，安排所罗门与亨利的妹妹朱迪丝［Judith，也称索菲亚（Sophia）］联姻，以示双方地位平等。可是在计划实现之前，贝拉一世（1060~1063 年在位）就在波兰的支持下，于 1060 年剥夺了安德烈的王位和生命，但随后他自己也在所罗门一方与德意志的战役中去世。他的王位传给了儿子盖萨一世（Géza I，1074~1077 年在位），盖萨一世与拜占庭军事贵族联姻，并于 1074 年将所罗门赶到了德意志。他从君士坦丁堡获得了一件王权象征物，也就是后来的匈牙利"圣伊什特万王冠"上的核心组成部件；他还得到了教宗格里高利七世的认可，而对手所罗门对亨利四世的依赖则遭到教宗的谴责。到了他的弟弟、继任者拉斯洛一世（Ladislaus I，1077~1095 年在位）执政时，与萨利安王朝的关系仅限于他娶了德意志对立国王鲁道夫的女儿。亨利四世的权力危机在波兰也产生了连带效应：波列斯瓦夫二世（Boleslaw II，1058~1079/1080 年在位）鼓起勇气，在 1076 年圣诞节由主教们为自己加冕为国王。"这令德意志帝国蒙羞，也违背了先祖的法律和正义"——赫尔斯费尔德的兰佩尔特（Lampert von Hersfeld）的编年史做出了这样的评判。[47] 相比之下，波希米亚的弗拉季斯拉夫二世（Wratislaw II，1061~1092 年在位）与被绝罚的萨利安君主之间关系更为密切，不仅在军事上支持其对抗德意志诸侯，还出兵助其攻打意大利。1085 年，亨利四世授予他王者尊威，使他凌驾于国家的所有权贵之上，几个不同的资料来源都显示，他的权力除了覆盖波希米亚，还延伸到了波兰。[48]

在整个 11 世纪里，易北河、波罗的海和奥得河之间一直存在着一片斯拉夫异教区域，983 年卢蒂齐联盟起义将其据为己有，1003 年这片土地得到了结盟对抗波兰的亨利二世事实性的承认。它继续维持现状，很可能对发生在波兰（自 1034 年起）和匈牙利（1046 年和 1061 年），后被当地统治者镇压的反基督教起义产生了影响。由于卢蒂齐联盟不使用文字，我们只能从外部信息来源中的模糊观点得知，随着时间的推移，这个信奉异教的古老的部落联盟里，渐渐有一种特殊的身份意识复苏了。因此，在丹麦长大并受洗的阿博德利特贵族哥特沙尔克（Gottschalk）通过介入 1056 年前后的一场内部冲突，赢得了对一些小部落的主权，但他本人却在 1066 年范围波及汉堡和石勒苏益格的新一轮斯拉夫人起义中被杀死。1068/1069 年冬，亨利四世在波希米亚的军事援助下对起义的斯拉夫人发动了进攻，此后很长时间里，帝国再也没有在斯拉夫边境展示自己的军事进攻力量，因为从 1073 年起萨利安王朝的权力在萨克森地区大大衰落，如何与这个从吕根岛延伸到勃兰登堡的异教残余地带打交道，便成了邻国的事情了。

12 世纪帝国的东部邻国

1100 年后不久，不是皇帝，而是马格德堡总主教、荷尔斯泰因伯爵和其他领主，开始邀请帝国西部人口更稠密地区（威斯特伐利亚、弗兰德、弗里斯兰）的农民、手工业者和商人到斯拉夫地区定居，从而掀起了 12~14 世纪所谓的"德意志东进运动"。这在某种程度上也关乎帝国的政治扩张，在此期间疆土如奥托大帝时期那样再度推进到了奥得河。但东进运动更主要是一个影响深远的变革过程，联系中世纪盛期整个欧洲的土地扩张背景可以看出，这也是由本土力量推动的；定居点依据德意志法律，必要时也依傍着教会组织不断扩建，这使中欧东部的面貌发生了深刻的变化。特别是在其初始阶段，东进运动与波兰公爵"歪嘴"波列斯瓦夫三世（Boleslaw III Schiefmund，1102~1138 年在位）的政策颇有类同之处。1109 年，他先是击退了德意志国王亨利五世和普热米斯尔王朝斯瓦托普卢克对西里西亚的进攻，然后自己强势地向西扩张，先后征服了维斯瓦河下游另一侧的波美拉尼亚地区以及奥得河和施普雷河之间归属卢蒂齐联盟的卢布斯卡地区（Lebuser Land），直到 1121 年，奥得河下游两侧波美拉尼亚人的核心地区都归他统治。班贝格的奥托主教（Otto von Bamberg，1102~1139 年在位）受命负责基督教传播的工作，他于 1124 年来到这个国家，并于 1129 年在乌泽多姆（Usedom）为波美拉尼亚统治阶级施洗，此前，贵族瓦迪斯瓦夫（Wartislaw）曾威胁他们，如果拒绝受洗，洛泰尔三世就会对他们不客气。[49] 由于萨克森和波兰关系紧张，早已被提上计划的沃林主教区直到 1140 年才设立，1175 年迁至卡明（Kammin），最终既不隶属于马格德堡，也不隶属于格涅兹诺，而是由教宗直辖。波美拉尼亚的特殊地位还体现在，波兰公爵必须专门为他所掌控的这片土地，于 1135 年在梅泽堡向洛泰尔三世皇帝做出效忠誓言。1147 年，萨克森和丹麦贵族发动了文德十字军东征，但由于什切青（Stettin）已经信奉基督教，东征行动推进到该城就搁浅了。这段插曲

288

发生之后，大约在 12 世纪中叶，勃兰登堡发生了权力的和平转移——受过洗礼且无子嗣的赫维利（Heveller）部落贵族普日比斯瓦夫－亨利（Pribislaw-Heinrich，逝于 1150 年）将权力交给了萨克森北部边区的伯爵"大熊"阿尔布雷希特（Albrecht der Bär），而且 983 年被摧毁的哈韦尔贝格和勃兰登堡主教区也得到了恢复。再往西，梅克伦堡和荷尔斯泰因被留给了萨克森公爵"狮子"亨利，他于 1159 年在一个较为古老的斯拉夫定居点的基础上重新建立了港口城市吕贝克，将奥尔登堡／吕贝克（Oldenburg/Lübeck）、拉策堡（Ratzeburg）和梅克伦堡／什未林（Mecklenburg/Schwerin）的主教席位置于自己的控制之下，并为了征服迄至彼时一直存在的阿博德利特统治家族，他一路向东进击，直至佩内河（Peene）一带。

波列斯瓦夫三世公爵的去世（1138 年）给波兰历史带来了转折点，因为他留下了一套王位继承制度，除长子"流亡者"瓦迪斯瓦夫二世（Wladyslaw II，1138~1146 年在位，逝于 1159 年）外，其他儿子也被赐予了统治地方的公爵权能，在随后的纷争中——康拉德三世（1146 年）和"红胡子"弗里德里希（1157 年、1172 年）也出兵干预——没有一个人能成为唯一的统治者。结果，波兰在长达两个多世纪的时间里变成了一个公国联盟，这些公国在皮雅斯特家族内部传承（并进一步分裂），充其量以克拉科夫统治者为尊。因此，格涅兹诺教省的整个精神信仰框架始终能够维系，就显得尤为可贵了。西里西亚公国日渐走上一条独立的发展之路，在曾两次随"红胡子"弗里德里希出征意大利的公爵"高个子"波列斯瓦夫一世（Boleslaw I，1163~1201 年在位）[①]领导下，开始向德意志移

---

① 即"流亡者"瓦迪斯瓦夫二世之子。

民开放。其实，早在几十年前，波希米亚和摩拉维亚就已经开始接纳移民，并得到了熙笃会和普赖蒙特莱修会的修道院和慈善机构的支持。普热米斯尔家族统治下的这两个地方也发生着权力斗争，但国家的团结没有遭到破坏。波希米亚公爵瓦迪斯瓦夫一世（Wladyslaw I，1109~1117 年、1120~1125 年在位）受到亨利五世的宠信，1114 年在皇帝的宫廷中担任"司酒"[50]——这个荣誉官衔就是后来波希米亚选侯权的基础，[①]而他的弟弟索别斯瓦夫一世（Soběslaw I，1125~1140 年在位）直到击败洛泰尔三世（1126 年）后才能稳固他的继承权。波希米亚公爵瓦迪斯瓦夫二世（Wladyslaw II，1140~1172 年在位，逝于 1174 年）是完全站在康拉德三世和"红胡子"弗里德里希一边的，其中，"红胡子"弗里德里希于 1158 年在雷根斯堡将他加冕为国王，以表彰其军功。然而，这个新获得的国王称号还没有形成稳固的传统，瓦迪斯瓦夫退位让贤于儿子弗里德里希（Friedrich，1172~1173 年、1178~1189 年在位）的举动就引发了新的动荡，皇帝和波希米亚贵族，以及布拉格的普热米斯尔家族和他们的摩拉维亚旁系，都被卷入激战的旋涡。直到德意志本土上演霍亨施陶芬与韦尔夫家族的王位之争，在这个特殊节点，奥托卡一世·普热米斯尔（Ottokar I Přemysl，1192~1193 年、1198~1230 年在位）——瓦迪斯瓦夫二世的儿子——才于 1198~1212 年成功战胜所有对手，夺回了帝国统辖之下的世袭王位。

在 1096~1189 年三度经历十字军过境的匈牙利给外国人留下的印象是一个近乎专制的王国，[51] 它在 11 世纪已经接

---

① 德意志民族神圣罗马帝国设有四大荣誉官衔，即"司膳"（Truchsess）、"司马"（Marschall）、"司库"（Kämmerer）和"司酒"（Mundschenk），它们是与选帝侯身份相关的职位，分别由莱茵普法尔茨伯爵、萨克森公爵、勃兰登堡藩侯和波西米亚国王世袭担任。

纳了许多来自德意志和其他西方国家的移民，但在 12 世纪却没有受到西方帝国的家长制的统治。在拉斯洛一世——立法者和教会进一步扩张的推动者——领导下，匈牙利开始野心勃勃地向受斯拉夫文化影响的南部邻近地区扩张，这个进程是从与濒临覆灭的克罗地亚王室联姻开始的，后者于 1076 年时由教宗格里高利七世亲自授予王冠。拉斯洛占领了斯洛文尼亚（Slawonien），并于 1094 年在那里建立了从属于匈牙利教会的萨格勒布主教区之后，他的侄子兼继任者卡尔曼（Koloman，1095~1116 年在位）又结束了克罗地亚的独立地位：首先，他在 1102 年举行加冕礼时，就已将那里包含在自己的王权统治范围内；然后到 1105 年时，城市遍布的达尔马提亚海岸至少有部分地区已经被他占领了。为了成为欧洲政治巨头，他娶了西西里伯爵罗杰一世的女儿为妻，又成为拜占庭科穆宁王朝继承人约翰（Johannes Komnenos）的堂大舅子 ①，并且不允许萨利安君主亨利五世阻碍自己，后者于 1108 年出兵支持卡尔曼未能继承王位的弟弟，但未能成功。经过一段时间的内乱后，国王"瞎子"贝拉二世（Bela II der Blinde，1131~1141 年在位）也成功征服了波斯尼亚。他的儿子盖萨二世（Géza II，1141~1162 年在位）于 1146 年在界河莱塔河（Leitha）取得胜利，从而抵御了得到德意志支持的鲍里斯（据说是其叔叔）的进攻 ②，并于 1158 年派出大量兵员，帮助"红胡子"弗里德里希一世皇帝攻打米兰，但很快他又在教宗分裂中与之分道扬镳，站到了教宗亚历山大三世和法兰西国王路易七世一边。盖萨死后，"红胡子"弗里德里希试图在其两个儿子伊什特万三世（Stephan III，1162~1172 年在位）

---

① 卡尔曼的堂妹、拉斯洛一世之女嫁给了约翰。

② 传闻鲍里斯是卡尔曼的一个私生子。

和贝拉三世（Bela III，1172~1196 年在位）的兄弟相争中谋取奥地利公国，但君士坦丁堡明显更占上风。贝拉流亡期间，曾作为拜占庭公主的未婚夫和临时的皇位继承人在君士坦丁堡生活了多年。直到拜占庭皇帝曼努埃尔死（1180 年）后，这位匈牙利国王转而反对拜占庭，并通过与国王腓力二世·奥古斯特的姐姐联姻来寻求与法兰西结盟，从而强调了自己的独立地位。

罗　斯

　　自从基辅公国通过联姻，声望早早地在整个欧洲迎来巅峰，在受了洗的圣弗拉基米尔（Vladimir der Heilige，逝于1015 年）和儿子"智者"雅罗斯拉夫（逝于 1054 年）统治下，基辅公国从北方重镇诺夫哥罗德向外辐射，统治范围之广似乎远远超过了所有其他基督教国家。但留里克王朝内部的分歧以及统治组织在制度上的明显疲软，使公国从 1054 年开始进入了漫长的分裂阶段。根据雅罗斯拉夫的遗愿，基辅大公之位和最高权威应该传给每一代长子，而其他子孙也有权继承各自应得的份额。[52] 这很快就导致冲突持续发生，因为其他亲属也要求获得自己的权利，并且拒绝服从于大公的弟弟和侄子们。此外，外敌也起到了破坏作用，如来自东方的武装游牧民族库曼人（Kumanen），这使基辅公国越来越难平息内部纷争，甚至直接演变成权力斗争。基辅王公伊贾斯拉夫（Izjaslav，1054~1078 年在位）就是符合上述继位法则的第一代长子，他娶了波兰国王的女儿为妻，在与库曼人作战中两度落败（1068 年和 1073 年），被迫逃亡，最终在波兰的波列斯瓦夫二世的帮助下才回到基辅。尽管他 1075 年派儿子亚罗波尔克（Jaropolk）前往罗马，并且教宗格里高利七世也欣然确认了他的统治权，但这也无济于事，因为父子俩很快就在与自己亲戚的战斗中丧生了。接下来的两位基辅大公都认为，与库曼人领袖家族的女性成员缔结第二段婚姻是可行之举，可是无济于事，库曼人的威胁仍然很严重，这促使他们在 1097 年召开了一次贵族会议，决定"每个人都应继承父亲的遗产"[53]。这就使儿子的地位在继承顺序上先于兄弟的地位，但同时也导致越来越多的人自立为地方统治者。弗拉基米尔二世·莫诺马克（Vladimir II Monomach，1113~1125 年在位）的母亲是拜占庭皇帝君士坦丁九世的女儿，尽管他不是长子，但据说他是在基辅人民的坚持下掌权的。他执政时为这个第聂伯河畔的大城市带来了王朝早期的最后一次辉煌，因为此后在留里克家族内部无休无止的纷争中，基辅最终于 1169 年被弗拉基米尔公爵安德烈·博戈柳布斯基（Andrei Bogoljubskij，1157~1174 年在位）毁于一炬。由于安德烈·博戈柳布斯基希望继续以他的弗拉基米尔公国（Vladimir）为中心，行使其至高无上的权力，所以基辅不再是罗斯的政治前哨阵地，不过仍然是罗斯的宗教信仰中心。

在蒙古人／鞑靼人出现并于 1223 年首次战胜罗斯人和库曼人之前的几十年里，好几个强悍的公国在动荡中并存。这些公国各自形成了纯粹的王朝统治，没有形成一个更高的共同的政治组织。外围地区发展出了最强大的公国：处于东北部奥卡河（Oka）和伏尔加河上游之间的是弗拉基米尔－苏兹达尔公国（Vladimir-Suzdal），1186 年它的统治者就开始使用"大公"称号，以拜占庭式和西式建筑打造了新的治所，而且它的边境要塞"莫斯科"于 1146 年第一次出现在文献记载中；在西北部，诺夫哥罗德公国有波罗的海入海口，那里的城市贵族在经济上占据着优势，从 1156 年起由他们决定公爵人选，甚至由他们选举主教；在西南部，与波兰和匈牙利接壤的加利奇／加利西亚公国（Halitsch/Galizien）和沃伦公国

（Volhynien）贵族统治的色彩更鲜明，二者于 1199 年合并；在中南部和中部，切尔尼戈夫公国（Tschernigov）、斯摩棱斯克公国（Smolensk）和波洛茨克公国（Polozk）是进一步从基辅独立出来的政权。甚至在 13 世纪落入鞑靼人之手以前，罗斯王公的统治范围很大程度上已经在政治上与欧洲其他地区隔绝开来了。

6　诺曼人、拜占庭和威尼斯

诺曼人从 11 世纪中叶起开始违背东西方帝国的意愿，在意大利南部和西西里岛建立了统治。这起初遭到教宗的激烈反对，但后来又通过对诺曼领袖进行封建分封而合法化了。到 1130/1139 年，它更是崛起为地中海中心的一个强大王国，成为十字军东征时代，欧洲政治中的一股重要势力。自从塞尔柱王朝进入小亚细亚，拜占庭皇帝们就比以往任何时候都更加专注于对巴尔干半岛的统治，并再次努力争取对意大利的控制权，因此对他们来说，诺曼人的东侵是一个日益严重的威胁，而威尼斯和其他意大利海滨城市在经济上的优势又加剧了内部的紧张局势，使拜占庭的处境雪上加霜。1204 年，一支由威尼斯资助的十字军攻入了这个东罗马帝国衰弱的大都会，用一个"拉丁帝国"取代了"希腊帝国"。

建立诺曼君主国的道路

随着最后一个拜占庭堡垒巴里（1071 年）和由伊斯兰统治的西西里岛上最大、最富裕的城市巴勒莫（1072 年），以及存续时间最长的伦巴第公国萨勒诺（1076/1077 年）被攻占，来自法兰西北部的诺曼底战士和定居者在首次露面半个世纪后，就已将势力扩展到了整个意大利南部地区，尽管伯爵罗杰一世直到 1091 年才完全征服西西里岛。他的哥哥，普利亚公爵罗伯特·圭斯卡德，此前因攻击教宗国而被教宗格里高利七世施以绝罚，后来又在对战亨利四世皇帝的危急关头，于 1084 年保护了这位教宗的安全。他早在 1081 年就开始了对亚得里亚海另一侧拜占庭人的进攻，袭击了都拉齐翁 / 都拉斯（Dyrrhachion/Durrës，位于今阿尔巴尼亚），但于 1085 年死在了希腊的凯法利尼亚岛（Kephallenia）上。他的儿子博希蒙德（Bohemund，逝于 1111 年）是塔兰托的王公，是第一次十字军东征的主角之一，在被拜占庭占据的叙利亚的安提阿站稳了脚跟，使君士坦丁堡对整个军事行动极为反感。在家乡塔兰托，博希蒙德与他同父异母的弟弟"钱袋"罗杰（Roger Borsa，逝于 1111 年）是竞争对手，后者按照父亲的遗愿继承了普利亚公国，并因此于 1089 年在梅尔菲从教宗乌尔班二世那里获得封地。在与萨利安皇帝树立的对立教宗的斗争中，他和他的叔叔罗杰一世一样不可或缺。罗杰一世已经在与西西里岛穆斯林的战斗中得到了罗马的赞许，并于 1098 年从乌尔班二世那里获得了一项特权，即教廷需要得到他的批准才能派遣使节，甚至他自己及他的继任者也被授予了教宗使节的职权，这样一来，[54]"教会的自由"就要听命于一个甚至都还不是国王的世俗统治者。

而成为国王，恰恰是他的儿子罗杰二世（Roger II，1101~1154 年在位）的目标。罗杰二世在母亲的摄政下长大，直到 1112 年才亲政。为了让自己成为所有诺曼人的最高统治者，他不仅要迫使统治普利亚的（可以追溯到罗伯特·圭斯卡德的）欧特维尔家族屈服，还必须让分离出来的普利亚亲王国以及大陆上一些一心想要独立的男爵屈服，而教宗的封建领主们则试图阻止这样的权力集中在南方发生。事实上，无论是"钱袋"罗杰之子普利亚公爵威廉（1111~1127 年在位），还是博希蒙德那个于 1126 年接管了安提阿的同名儿子（逝于 1130 年），论顽强与计谋，都不能与罗杰二世匹敌。罗杰生前曾将他们从卡拉布里亚逼到绝境，威廉年纪轻轻就离开人世后，他声称自己是其继承人，以阻止教宗先一步攫取普利亚。作为回应，教宗何诺二世（1124～1130 年在位）将罗杰逐出教会，并与卡普亚伯爵罗伯特二世（Robert II，1127～1135 年在位，逝于 1156 年）以及心有不满的普利亚权贵们结盟。教宗接受这些贵族为直属封臣，但 1128 年两军交战显示了罗杰的优势，教宗被迫承认罗杰为普利亚、卡拉布里亚和西西里公爵。只有卡普亚和教宗直辖的贝内文托是例外，可是当卡普亚的罗伯特也于 1130 年投降时，罗杰已经拿下了坎帕尼亚，从而赢得了全面的胜利。同年进行的严重分化的教宗选举可谓天赐良机，因为罗杰的对手之一阿纳克莱图斯二世不得已满足了他的愿望。之所以出现这样的结果，原因是罗杰宣誓效忠，站到了阿纳克莱图斯二世一边，而作为回报，他获得了加冕为西西里国王的许诺，并且还虚构了一个说法，即西西里岛从遥远的过去就已经存在一个王国了。[55] 加冕仪式可能是由巴勒莫总主教在 1130 年圣诞节主持的，它使罗杰与另一位教宗英诺森二世及其背后的势力——帝国、法兰西和英格兰——彻底对立起来。皇帝洛泰尔三世在 1133 年的罗马之行中避开了他，但当 1137 年挺进至巴里时，他还是给罗杰造成了一些困扰，并让罗杰的（前）姐夫阿利费的雷努尔夫（Rainulf von Alife，逝于 1139 年）担任普利亚（对立）公爵，不过最终洛泰尔还是打道回府了。阿纳克莱图斯二世之死（1138 年）带来了挫败，那时英诺森二世不仅革除了罗杰二世的教籍，还出兵大伤了他的元气；但是罗杰再次凭借自己的军事实力攻克难关，在圣日耳曼诺（San Germano）俘虏了英诺森二世，因而教宗被迫于 1139 年 7 月 25 日在米尼亚诺（Mignano）承认了罗杰的王位，同时将普利亚和卡普亚分封给罗杰的两个儿子，从而确保了王朝的延续。

以这种方式登场亮相的欧特维尔君主统治被两个帝国视为篡权夺位。与欧洲的许多其他政权一样，它也是外来征服者的杰作，但独特之处在于，它并不以一个民族的统治者自居，而是强调一个来自古代的地名——"西西里"，而西西里岛本身被占领的时间相对较晚。罗杰二世借鉴拜占庭和阿拉伯时代的行政管理传统，在当地人的参与下组织起中央集权统治，西西里岛就是这个王权统治的中心地；同时，他也积极网罗各种力量，意图将统治扩展到大陆上，但在彼处，他的权威屡次遭受野心勃勃的诺曼权势者叛乱的挑战。在整个 12 世纪，这些源源不断从西欧前来的说法语的领主，处处与人口构成相当复杂的基督徒——不管是拉丁教会的还是希腊教会的——以及由于伊斯兰统治了西西里岛 200 多年，在岛上占比特别高的穆斯林对立。因此，欧特维尔家族实行了相对宽容的宗教和文化政策。相应地，罗杰二世主要用希腊文颁布公文，但也有拉丁文，可能还有阿拉伯文。1140 年前后，他颁布了一套针对全体臣民的法律汇编，这在当时的欧洲是独一无二的。这套借鉴了罗马—拜占庭、伦巴第和诺曼法例以及教会法的法律被笼统地称为《阿里亚诺法令》（Assisen von Ariano）。

阿莱克修斯一世和约翰二世统治下的拜占庭

东方帝国花了很多年时间才消化了曼兹科特战役（1071 年）惨败的事实。这一战导致拜占庭几乎把整个小亚细亚输给了土耳其塞尔柱人，而且后者建立了罗姆苏丹国（Sultanats Rum/Rom）[①]，其治所尼西亚距离帝国皇都只有几天的路程。

---

① 小亚细亚曾被称作"罗姆之地"。

更有甚者，拜占庭在意大利的最后一个前哨阵地巴里也在同一时间落入了诺曼人之手。也恰恰是从那时起，帝国才发展成一个主要的欧洲强国，以巴尔干半岛为中心（从前那里在帝国的视野中处于次要地位），长期以来那里最大的危险来自黑海北缘的佩切涅格人，同时斯拉夫民族中也出现了动乱，匈牙利的影响力也在不断提升。继两代气运不佳的皇帝之后，科穆宁王朝的阿莱克修斯一世（1081~1118年在位）为帝国带来了一个新的开端。他通过政变登上了皇位，并在贵族的广泛支持下，开启了一个王朝统绪延绵不断的时代。罗伯特·圭斯卡德在巴尔干半岛西南部发动的攻势直到圭斯卡德本人死后才瓦解，针对这场危机，拜占庭皇帝于1082年与（实力早已超过东罗马帝国及其盟友的）"威尼斯海洋共和国"结盟。威尼斯派出舰队帮助阿莱克修斯，作为回报，拜占庭授予它无与伦比的贸易特权，甚至将君士坦丁堡和都拉齐翁的大片城区转让给它。[56] 和士麦那（Smyrna）的埃米尔结盟的佩切涅格人甚至威胁到了帝国的首都，但多亏了（罗斯所惧怕的）库曼人的干预，拜占庭才得以在1091年将其击退。然而，帝国的局势依然岌岌可危，这就是阿莱克修斯一再向拉丁西方请求派遣骁勇的雇佣兵的原因。

1095/1096年，教宗乌尔班二世收到的求助引发了一场"成果丰硕"的误会，第一次十字军东征由此开启，它所展示的激情把拜占庭巴西琉斯未曾料到的问题推到了他的面前。虽然他在宣誓效忠于他的十字军的帮助下夺回了距离较近的尼西亚，并在小亚细亚西部占领了各种地盘，但是在穿越安纳托利亚的塞尔柱苏丹国后，1098年，拜占庭与"法兰克人"之间却在安提阿城下爆发了轰动的丑闻，因为后者违背承诺，没有交出这座未经拜占庭皇帝合作而攻占的、1084年以前一直属于拜占庭的城市，并开始在东方建立自己的统治。塔兰托的博希蒙德（逝于 1111 年）曾参与其父罗伯特·圭斯卡德在巴尔干半岛与拜占庭的战斗，最让拜占庭恼火的是，他现在自立为安提阿王公并从那里攻击拜占庭皇帝在奇里乞亚的前哨，不过并没有成功。博希蒙德于 1104/1105 年返回意大利，只是为了在 1107 年再度进攻都拉齐翁；但 1108 年他与拜占庭签订和平条约，被迫承认拜占庭皇帝对安提阿的主权（至少在羊皮纸上是这样规定的）。阿莱克修斯一世的胜利再次归功于威尼斯人，他们在接下来的几年中征服了达尔马提亚海岸，地位安稳无虞；在此期间，巴西琉斯则忙于抵御匈牙利在巴尔干半岛上的攻势。不过，阿莱克修斯一世再也不能在安提阿或其他十字军国家施加任何明显的影响了。

他的儿子约翰二世（Johannes II Komnenos，1118~1143 年在位）起初与威尼斯保持距离，并且没有延续父亲授予威尼斯的特权，因为在此之前，阿莱克修斯一世已于 1111 年授予威尼斯的竞争对手比萨贸易特权，得到了一个新的合作对象。尽管与佩切涅格人的战争取得了决定性的胜利（1122 年），在巴尔干半岛对战塞尔维亚人也节节胜利，但拜占庭在海上仍须依赖威尼斯，后者通过袭击希腊沿海城镇和岛屿展示了自己的军事实力，并迫使拜占庭在 1126 年恢复了威尼斯以前优厚的权利条件。与诺曼人（在意大利南部和安提阿）的恩怨促使约翰二世至少以提供支援的方式，加入了拉丁西部反对西西里岛罗杰二世之崛起而缔结的广泛联盟。该联盟得到了教宗英诺森二世、皇帝洛泰尔三世、比萨、威尼斯和热那亚的支持，可惜最终未能发挥作用。1137 年，约翰亲自出兵攻打被穆斯林削弱了实力的受"法兰克人"控制的安提阿公国。其新任统治者普瓦捷的雷蒙（Raimund von Poitiers，1136~1149 年在位）不是诺曼人，他知道自己别无选择，只能正式向拜占庭宣誓效忠，但还是设法阻止了城市的移交。为防止西方再度对自己出手，时隔数百年，东方再一次提议两个帝国联姻，霍亨施陶芬国王康拉德三世的小姨子苏尔茨巴赫的贝尔塔（Bertha von Sulzbach）于 1142年前往君士坦丁堡，成为皇帝幼子曼努埃尔的新娘。显然，按预期攻占安提阿之后，曼努埃尔将得到包括塞浦路斯在内的新公国，这将有助于帝国控制黎凡特地区。然而，就在这场将要从安提阿延伸到耶路撒冷的战役刚要开始时，皇帝约翰二世在狩猎时被致命的箭射中。由于随军出征的曼努埃尔匆忙赶回君士坦丁堡以确保自己登上皇位，这场军事行动被迫取消。

曼努埃尔一世时期的科穆宁王朝、霍亨施陶芬王朝和欧特维尔王朝

作为皇帝，科穆宁王朝的曼努埃尔一世（1143~1180 年在位）延续了其父皇的新西方政策，但他比其父皇更明确地强调了收复被诺曼人占领的意大利南部的目标，换言之，人们会看到，拜占庭建立一个万众臣服的帝国的雄心已经延伸到拉丁西方的地盘了。鉴于贝尔塔将会成为拜占庭皇后，康拉德三世将她收养为国王之女；并且为了完成与贝尔塔的婚约，曼努埃尔让霍亨施陶芬王朝许诺，将在征战意大利过程中积极帮忙攻打普利亚，作为这场婚事的"嫁妆"。1146 年，婚礼盛大举行，来自西方的新娘在拜占庭被称为"伊琳娜"（Eirene），但共同攻打诺曼政权的计划未能实现，因为第二次十字军东征优先于欧洲的各种联盟和行动。德意志国王和法兰西国王都无甚收获，而国王罗杰二世却趁机占领了北非海岸的重要港口，并于 1147 年通过科孚岛深入希腊，劫掠了科林斯（Korinth）、雅典和底比斯等城市，这些城市都是拜占庭的丝绸生产中心。尽管 1148 年巴西琉斯再次在威尼斯的

299

帮助下（在特权得到确认后）发起了有效的反击，但他仍有充分的理由在康拉德三世返程之前，在塞萨洛尼基与之重申这段为攻打诺曼政权而缔结的盟友关系。更重要的是，罗杰二世长期以来与康拉德三世的国内政敌韦尔夫六世以及匈牙利国王盖萨二世缔结反拜占庭联盟，此时似乎正在向刚从巴勒斯坦返回、中途到访西西里岛的法兰西路易七世示好。然而，直到 1152 年初去世，霍亨施陶芬国王康拉德都没有履行干预意大利事务的诺言，这不仅是由于他自身长期抱恙，以及阿尔卑斯山以北局势不稳，个中可能也有越发担心拜占庭真的会重返意大利的缘故。人们认为，要想为继承人亨利（六世）① 安排婚事，或者甚至是让丧偶的国王本人与博斯普鲁斯海峡对岸的一位公主联姻，都意味着需要安排一份新的、价值超过上一次的"嫁妆"。

300　　接替康拉德之位的"红胡子"弗里德里希一世显然从一开始就不打算让东方帝国获得意大利，情愿于 1153 年向教宗请求以自己的名义与诺曼人作战。但曼努埃尔没有放弃，派遣使者穿过亚得里亚海，于 1155 年 8 月与刚接受完皇帝加冕礼从罗马返回的"红胡子"弗里德里希在安科纳（Ancona）相遇，曼努埃尔向其提供了大量金钱，试图说服他联手对抗西西里王国。虽然这个机会对他似乎很有利，因为罗杰二世去世（1154 年）后，他的王位继承人威廉一世（1154~1166 年之位）起初陷入了内部困境，但"红胡子"弗里德里希身边的权势者们大多数并不赞成在南方作战，因此这位西方皇帝继续踏上了归途，"心中不无苦涩"。[57] 拜占庭单独发起的一次进军短暂夺取了布林迪西（Brindisi）和普利亚的好几个地方（1155/1156 年），但很快就暴露了自己实力过于薄弱的

---

① 康拉德三世英年早逝的儿子亨利（1137~ 约 1150 年）。

事实，尤其是威廉国王暂时重新占据了上风，甚至把威尼斯拉到了自己一边。结果，不仅教宗哈德良四世于 1156 年在贝内文托与诺曼人达成了协议，而且在他的调解下，曼努埃尔也消除了宿怨，于 1158 年与西西里缔结了长达 30 年的和平条约。

不管怎样，有大约 25 年的时间里诺曼政权与东方帝国保持着距离，当然，此中也有当时西西里国内仍时有动荡的缘故。威廉国王的统治很快就遭到了来自本土男爵和大陆城市的强烈抵制，不仅如此，还在 1160/1161 年陷入了最严重的危机，宰相在西西里岛的骚乱中被杀，随后王室成员落入了袭击巴勒莫王宫的暴乱者之手，最后年轻的王位继承人也死于骚乱。在此期间，曼努埃尔皇帝不再与"红胡子"弗里德里希一起追逐他在意大利的宏愿，而是公开反对他，并在经济上支持所有那些受到霍亨施陶芬家族权力威胁的人和地区，包括在诺曼人那里找到长久庇护的教宗亚历山大三世、与这两方结盟的伦巴第城市以及威尼斯。被西罗马皇帝摧毁了的米兰城的执政官转而向东罗马皇帝效忠宣誓，后者则向教宗亚历山大三世索要"罗马帝国的王冠"[58]。此举可能不是要取代被绝罚的弗里德里希加冕为皇帝，而是确认自己拥有唯一的皇帝地位和对罗马的主权。为此，曼努埃尔显然希望希腊教会和拉丁教会合为一体。

1167 年夏天，"红胡子"弗里德里希在罗马被击败，局势突然缓和下来，此时未成年的威廉二世（Wilhelm II，1166~1189 年在位）已经在巴勒莫继承了父亲的王位——为避免发生新的暴乱，人们一直隐瞒先王的死讯，直至新王登基。1167 年，曼努埃尔向身边围绕着一群大多来自法兰西的谋士的摄政太后玛格丽特（Margaret）提议，要将自己的女儿玛丽亚（Maria）嫁给年轻的国王，但遭到了王室议事会的拒绝

301

（有可能是出于对希腊人的厌恶）。五年后，长大成人的威廉二世准备再次迎娶这位新娘，但这次曼努埃尔突然收回成命，因为他发现让玛丽亚和"红胡子"弗里德里希的儿子亨利六世结婚更为理想（不过这次同样未能实现）。自 1170 年以后，他再度与霍亨施陶芬皇帝开展谈判，因为在与威尼斯冲突迅速升级的背景下，他希望与对方一起重新在意大利开展行动。争端始于这座潟湖城市拒绝继续向拜占庭提供达尔马提亚海岸的舰队援助；1171 年，帝国下令逮捕帝国境内的所有威尼斯人并没收他们的财产，不管是不是因其特权而遭到憎恨的商人，这使矛盾恶化到极点。在遭到西西里和威尼斯这两个昔日合作伙伴的冷落后，曼努埃尔的使节在安科纳登陆，但他们不得不认识到，此时已没有人愿意支持他们；甚至连"红胡子"弗里德里希也不支持他们了，1173 年，这位霍亨施陶芬皇帝还将桥头堡围攻了数月之久。曼努埃尔反复无常的政策使他陷入了完全孤立的境地。1175 年，威尼斯重新与诺曼人结盟，1177 年为霍亨施陶芬皇帝与教宗之间缔结重大和约创造了条件，并通过达成长期休战协议，让西西里王国也最终得到了西方帝国的承认。1176 年，曼努埃尔在密列奥塞法隆惨败于塞尔柱人，这进一步折损了他在西方的声望。他的最后一步棋是于 1178 年安排王位继承人阿莱克修斯二世（Alexios II）与一位法兰西公主结婚，可惜这再也不能挽回他精心设计的西方政策已完全落空的事实了。

安杰洛斯王朝统治下的拜占庭和巴尔干地区

曼努埃尔一世于 1180 年 9 月 24 日逝世，这成为拜占庭历史上的一个转折点，因为接连三位科穆宁王朝皇帝共统治了 99 年之久；而随后的短短 24 年，帝国迎来送往了六位统治者，他们全数被推翻了，而且（除一位外）都不是自然死亡的。权力之巅的风云变幻让帝国持续处于动荡和镇压的交替中，导致地区统治者事实上的独立，并怂恿来自东西方的外敌采取更大胆的行动。所有这些因素结合在一起，将帝国推向毁灭。令拜占庭丧失欧洲强国地位的致命因素之一是民众（尤其是君士坦丁堡的民众）对日渐富强的拉丁世界的普遍愤怒，1171年，这种社会情绪已经在针对威尼斯人的暴行中暴露无遗了。就连曼努埃尔的遗孀玛丽亚（Maria）也受到这种现象的制约：她试图成为她 11 岁的儿子阿莱克修斯二世（1180~1183年在位）的摄政者，但由于她出身于"法兰克人"的安提阿王室，故而被人们贬斥为"外国人"。1182 年，皇都爆发了针对所有拉丁人，尤其是热那亚人和比萨人的暴力事件，成千上万的人被屠杀或被迫逃亡。曼努埃尔的堂弟安德罗尼卡一世（Andronikos I，1183~1185 年在位）成为新的统治者，他起初接替玛丽亚担任阿莱克修斯二世的摄政者，不多时就命人杀死了幼帝母子，自己登基为帝。仇外情绪很快就招致恶果，促使意大利沿海城市组织起武装反击，但由于拜占庭的舰队里西方雇佣兵所占比例很高，所以他们自己也陷入了瘫痪，这使西西里诺曼人可以放开手脚发动新的侵略。1185 年，在莱切的坦克雷德伯爵（后成为国王）的指挥下，诺曼人一直推进到塞萨洛尼基，掠夺了（自东方失守以来）这座帝国第二重要的城市，随后甚至将目光投向了皇都君士坦丁堡。危机由此爆发，罢黜皇帝的事情再一次发生，在为科穆宁王朝效力时崛起的安杰洛斯家族开始掌权，伊萨克二世（Isaak II，1185~1195年、1203/1204 年在位）登上皇位。他成功将诺曼人赶出了希腊的大陆部分，却再也无法阻止帝国在巴尔干半岛以北之式微。

　　匈牙利阿尔帕德王朝在皇帝曼努埃尔死后与科穆宁王朝保持了数十年的密切关系，之后背离了拜占庭，并在国王贝拉三世的领导下再次向西进发；而在斯蒂芬·尼曼雅（Stephan Nemanja，1166~1196 年在位，逝于 1199 年）的推动下，早已开始的将信仰东正教的塞尔维亚人从帝国控制下解放出来的进程取得了决定性的突破。作为拜占庭在拉什卡扶植的代理人，他在 1180 年后将势力从亚得里亚海沿岸［杜布罗夫尼克（Dubrovnik）］扩展到索非亚（Sofia），并于 1189 年在尼什（Nisch）遇到了东征途中的"红胡子"弗里德里希。他试图说服皇帝支持他与"希腊国王"作战，可惜没能成功。[59] 而尽管 1190 年他在摩拉瓦河（Morava）上被这位"希腊国王"伊萨克打败，但塞尔维亚人仍能长期坚守自己的地盘，并建立了尼曼雅王朝，一直统治着这个国家（1217 年起称王），直到被奥斯曼帝国征服。与此同时，在更遥远的东方，同样信仰东正教的保加尔人在巴尔干山脉和多瑙河下游之间卷土重来，他们的上一个帝国于 971 年、1018 年被拜占庭占领了。在多瑙河以北的库曼人的支持下，一对贵族兄弟西奥多 - 彼得（Theodor-Petros，逝于 1197 年）和阿森一世（Asen I，逝于 1196 年）登上权力顶峰，大本营设在特尔诺沃（Trnovo），并自 1186 年起重新采用 10 世纪统治者用过的沙皇头衔。他们还在 1189 年寻求与西方的霍亨施陶芬皇帝接触。兄弟俩后来都被谋杀了，但他们的弟弟卡洛扬（Kalojan，1197~1207 年在位）成功在色雷斯和马其顿获得了更多土地，并占领了黑海港口瓦尔纳（Varna），从而巩固了保加利亚第二帝国，并于 1201 年通过与拜占庭签订和约确保了征服的成果。在与教宗英诺森三世就结盟之事进行谈判后，1204 年卡洛扬从罗马使节手中接过了一顶王冠；其间他还与占领着君士坦丁堡的拉丁帝国开战。拉丁帝国的第一任统治者鲍德温于 1205 年战败，最终命丧于保加利亚的囹圄之中。

对皇帝伊萨克二世来说，相较于打破了拜占庭对巴尔干民族之控制的第三次十字军东征，西西里王国的事态发展更为重要。威廉二世英年早逝（1189 年）后，莱切的坦克雷德伯爵力压主张自己有王位继承权的"红胡子"弗里德里希儿媳康斯坦丝（及其夫君亨利六世），被推举为国王。尽管几年前他才刚刚领导了诺曼人对拜占庭的掠夺和征服行动，但在君士坦丁堡方面看来，与其让霍亨施陶芬王朝建立一个双重帝国，这位坦克雷德伯爵（1190~1194 年在位）上位算是两害相权取其轻了。伊萨克的女儿伊琳娜（Eirene）于 1192 年嫁给了坦克雷德的长子罗杰（三世），但由于罗杰在 1193 年至 1194 年之交去世，而坦克雷德本人也在几周后去世，拜占庭与西西里王国的联盟前景一片晦暗。除了小儿子威廉三世（逝于 1198 年），亦即欧特维尔家族的最后一位继承人，亨利六世要对付他并不费力，余留在世的还有守寡的拜占庭皇女。她与亨利最小的弟弟菲利普（Philipp）订婚，并在 1197 年菲利普成为施瓦本公爵时完婚。大约在这个时候，她的父亲伊萨克二世已经不再是巴西琉斯了，因为他在 1195 年前往巴尔干半岛的途中被自己的弟弟安杰洛斯王朝的阿莱克修斯三世（Alexios III Angelos，1195~1203 年在位）击败并弄瞎了双眼。新皇帝不得不忍受保加尔人日渐强盛的势力，而且同样无药可救的是，他发现自己的统治权威已几近中空，实际可掌控的范围有可能已收缩到皇都附近了。亨利六世在十字军东征开拔前夕威胁阿莱克修斯，扬言西西里王国要再次入侵希腊，皇帝由此被勒索了高额贡金，一度被迫在国内征收一种被称为"阿雷曼人税"（Alamanikon）①的特别税。

---

①　即"给德意志人缴的税"。

第四次十字军东征

1201 年，阿莱克修斯 ①——失明的前代皇帝伊萨克二世之子，逃出君士坦丁堡的牢狱来到西方，鼓动人们反对他执政的叔父阿莱克修斯三世，尤其是要求他那位自 1198 年成为霍亨施陶芬一派的德意志国王 ② 的妹夫菲利普对篡位者实施积极报复。来到西方时，他刚好遇到人们在为新一轮十字军东征做准备。这次行动是教宗英诺森三世发起的，没有世俗君主的参与。教宗意图避开陆路的危险，通过海路前往埃及，并从那里出发收复 1187 年失守的耶路撒冷。威尼斯被命令参与东征，年迈的总督恩里科·丹多洛（Enrico Dandolo，1192~1205 年在位）亲率舰队，他决心从这次行动中谋取经济利益，乃至政治利益。结果人们发现，1202 年聚集在威尼斯的十字军主要来自法兰西，也有来自德意志和意大利的，然而由于总人数太少，他们无法支付之前商定的高昂的船运费用；但又不能无限期地等待出发，于是通过为威尼斯提供军事援助来弥补钱款的缺口，并在东征途中夺下达尔马提亚港口城市扎拉 / 扎达尔（Zara/Zadar），亦即 1181 年"最尊贵的威尼斯共和国"③ 对战匈牙利国王时丢掉的那座城市。不料十字军于 1202 年 11 月袭击并抢掠了一座基督教主教城市，该城的统治者自己也未能幸免于难，④ 这让教宗大为光火，立即对相关人员施以绝罚。菲利普国王的使节和前文提到的阿莱克修斯在接下来的冬歇期间

---

① 后来的阿莱克修斯四世。

② 此时的另一位德意志国王是韦尔夫家族扶立的奥托。

③ 拉丁语中传统上称 "La Serenissima"，意大利语中称 "Serenissima Repubblica di Venezia"。

④ 这座城可能就是指扎拉（Zara），劫掠该城并进行分赃是为了填补上文所说的那部分欠款。

出现在扎拉，劝说十字军讨伐君士坦丁堡的篡位者阿莱克修斯三世，理由是这样就能一举解决他们的债务问题，并且能为后续的东征行动开辟新的资金来源，于是大多数人都同意了，只有少数人失望地选择了回乡。时至今日，人们仍然无法确知，这个完全符合威尼斯利益的转折，是否在出发前就经过了慎重的讨论，反正教宗又一次鲜明地表示了反对，尽管是事后才表态的。无论如何，根据 1203 年 5 月与阿莱克修斯（四世）达成的协议，舰队从科孚岛出发，于 6 月 24 日抵达君士坦丁堡。短暂交战过后，7 月 17 日，阿莱克修斯三世就认败（带着国库的钱财）逃走了。

现在，由"瞎子"伊萨克二世及其儿子、共治皇帝阿莱克修斯四世实施的统治激怒了这座城市敌视拉丁人外来统治的居民，同时也激怒了驻扎在城墙外的十字军，因为许诺给他们的财富并没有兑现。1204 年 1 月，两位皇帝都成了政变的牺牲品，阿莱克修斯三世的女婿阿莱克修斯五世登上了岌岌可危的王位。他撤销了对拉丁人和威尼斯军队的所有承诺，但他想必也很清楚，十字军在此困境中别无选择，只能动用武力夺取被剥夺的东西。1204 年 4 月 13 日，他们攻入了这座当时整个基督教世界里最大、最富裕的城市（这也是该城头一次有外敌踏足），接连数日大行抢掠，"战利品之多，为开天辟地以来任何城市所罕见"[60]，并用一位拉丁皇帝——十字军行列中的弗兰德伯爵鲍德温九世（Graf Balduin IX von Flandern）——取代了逃亡中被杀死的阿莱克修斯五世。新皇帝于 5 月 16 日在圣索菲亚大教堂（Hagia Sofia）举行了加冕仪式。根据事先达成的协议，这座城市和拜占庭帝国现有领土的 3/8 归威尼斯人所有，1/4 归新皇帝所有，其余 3/8 留给十字军诸首领建立各自的统治，这样的分配也反映了各方的力量强弱。可以说，这样一场巨大的变革动摇了中世纪欧洲政治与宗教秩序之

307 　基石，鉴于此，教宗英诺森三世最初虽谴责了种种暴力行为，后来却与十字军媾和，承认他们的所作所为是对十字军誓言的践行，是希望能争取希腊人归顺罗马教会。一位听命于教宗的威尼斯人被任命为君士坦丁堡牧首，但事实证明，想用政治权谋消弭掉东西方几个世纪以来在文化和精神上形成的鸿沟，纯属妄想。

第五章
1200 年前后的欧洲

即使到了 1200 年前后，人们在地理上对于"欧洲"的认知仍然十分抽象，许多中世纪世界地图把欧洲大陆画成占地球总面积 1/4 的规模，但很少有生活在其中的居民真切而具体地感知到作为一个整体存在的欧洲，从而产生归属感。在 12~13 世纪，当人们在世界学（Kosmographie）[1]或神话语境[2]之外提到"Europa"这个概念时（这种情况很少发生），它总是不太准确地等同于"拉丁基督教"；而后者在当时往往更常被称作"Christianitas"或"ecclesia"，与世界其他地区（包括伊斯兰教）的"异教"（Heidentum）构成对立概念。信奉基督教的欧洲统治者们并立共存，这样一种政治图景，在人们的认知中，就和单独为欧洲大陆绘制的地图一样罕见。

然而，毋庸置疑的是，直到中世纪中期，确实出现了一些独属于欧洲的、其他大陆所没有的共性——尽管不能说是整个欧洲，但至少是在欧洲的主要部分出现并不断扩展到了更多地方。我们必须强调加洛林王朝的法兰克帝国所具有的先锋意义，它为欧洲在社会、政治、宗教和思想等各方面的发展开辟了道路，而这些发展成果恰恰很有可能塑造了欧洲在世界历史上所扮演的角色。本章将对此进行总结。

---

[1] 中世纪时的"世界学 / 寰宇观"指的是整个物质世界，与今天所说的"宇宙学"（cosmography）研究的范畴有区别。

[2] 指神话人物欧罗巴，被爱慕她的宙斯带到了另一片大陆，也就是现今的欧洲。

1200年前后的欧洲

克里斯蒂安

挪 威 王 国

苏格兰王国

因弗内斯

爱丁堡

阿马斯拉

北 海

丹麦王

杜伦

约克

石勒苏益格

爱尔兰

伦斯特

利默里克

科克

都柏林

汉堡

不来梅

英格兰王国

明斯特

亚琛 科隆

马格

伦敦

布鲁日

亚眠

列日

法兰

大 西 洋

（1200年
英格兰占领）

鲁昂

兰斯

巴黎

奥尔良 科尔贝

沃尔姆斯

梅斯 施派耶尔

维尔

雷

奥格

昂热

希农

图尔

特鲁瓦

斯特拉斯堡

巴塞尔 康斯坦茨

洛桑

特尔

普瓦捷

法 兰 西 王 国

里昂

米兰

都灵

波河

圣地亚哥-德
孔波斯特拉

莱昂王国

波尔多

克莱蒙

卡奥尔

阿维尼翁

阿尔勒

热那亚

斯波

莱昂王国

布尔戈斯

潘普洛纳

图卢兹

纳博讷

马赛

比萨

佛

波尔图

萨拉曼卡

卡斯蒂利亚
王国

阿拉贡
王国

赫罗纳

科西嘉岛

罗马

疆

圣塔伦

里斯本

阿尔坎塔拉

托莱多

马德里

塔拉戈纳

巴塞罗那

教宗

撒丁岛

巴达霍斯

科尔多瓦

瓜迪亚纳河

巴伦西亚

巴利阿里群岛

卡利亚里

塞维利亚

加的斯

格拉纳达

卡塔赫纳

地 中 海

突尼

马

丹吉尔

休达

马拉加

博纳

梅利利亚

阿尔及尔

菲斯

阿 尔 摩 哈 德 王 朝

加贝

的

罗马帝国疆界

0 300 600 km

1 人口增长和城市化发展

进入新千年以后，欧洲各地的人口都实现了大幅增长，这主要得益于良好的气候条件和没有发生重大流行病、自然灾害或敌对冲突。尽管能够证明这个趋势的可靠的定量研究并不多，但作为一种影响广泛的现象，我们可以从相关的各个生活领域清楚地看到人口增长带来的变化。例如，人们对粮食和自然资源日益增长的需求要求不断提高农业产量，而提高农业产量的途径是改进耕作方式，尤其是在（通常是有指挥的）土地开发过程中扩大可耕种土地面积；大规模砍伐森林、改造沼泽地和开垦坡地为建造大量新的居住区和铺设交通路线奠定了基础，从而改变了许多地区的地貌。此外，通过从人口较稠密的地区向原先人口稀少的地区移民，例如在西班牙和法兰西，人口由北向南迁移，在中欧则主要是由西向东或东南迁移，人口在广大的地理空间上实现了一定的平衡。为此创造条件的封建领主能够通过人口迁移巩固其统治，但参与这个进程的农民也因为增加了权利和减轻了负担，而在劳动价值的提高中获得利益。

中世纪盛期人口变迁所带来的最重要影响是城市的繁荣发展。作为非农业经济活动（即贸易和各手工行业）的中心，城市对农村人口具有强大的吸引力，因此它们的规模迅速扩大，数量迅速增加，从 12 世纪开始，甚至有一些是专门为此而新建起来的。城市化并没有改变绝大部分人口仍然与农业绑定在一起这个事实，但这也让拉丁欧洲重新建立起了一种自古代以来，在东方帝国（君士坦丁堡）和伊斯兰世界（科尔多瓦、巴勒莫、开罗、大马士革）就不曾衰微的文明形态（Zivilisationsform）。11 世纪早期，这种发展发端于意大利北部地区，很快越过阿尔卑斯山，蔓延到德意志、法兰西和英格兰，到 12 世纪，也开始蔓延到缺乏罗马传统的地区。与周围以农业生产为主并受封建领主控制的农村地带相区隔，是城市的典型特征。而这不仅是因为它们建有明显的城墙，而且最重要的是，它们有着自己独特的、因地而异的，在长期发展中渐渐成熟固定下来的法律地位。它承诺公民（至少是经济统治阶级）应享有个人自由，而且有权参与到拥有集体决策机制的社群中。在大多数情况下，这经历了一个逐渐演变的过程，并且对欧洲的政治思想产生了长远的影响。市民共同的经济成就转化为外部力量，在威尼斯的崛起中体现得最为明显。威尼斯早在 1000 年前后就在地中海地区展示出独立自治的形象，并成为意大利其他滨海城市的典范，后来又在伦巴第联盟中发挥影响，阻止了"红胡子"弗里德里希在"帝国属意大利"称霸。然而，阿尔卑斯山北麓的帝国在萨利安王朝晚期，以及英格兰和法兰西 12 世纪的历史，都显示了市民团体在各自国家的政治建设中呈现崭新的影响力。

2　贸易和通信

城乡紧密依存的局面得到了巩固，商品贸易也随之焕发生机；扩大种植面积所带来的粮食过剩，以及手工业产能和商贸效率的提升，也都对此产生了积极影响。为了满足地区需求，越来越多定期开办的市集出现了，这些市集通过缴纳关税而受有关当局的监管和保护，往往还会逐渐发展出城镇来。高价值商品的海上贸易早已有之，但得益于十字军东征，这种贸易在地中海地区也经历了一次强劲的增长。而由于周游甚广的商人群体在伦敦和诺夫哥罗德之间广设商行，北海和波罗的海沿岸的贸易也大有发展，13 世纪更是从中诞生了"汉萨同盟"。在 12~13 世纪，具有跨区域属性的固定市集成为欧洲远程贸易的枢纽，将四面八方的供应商和采购商聚集在交通便利的地点。例如在香槟地区不同地点开设的市集，原本主要是为了将弗兰德和尼德兰地区的纺织品出售给意大利的批发商，而随着时间的推移，它们逐渐发展成了繁荣的金融市场。

货币交易的扩大是商业取得成功的一个重要先决条件。到了 12 世纪，货币交易已深入农村地区，大规模取代了自然经济；而通过财政援助和精确量化税收的形式，它也在"高阶政治"（Hohe Politik）① 中发挥起越来越重要的作用。伦巴第和托斯卡纳地区的贸易城市最早萌生了对大额货币的需求，亦即需要比长期贬值的加洛林银芬尼（Silberpfennig）面值更大的钱币，于是大约在 12 世纪 70~80 年代，人们开始铸造比加洛林银芬尼重 8~12 倍的格罗索（Grossus）。13 世纪时，阿尔卑斯山另一侧有不少地方也开始仿制大额银币，但没过多久就被首批仿照阿拉伯和拜占庭样式铸造的金币超越。皇帝弗里德里希二世最早自 1231 年起使用这种金币，从 1252 年开始，意大利的一些城市也将其投入市场流通。除此之外，热那亚很显然在 1200 年前后就发展出了早期的无现金支付形式——汇票，使意大利成为欧洲银行业的摇篮。

在中世纪盛期，跋山涉水、跨越欧洲诸国边界的并不仅是携带货物的商人，还有别的原因驱使人们不畏艰险地长途跋涉，在没有任何先进工具辅助的情况下，他们一天走不到 25 公里，要历时数周乃至数月才能到达遥远的目的地。例如，自古以来就有不计其数的朝圣者跨越阿尔卑斯山前往罗马朝拜使徒之墓，从 10~11 世纪开始，更是有越来越多的朝圣者前往

---

① 在国际关系理论中，"高阶政治"指的是国家上层政治，关注主权国家之间的关系、军事、安全等宏观议题，与主要关注经济、社群、文化议题的"低阶政治"相对。

圣地亚哥 – 德 – 孔波斯特拉的圣雅各墓；而自匈牙利开放国界以后，朝圣者甚至可以走陆路经君士坦丁堡前往耶路撒冷。沿着最热门的朝圣路线开设的客栈成了服务业的先驱。除朝圣者外，也有一些擅长从事智识活动、流动性极强的人群住在这些客栈，例如艺术家、建筑师、医生和吟游诗人，他们并不是在固定地点赚取经济收入的，所以一会儿生活在此处，一会儿又生活在别处。此外，尤其是在法兰西和意大利，在出现正式的大学之前，已经有越来越多的学生四处漫游，寻访德高望重的导师和学校。迅速扩张的新修会（克吕尼修会、熙笃会、普赖蒙特莱修会）的领袖们也需要踏上旅途、跨过国界，因为他们只有通过相互监督和个人接触才能保持其组织的特性，也就是说，在 12 世纪每年都要穿越半个欧洲，齐聚一堂召开教团大会。宗座改革之后，教廷希望有效领导整个拉丁教会，这也导致了大量的旅行，并且与其说是教宗本人的旅行，不如说是他们的使节和其他信使的旅行；他们旅行的方向刚好跟那些被召唤到教廷〔如总主教去教廷领披带（Pallium）〕，或者那些自己主动去那里申请特权、豁免或法律意见的人相反。由教宗在罗马拉特兰大殿召开的宗教会议，会聚了来自所有拉丁基督教国家的数百名主教和修道院院长，是全体教会交相往来的重头戏。由于神职人员都接受了相似的拉丁语教育，相互理解变得容易，这也使许多高级神职人员得以"跨国"从业。不懂拉丁语的商人和朝圣者则最好能掌握一门主要的通用语言，例如地中海地区的通俗拉丁语（Volgare）、西部地区的法语，或者欧洲中部和更东部地区的德语。

3　贵族、王室和教会

316

中世纪欧洲的每一个社会都有一个世袭贵族阶层，他们以社会声望和财富为基础，拥有使用武器的特权，并根据保护和统治原则，有权对手无寸铁之人进行统治。这样的贵族阶层既是所有高阶政治秩序的基础，同时也是其最大的威胁，因为他们的血液中流淌着以武自卫的意愿，对国王反戈一击并不是什么罕见的事情。因此，他们高度重视与他人达成基本共识，即使不能与所有人，也要与尽可能多的权势者达成共识——毕竟这些大人物无不钩心斗角，谋求扩大和巩固自己的主权范围，在王朝统治中力争更高地位，并竞逐关键的教会职位。贵族仰仗着统治者的青睐，统治者则清楚自己在军事和行政上依赖于"他们的"贵族的支持。这导致的结果是，顶级王公集团以牺牲大批小贵族的利益为代价，不断获取更大权力，而这些小贵族只能消隐于历史的尘烟之中。于是，在 12 世纪的各个王国，国王们开始借助雇佣军和从社会底层爬上来的役人制衡王公贵胄的权力，好避免离了贵族的"慈悲"便无法稳坐江山的局面。

与东西方罗马帝国无远弗届的"皇权"理念不同，"王权"往往关乎某个特定的民族，但这可能是成功建立国家的结果，而不是前提。8 世纪中叶，加洛林王朝从墨洛温政权时期的贵族跃升为法兰克人的国王，并得到了主教的祝福和教宗的傅油，以此为榜样的一种与基督教及教会密切关联的君主制在欧洲蔓延开来。在斯堪的纳维亚半岛的北部日耳曼民族、西斯拉夫和南斯拉夫民族（包括匈牙利人）、东斯拉夫民族的罗斯人中，10~11 世纪国家建设的进程往往是由某位权势者战胜了和他旗鼓相当的一众对手而推动的，通过接受洗礼，他的领导地位便被赋予了一层新的特质。因为这一步骤意味着他获得了皇帝／巴西琉斯以及教宗／牧首的承认，在此基础上，可以进一步用"国际社会"公认的仪式对其统治权进行神圣认证，例如由神职人员主持加冕礼和傅油礼。这些仪式强调了统治者的地位高于所有那些虽仍很强势但没有得到神圣认证的贵族。有史

料证明，在匈牙利 1000 年和波兰 1025 年，但未能延续，
1076 年再次举行这样的仪式很早就举行了；在克罗地亚 1076
年和波希米亚 1086 年，但未能延续，1158 年再次举行，以及
在挪威 1163/1164 年、丹麦 1170 年、瑞典 1210 年和塞尔维
亚 1217 年的基督教传播进程中则明显出现得较晚；而在诺曼
人统治的西西里王国，1130 年的加冕礼和傅油礼更是一个特
殊的事件。在伊比利亚半岛，国王受膏仪式早在西哥特晚期就
已经举行过，但到了中世纪盛期却只是偶尔才举行（1038 年、
1072 年、1111 年、1135 年和 1204 年），相比之下，盎格
鲁－撒克逊国王在 8 世纪晚期就已经对此仪式习以为常了。这
种形式的君主制在爱尔兰和威尔士并没有实现，直到英格兰国
王从外部夺权，这两个地方才实现了权力集中。

人们相信，王权是神意所授，神的旨意既体现在权贵们
几乎意见一致地推举了某位候选人上，也体现在先王们的血统
上。这两项原则在理论上存在冲突，在实践中却常常能相互
调和。在中世纪的欧洲，王位继承的观念正变得越来越深入
人心。只有德意志帝国仍然长久地坚持着法兰克的王位选举模
式，皇帝亨利六世在 1195/1196 年试图学西西里那样进行王位
世袭，但未能成功；而在法兰西，由于卡佩王朝的王子们相继
登基称王，传统的国王选举制越发沦为对既定结果进行表决通
过，在 1200 年之后更是被彻底废弃了。有史料记载，北欧王
国曾举行大型的选举大会，从有王室血统的候选人中选择继位
者；英格兰和西西里岛的诺曼征服者则因循严格的世袭法则，
权贵只有在特殊情况下才能参与决定。通常来说，王位在王室
家族内部传承，在特定情况下，传给未成年继承人或女性继承
人的做法也不鲜见，在伊比利亚诸国和中东欧地区亦是如此；
不过直到 13 世纪，由于王位争夺激烈，长子继承原则才普遍
得以确立。总体而言，这样的发展趋势显然对统治王朝较为有

318

利。某种程度上，统治王朝深深塑造了王国的特质，即使在 12
世纪整个王权崩溃并解体为不同的公国时，国家的特质仍能延
续数百年，因为这些公国实际上也仍然完全掌握在波兰的皮雅
斯特王朝和罗斯的留里克王朝手中。

君主制的基督教基础不仅体现在统治者的更迭上，还体现
在政治日常中。由于教会是书写文化的宝库，因此在基督教信
仰广为传播之后，只有在神职人员的帮助下，以成文指令为基
础的统治模式才有可能实现。加洛林王朝早期将神职人员组织
在统治者身边形成了一个"宫廷礼拜堂"，负责礼拜、咨询和
通信，这种组织方式被"年轻"欧洲的受过洗的国王们广泛采
用。不同于由博学广闻的世俗人士占主导地位的拜占庭宫廷，
在拉丁西方，国王的书信往来和政令颁布由神职人员全面掌握
着。12 世纪，只有西西里的罗杰二世选择避开这种做法。此
外，得益于王室和贵族的捐赠，教会建立了庞大的主教区和教
区系统，并通过这个网络传布基督教教义，为国王的救赎祈
祷。大教堂和修道院开办的学校为人们接触拉丁智识世界铺平
319 了道路。主教们尽数出身于最高阶层，他们偶尔也会援引"王
权神授（因而是由教会间接所授）"的属性来向统治者进谏，
但绝大多数时候，他们都是作为忠实的助手站在君主一边的。
即使在 12 世纪王朝普遍选择放弃叙任权的背景下，统治者们
仍能继续对教会要职的人选产生决定性影响。对于新兴的基
督教国家来说，教宗认可它们确立自己的总主教是非常重要
的，这使它们能独立于邻国的旧教会。由总主教召集其他主
教参加的宗教会议，成为整个国家的代表性议事论坛。

4　基督徒、穆斯林、犹太人

到 1200 年为止，在三种一神教中，有罗马—天主教和希

腊—东正教两种形式的基督教在欧洲最为普及，只有波罗的海地区的局部（芬兰、爱沙尼亚、利沃尼亚、立陶宛）是例外。取得这样的成功，不仅是因为中世纪早期的基督教王国直接与欧洲大陆从西北到东南的多神崇拜的异教世界接壤，也就是说比生活在地中海周边的穆斯林更容易接触到异教部落，更重要的是，基督教本质上的自我认知是向所有民族的子民提供救赎，这与注重政治和军事扩张的伊斯兰教以及仅限于"被选中的民族"的犹太教截然不同。当然，在中世纪早期和中世纪盛期，对耶稣基督之信仰的传播，有时也与暴力征服密不可分（例如萨克森人、易北河斯拉夫人以及后来的条顿骑士团），但总体而言，还是倾向于各个基督教化民族之间（相对）和平共处，而不是形成一个庞大的神权国家。由于只有（影响力正在减弱的）东方皇帝——而不是西方查理曼和"虔诚者"路易的继承者——将自己视为所有信徒的统治者，因此西方得以发展出一种原则上与皇权相分离的、有着教阶制度的普世教会，其领袖——罗马教宗——从 11 世纪中叶开始就具备了君主制特征，在整个欧洲范围内地位远远超过了所有世俗统治者。11~12 世纪的修道院改革运动进一步从内部巩固了拉丁教会的结构，将相距遥远的一个个修道院联系在一起，形成了与教廷密切相连的"国际化的"修会组织。然而，当 12 世纪主张应弃绝世界、认为身体属于恶的"善恶二元论"教义开始从巴尔干半岛渗透到西方世界，其追随者尤其在意大利和法兰西南部形成了独立的团体——迦他利派（Katharer，也称"清洁派"①），接着很快就被猛烈抨击教会和世俗财富的瓦勒度

---

① 清洁派，也称"洁净派"等，是 12~13 世纪盛行于西欧的教派，实行严格苦修和独身，废除圣礼，区分善恶的二元论，认为善神造灵魂，恶神造肉身，否认耶稣的神性而只视其为最高受造者。

派（Waldensern）——得名于其创始人彼得·瓦勒度（Petrus Waldes，逝于 1206 年）——所模仿。1184 年，教宗卢修斯三世（Lucius III）和皇帝弗里德里希一世共同向这些与现存的庞大教会背道而驰的人宣战，一段漫长而灰暗的迫害时期由此拉开序幕。

13 世纪初，欧洲穆斯林已渐渐变成了一个边缘群体。自 8 世纪初征服伊比利亚半岛以来，他们在几代人的时间里已使大部分基督徒改变了信仰，但由于"收复失地运动"成效斐然，到 1212 年时，已经只余下一小部分穆斯林在安达卢斯南部，即奈斯尔王朝（Nasriden）苏丹以格拉纳达为中心所占有的地盘。他们在 9 世纪占领的并以明显更快的速度实现了伊斯兰化的西西里岛，以及他们在意大利大陆南部的各种据点，于 11 世纪末尽数落入诺曼人之手。这就造成了一种前所未有的情况，即在 12 世纪，相当多的穆斯林生活在基督教君主的统治之下。也有一些人因为其宗教的理念原则而选择离开"不信神者的土地"，迁移到北非；但有相当多的人试图留下来，他们在基督教的西班牙经历了越来越严重的压迫，至多只能得到暂时的宽容。在诺曼人统治的西西里王国，尤其是在巴勒莫，穆斯林在很长一段时间内仍然是公共生活中随处可见的一个群体，但在罗杰二世时期之后也发生过几起血腥袭击事件。最终，是皇帝弗里德里希二世于 1246 年将穆斯林彻底逐出了西西里岛；而在此之前，他曾在 1223/1224 年的时候在普利亚地区的卢切拉（Lucera）为穆斯林建立一个受保护的居住区，相应地，后者有随封建主出征的义务。直到 14 世纪中叶奥斯曼帝国土耳其民族在巴尔干发动进攻，穆斯林才重新作为一个政治因素回归欧洲。

作为宗教少数派的犹太人在历史上一直和主流政治保持着距离，但由于自始至终都存在于基督徒和穆斯林的神学世界观中，所以他们又有别于那些异教民族。自从他们在《圣经》中的"应许之地"巴勒斯坦建立的国家覆灭之后（1~2 世纪），犹太人就一直"流散"于罗马帝国各地。帝国的东半部始终都有他们的身影；而在拉丁西方，中世纪早期犹太人主要定居在西班牙（摩尔人统治时期也不例外）以及意大利和高卢南部，9~10 世纪他们又从这些地方扩展到莱茵河及周边地区，从 1066 年起还到过英格兰，但几乎没有到过斯堪的纳维亚半岛。尽管在南欧的城镇和乡村也可以看到他们的身影，但在阿尔卑斯山北麓，他们主要在城市里建立了自己的社区，靠手工业和贸易营生，从 11 世纪开始，更是越来越依赖（基督徒所禁止的）放贷维生。尽管不太可能找到准确的统计数字，但在中世纪盛期，犹太人在某些特定居住地的人口比例占 1%~2%。由于当时还缺少一种全面的制度框架，所以这些大体上实行自治的犹太社区，需要利用在各地都得到尊崇的法律学者所提供的信息来维护其共同的宗教传统。犹太人的生活方式与周遭的基督徒明显不同，他们居住在相互区隔的城区里（但双方的和平交流并未完全断绝）。由于基督徒对许多犹太人的富裕生活心有嫉妒，加之《新约》对犹太人在基督之死中所扮演的角色的记载，至少已有敌对的情绪暗暗滋生，即使世俗统治和教会方面都明令禁止暴力行为，但中世纪早期就已经有基督徒向犹太人施暴了。从 11 世纪中叶开始，宗教气氛发生变化，这种敌对更是升级为残酷的迫害，因为基督徒和穆斯林中的激进者已不愿意再容忍犹太人生活在周边，倘若犹太人拒绝"皈依"，他们便会毫不犹豫地将其杀害。自伊斯兰城市格拉纳达发生了第一次严重的大屠杀（1066 年），造成数千人死亡之后，1096 年第一次十字军东征开始时，受到挑唆的基督徒在莱茵河畔的城市发起了类似的大屠杀。第二次十字军东征（1146 年）前夕，此等暴行屡屡在法兰西上演，第三次十字军

322

东征（1189/1190 年）之前则在英格兰再次发生。而自 12 世纪以来，关于犹太人举行人祭的流言四处散播，更是给这种态势火上浇油。幸存的犹太人部分迁往东方，部分去小一点的城镇定居，因而以德意志为例，犹太人社区虽然数量增加了，但规模却缩小了。犹太人为了自身的安全不得不支付保护费，仍常常换不来应有的庇护，相反，基督教统治者则从中挣得盆满钵满。

5 学术的发展

12 世纪，欧洲还见证了学术思想的强化和专业化，但是不同于加洛林时期的"文艺复兴"，学术本身并不是终极目的，学术是为了加深对基督教信仰和已知的自然世界的理解。在此过程中，拉丁智识世界的发展尤其依赖于一些外部创造的条件。例如对希腊语和阿拉伯语文献的译介（当中也有精通语言的犹太人参与），这些文本出自西班牙、西西里岛、拜占庭和十字军国家，为人们了解古代哲学、医学和自然科学开辟了前所未有的途径；此外，以博洛尼亚为中心，还重新掀起了罗马法研究的热潮。对这些很大一部分诞生自公元前的知识的研究，虽然进展缓慢，并遭遇了一些基于神学理由的阻力，但极大地促进了各个科学学科的形成，促进了概念的厘清和知识内容的系统化，并引发了全新形式的学术辩论。检视由来已久的学术争端，对比、考察正反两方论点，审慎得出理性的解释，成了学术思维的典型特点，而这并不局限于神学范畴。

1100 年后不久，这种崭新的学术形式显然已超越传统修道院和教会学校的框架，这些学校因循古典晚期的教育纲目——"七艺"（Septem liberales artes），教授学生一些基础的科目。现在，更专业的导师（Magister）可以满足更高的要求，他们公开授课，吸引远近各地的学生前来求学，与此同时，他们自己也会游历四方，去他们能够谋生的地方定居。法兰西北部和诺曼人统治的英格兰对这种流动性极强的学术活动来说，是特别适宜的土壤，在这两个地方，著名的教会学校［拉昂（Laon）、兰斯、奥尔良、沙特尔、巴黎、牛津］也针对某一门"艺"和神学、哲学提供高质量的"私人"教学；此外，萨勒诺、沙特尔、托莱多和蒙彼利埃（Montpellier）很早就因医学教学（包括阿拉伯医学）而声名鹊起，而博洛尼亚则是法学家的大本营。在法兰西，繁华的首都巴黎于 12 世纪中叶取代沙特尔成为学术之都，在那里，彼得·阿伯拉（Petrus Abaelardus，逝于 1142 年）作为一位大受欢迎却又备受争议的辩证法（逻辑学）教师，吸引了许多求学者疯狂追捧，直到颠沛流离的一生的最后，在反对者的鼓动下被教宗下达教学禁令，他才归于缄默。巴黎圣母院的校监（Kanzler）有权决定全城的教学活动，以确保教学的统一性和质量，这渐渐在教师中间引发争论。他们的精英意识逐渐凸显，而随着更多文本（尤其是亚里士多德的著作）被翻译过来，他们的知识储备亦不断扩充，教会法和医学也被纳入教学范畴，整个拉丁基督教世界各地的求学者源源不断地蜂拥而至。大约在 1200 年，教师和学生们迈出了决定性的一步，即跨越学科界限联合起来，以外来者的身份相互支持，对抗地方教会当局和巴黎当地人，以争取进入大教堂、组织学习和考试、仲裁内部纠纷的权利。为了达到这个目的，他们选用了"universitas（magistrorum et scolarium）"［大学（教师与学生）］一词。这个词首次出现于 1208/1109 年教宗英诺森三世的批文中，在当时也同样适用于商人、手工业者、犹太人或公民的自由协会，并凸显了平等的性质。类似的事情可能早几年就在博洛尼亚发生过了，在那里，教师们拥有城市公民权，游历广泛的学

324

生们最初形成了不同的"同乡会"（Nationen），然后又在阿尔卑斯山南北两侧各组成了一所"universitates（scolarium）"，分别有自己的校长。在英格兰，牛津和剑桥也有了大学，其中剑桥大学是 1209 年学者从牛津大学迁移过来建立的；自 1204 年起处于阿拉贡统治下的蒙彼利埃也成为这种新型学术共同体最古老的所在地之一。这样一种学术共同体，正是欧洲中世纪盛期留给全世界的文化遗产。

注　释

第二章　加洛林家族统治下的欧洲：700~900 年

1. Fredegar-Chronik, Continuatio c. 13 (MGH Scriptores rerum Merovingicarum 2, 1888, S. 175).

2. Ebenda c. 14 (S. 175).

3. Isidor, Continuatio Hispana a. DCCLIV zu 731 (MGH Auctores antiquissimi 11, 1894, S. 362).

4. FredegarChronik, Continuatio c. 30 (S. 181).

5. Ebenda c. 33 (S. 182).

6. Annales regni Francorum zu 749 (MGH Scriptores rerum Germanicarum [6], 1895, S. 8).

7. Einhard, Vita Karoli Magni c. 7 (MGH Scriptores rerum Germanicarum [25], 1911, S. 9).

8. Annales qui dicuntur Einhardi zu 775 (MGH Scriptores rerum Germanicarum [6], 1895, S. 41).

9. Einhard, Vita c. 7 (S. 10).

10. Annales regni Francorum zu 788 (S. 80).

11. Einhard, Vita c. 13 (S. 16).

12. Bonifatius, Brief 22 (MGH Epistolae selectae 1, 1916, S. 36 ff.).

13. Vita Bonifatii auctore Willibaldo c. 6 (MGH Scriptores rerum Germanicarum [57], 1905, S. 31).

14. Bonifatius, Brief 86 (S. 193).

15. Bonifatius, Brief 50 (S. 82).

16. So die Akklamation bei der Kaiserkrönung (unten Anm. 50).

17. Capitulatio de partibus Saxoniae (MGH Fontes iuris Germanici antiqui 4, 1918, S. 37–44).

18. Alkuin, Brief 111 (MGH Epistolae 4, 1895, S. 160, 161).

19. Vita Anskarii auctore Rimberto c. 7 (MGH Scriptores rerum Germanicarum [55], 1884, S. 26).

20. Vita Anskarii c. 9 (S. 30).

21. Vita Anskarii c. 24 (S. 52).

22. Vita Constantini c. 14, übers. v. Josef Bujnoch (Slawische Geschichtsschreiber 1, 1972, S. 93).

23. Johannes VIII., Brief 255 (MGH Epistolae 7, 1928, S. 222).

24. Nikolaus I., Brief 99 (MGH Epistolae 6, 1925, S. 568–600).

25. Einhard, Vita c. 29 (S. 33).

26. Agobard, Adversus legem Gundobadi c. 4, 3, 7 (Corpus Christianorum, Continuatio Mediaevalis 52, 1981, S. 21, 20, 23).

27. Synode von Tours 813 c. 17 (MGH Concilia 2/1, 1906, S. 288).

28. Nithard, Histoire des fils de Louis le Pieux III c. 5, ed. Ph. Lauer (1926) S. 100 ff.

29. Einhard, Vita c. 29 (S. 33).

30. Hinkmar, De ordine palatii (MGH Fontes iuris Germanici antiqui 3, 2 1980).

31. Die Admonitio generalis Karls des Großen (MGH Fontes iuris Germanici antiqui 16, 2012).

32. Admonitio ad omnes regni ordines (MGH Capitularia regum Francorum 1, 1883, S. 303–307).

33. Die Kapitulariensammlung des Ansegis (MGH Capitularia regum Francorum N. S. 1, 1996).

34. Capitulare de villis. Hg. u. eingel. v. C. Brühl (1971).

35. Capitulare missorum in Theodonis villa datum secundum (MGH Capitularia 1 S. 122–126).

36. Formulae imperiales n. 37 (MGH Formulae, 1886, S. 314 f.).

37. Karoli Epistola de litteris colendis (MGH Capitularia 1 S. 78 f.).

38. Einhard, Vita c. 25 (S. 30).

39. Synode von Paris 829, Relatio episcoporum c. 12 (MGH Concilia 2/2, 1908, S. 675).

40. Liber Pontificalis, Vita Gregorii III c. 3, ed. L. Duchesne (Le Liber Pontificalis 1, 1886, S. 416).

41. Theophanes, Chronographia zu 6224, ed. C. de Boor (1883) S. 410.

42. Codex Carolinus n. 60 (MGH Epistolae 3, 1892, S. 587).

43. Opus Caroli regis contra synodum (Libri Carolini) (MGH Concilia 2, Supplementum 1, 1998, S. 97).

44. Synode von Frankfurt 794, Epistola Karoli (MGH Concilia 2/1 S. 158).

45. Ebenda, Capitulare (S. 165).

46. Annales regni Francorum zu 799 (S. 104).

47. Die Kölner Chronikanhänge von 798 (MGH Quellen zur Geistesgeschichte 21/2, 2006, S. 793).

48. Alkuin, Brief 174 (S. 288).

49. Annales Laureshamenses zu 801 (MGH Scriptores 1, 1826, S. 38).

50. Liber Pontificalis, Via Leonis III c. 23, ed. L. Duchesne (Le Liber Pontificalis 2, 1892, S. 7); Annales regni Francorum zu 801 (S. 112).

51. Einhard, Vita c. 28 (S. 32).

52. Erstmals in Karls Diplom Nr. 197 (MGH Diplomata Karolinorum 1, 1906, S. 265).

53. Theophanes, Chronographia zu 6294 (S. 475).

54. Annales regni Francorum zu 812 (S. 136).

55. Divisio regnorum (MGH Capitularia 1 S. 126–130).

56. Ordinatio imperii (ebenda S. 270–273).

57. Agobard, De privilegio apostolicae sedis c. 5 (Corpus Christianorum, Continuatio Mediaevalis 52 S. 305).

58. Liber Pontificalis, Vita Sergii II c. 13, ed. Duchesne 2 S. 89.

59. Annales Bertiniani zu 856, publ. par F. Grat u. a., 1964, S. 73 u. ö.; Annales Fuldenses zu 859 (MGH Scriptores rerum Germanicarum [7], 1891, S. 53) u. ö.

60. Annales Fuldenses zu 893 (S. 122).

61. Synode von Paris 825, Epistola imperatorum (MGH Concilia 2/2 S. 475).

62. Ludovici II imperatoris epistola ad Basilium (MGH Epistolae 7 S. 385–394).

63. J. Prelog, Die Chronik Alfons' III. Untersuchung und kritische Edition der vier Redaktionen (1980) S. 23.

64. Annales regni Francorum zu 821 (S. 154).

65. Bede's Ecclesiastical History of the English People I c. 15, ed. by B. Colgrave/R. A. B. Mynors (1969) S. 50.

66. The AngloSaxon Chronicle zu 827 (829), transl. and ed. by M. J. Swanton (1996) S. 60.

67. Bede's Ecclesiastical History II c. 5 (S. 148 f.).

68. Alkuin, Brief 100 (S. 144 ff.).

69. Annales Bertiniani zu 851 (S. 63 f.).

70. Vita Anskarii c. 9 (S. 30).

71. Dudo, De moribus et actis primorum Normanniae ducum c. 28, ed. par J. Lair (1865) S. 168 f.

72. Stephan V., Brief 1 (MGH Epistolae 7, 1912/28, S. 355).

73. Constantinus Porphyrogenitus, De administrando imperio c.32, ed.G. Moravcsik (1967) S. 160.

74. Annales Bertiniani zu 839 (S. 30 f.).

75. The Russian Primary Chronicle. Laurentian Text, transl. and ed. by S. H. Cross – O. P. SherbowitzWetzor (1953) S. 58 ff.

76. Photios, Brief 2, ed. B. Laourdas – L. G. Westerink, Bd. 1 (1983) S. 50.

77. Ordinatio imperii (MGH Capitularia 1 S. 271).

78. Episcoporum Relatio Compendiensis (MGH Capitularia 2, 1897, S. 52).

79. Regino von Prüm, Chronicon zu 841 (MGH Scriptores rerum Germanicarum [50], 1890, S. 75)

80. Hlotharii, Hludowici et Karoli conventus apud Marsnam primus (MGH Capitularia 2 S. 69, 70).

81. Synode von Quierzy 858 (MGH Concilia 3, 1984, S. 408–427).

82. Annales Fuldenses zu 887 (S. 115).

83. Synode von Paris 829 c. 3 (MGH Concilia 2/2 S. 610).

84. Annales Fuldenses zu 888 (S. 116).

85. Regino, Chronicon zu 888 (S. 129).

86. Annales Fuldenses zu 900 (S. 134).

第三章　老欧洲与新欧洲：900~1050 年

1. Pactum cum Karolo rege Franciae occidentalis (MGH Constitutiones 1, 1893, S. 1 f.).

2. Widukind von Corvey, Sachsengeschichte I c. 40 (MGH Scriptores rerum Germanicarum [60], 1935, S. 60).

3. Widukind, Sachsengeschichte II c. 1–2 (S. 63 ff.).

4. Synode von Ingelheim 948 (MGH Concilia 6, 1987–2007, S. 159 f.).

5. Flodoard, Annales zu 952, ed. Ph. Lauer (1905) S. 133.

6. Regino, Chronicon, Continuatio zu 953 (S. 166).

7. Widukind, Sachsengeschichte III c. 46, 49 (S. 127 f.).

8. Papsturkunden 896–1046, bearb. von H. Zimmermann, Bd. 1, 1988, S. 281 ff. Nr. 154; Ottos Diplom Nr. 235 (MGH Diplomata regum et imperatorum Germaniae 1, 1879–1884, S. 322 ff.).

9. Annales Sangallenses maiores zu 978, ed. C. Henking (1884) S. 296.

10. Annales Hildesheimenses zu 973 (MGH Scriptores rerum Germanicarum [8], 1878, S. 23).

11. Annales Altahenses maiores zu 973 (MGH Scriptores rerum Germanicarum [4], 1891, S. 11).

12. Widukind, Sachsengeschichte III c. 75 (S. 152).

13. Widukind, Sachsengeschichte III c. 69 (S. 144).

14. Annales Quedlinburgenses zu 1009 (MGH Scriptores rerum Germanicarum 72, 2004, S. 527).

15. Thietmar von Merseburg, Chronik I c. 26 (MGH Scriptores rerum Germanicarum N. S. 9, 1935, S. 34).

16. Erstmals erhalten an Ottos Diplom Nr. 285 (MGH Diplomata regum et imperatorum Germaniae 2/2, 1893, S. 710).

17. Gallus Anonymus, Chronicon et gesta ducum sive principum Polonorum I c. 6, ed. K. Maleczyński (Monumenta Poloniae Historica, S. N. 2, 1952, S. 19 f.).

18. Thietmar, Chronik IV c. 59 (S. 198).

19. Ottos Diplom Nr. 389 (S. 818 ff.).

20. Erstmals erhalten an Heinrichs Diplom Nr. 37 (MGH Diplomata regum et imperatorum Germaniae 3, 1900–03, S. 42 f.).

21. Heinrichs Diplom Nr. 143 (S. 170).

22. Erstmals in Heinrichs Diplom Nr. 70 (S. 87), zuletzt in Nr. 95 (S. 119).

23. Erstmals erhalten an Konrads Diplom Nr. 195 (MGH Diplomata regum et imperatorum Germaniae 4, 1909, S. 259 f.).

24. Richer von Reims, Historiae IV c. 12 (MGH Scriptores 38, 2000, S. 239).

25. Charters of the New Minster, Winchester, ed. by S. Miller (2001) S. 49 ff. Nr. 9.

26. Charters of Abingdon Abbey, Part 1, ed. by S. E. Kelly (2000) S. 107 ff. Nr. 25, Charters of Malmesbury Abbey, ed. by S. E. Kelly (2005) S. 211 ff. Nr. 25, und öfter.

27. Widukind, Sachsengeschichte III c. 65 (S. 140 f.).

28. Danmarks runeindskrifter, ed. L. Jacobsen/E. Moltke (1941/42) Nr. 42.

29. Adam von Bremen, Hamburgische Kirchengeschichte IV c. 39 (MGH Scriptores rerum Germanicarum [2], 1917, S. 275).

30. William of Malmesbury, Gesta regum Anglorum II c. 183, ed. And transl. by R. A. B. Mynors, Bd. 1 (1998) S. 324.

31. Encomium Emmae reginae III c. 13, ed. A. Campbell (1949, 2 1998) S. 52.

32. The AngloSaxon Chronicle D 1052 (1051), transl. and ed. By M. J. Swanton (1996) S. 176.

33. William of Poitiers, The Gesta Guillelmi II c. 25, ed. and transl. By R. H. C. Davis/M. Chibnall (1998) S. 138.

34. Widukind, Sachsengeschichte I c. 35 (S. 50).

35. Widukind, Sachsengeschichte III c. 8, 69 (S. 108, 144).

36. Cosmas von Prag, Chronik der Böhmen I c. 29 (MGH Scriptores rerum Germanicarum. Nova Series 2, 1923, S. 53).

37. Widukind, Sachsengeschichte III c. 66 (S. 141).

38. Wie Anm. 37.

39. Die Kanonessammlung des Kardinals Deusdedit III c. 199, hg. Von V. Wolf von Glanvell (1905) S. 359.

40. Thietmar, Chronik V c. 10 (S. 232).

41. Widukind, Sachsengeschichte III c. 53 (S. 132).

42. Thietmar, Chronik VI c. 25 (S. 304).

43. Thietmar, Chronik VIII c. 4 (S. 496 f.).

44. Wie Anm. 18.

45. Constantinus Porphyrogenitus, De administrando imperio c. 22, 49, 51 (S. 98, 230, 246).

46. Ephraemius Chronographus, Caesares (Migne, Patrologia Graeca 143, 1865, Sp. 117A, 120A).

47. Constantinus Porphyrogenitus, De cerimoniis aulae Byzantinae II c. 15, ed. J. J. Reiske, Bd. 1 (1829) S. 594–598.

48. Regino, Chronicon, Continuatio zu 959 (S. 170).

49. Russian Primary Chronicle (S. 116 f.), wo die Taufe Vladimirs selbst nach Cherson verlegt wird.

50. Gerbert, De rationali et ratione uti, in: Oeuvres de Gerbert, par A. Olleris (1867) S. 298.

51. Johannes Scylitzes, Synopsis historiarum, ed. I. Thurn (1973) S. 409.

52. Michael Attaleiates, Historia, ed. I. Bekker (1853) S. 154 f.

53. Johannes von St. Arnulf, Vita Johannis abbatis Gorziensis c. 115 (MGH Scriptores 4, 1841, S. 369).

54. Hrotsvit, Pelagius v. 12, in: Hrotsvithae Opera (MGH Scriptores rerum Germanicarum [34], 1902, S. 52).

55. Ibn Khaldun, nach E. LéviProvençal, Histoire de l' Espagne musulmane, Bd. 2 (2 1950) S. 250.

56. Erstbelege von 916/17: E. Saez, Colección documental del Archivo de la Catedral de León (775–1230), Bd. 1 (1987) Nr. 38, 41 (mit Bezug auf Alfons III.).

57. Brief des Bischofs Oliba von AusonaVic (1023/32), hg. von R. Beer, Die Handschriften des Klosters Santa Maria de Ripoll, Bd. 1 (1907) S. 79 f.

58. Widukind, Sachsengeschichte III c. 70 (S. 147).

59. Amato di Montecassino, Storia de' Normanni, volgarizzata in antico francese, I c. 17, hg. v. V. de Bartholomaeis (1935) S. 21 f.

60. Kanonessammlung des Deusdedit III c. 284, 285, 288 (S. 393 ff.).

第四章　教宗统治下的欧洲：1050~1200 年

1. Papstwahldekret (MGH Concilia 8, 2010, S. 383 ff.).

2. Gregor VII., Register 2, 55 a, II (MGH Epistolae selectae 2, 1920/23, S. 202).

3. Gregor, Register 2, 13; 2, 52 a; 2, 63; 2, 70 (S. 145, 196, 218, 230), jedochnie in direkter Anrede.

4. Bonizo von Sutri, Liber ad amicum VIII (MGH Libelli de lite 1, 1891, S. 609).

5. Erstmals am 7. 3. 1100: J. v. PflugkHarttung, Acta pontificum Romanorum inedita, Bd. 1 (1881) S. 69 f. Nr. 76.

6. Gerhoch von Reichersberg, Libellus de ordine donorum sancti spiritus (MGH Libelli de lite 3, 1897, S. 280).

7. Bernhard von Clairvaux, Brief 124, in: San Bernardo, Lettere, Bd. 1 (1986) S. 572.

8. Friedrichs Diplom Nr. 690 (MGH Diplomata regum et imperatorum Germaniae 10/3, 1985, S. 208 f.).

9. Erstmals am 8. 7. 1089: J. v. PflugkHarttung, Acta pontificum Romanorum inedita, Bd. 2 (1884) S. 145 f. Nr. 178.

10. Heinrich von Segusio (Hostiensis), In quintum decretalium librum commentaria (1581, ND 1965) fol. 60va (zu X 5, 20, 4).

11. The Summa Parisiensis on the Decretum Gratiani, ed. T. P. McLaughlin (1952) S. 108 (zu C.2 q.6 c. 3).

12. Robertus Monachus, Historia Iherosolimitana I c. 2 (Recueil des historiens des croisades. Historiens occidentaux 3, 1866, S. 729); Chronica monasterii Casinensis IV c. 11 (MGH Scriptores 34, 1980, S. 475).

13. Ekkehard von Aura, Chronik zu 1099 (MGH Scriptores 6, 1844, S. 217).

14. Robertus Monachus, Historia I c. 2 (S. 729).

15. Bernhard, Brief 457, in: San Bernardo, Lettere, Bd. 2 (1987) S. 624.

16. Annales Herbipolenses zu 1147 (MGH Scriptores 16, 1859, S. 3).

17. Bernhard von Clairvaux, De consideratione ad Eugenium papam II c. 1–4, in: San Bernardo, Trattati (1984) S. 788–796.

18. Überliefert in Historia de expeditione Friderici imperatoris des sog. Ansbert (MGH Scriptores rerum Germanicarum N. S. 5, 1928, S. 6–10).

19. Epistola de morte Friderici imperatoris (MGH Scriptores rerum Germanicarum N. S. 5, 1928, S. 178).

20. Wie Anm. 3.

21. Gregor, Register 3, 10 a (S. 270).

22. Gregor, Register 7, 14 a (S. 486 f.).

23. Bernold von Konstanz, Chronik zu 1093 (MGH Scriptores rerum Germanicarum N. S. 14, 2003, S. 503).

24. Hermann von Tournai, Liber de restauratione s. Martini Tornacensis c. 85 (MGH Scriptores 14, 1883, S. 315).

25. Suger von SaintDenis, Vita Ludovici Grossi c. 28, ed. H. Waquet (1964) S. 230.

26. Otto von Freising, Chronica VII c. 20 (MGH Scriptores rerum Germanicarum [45], 1912, S. 339).

27. Otto und Rahewin von Freising, Gesta Friderici I. imperatoris II c. 2 (MGH Scriptores rerum Germanicarum [46], 1912, S. 103).

28. Johannes von Salisbury, Letters, Bd. 1: The Early Letters (1153–1161), ed. by W. J. Millor – H. E. Butler (1955) S. 206 Nr. 124.

29. Chronica regia Coloniensis zu 1184 (MGH Scriptores rerum Germanicarum [18], 1880, S. 133).

30. Annales Marbacenses zu 1196 (MGH Scriptores rerum Germanicarum [9], 1907, S. 68).

31. Erstmals in einer Urkunde vom April 1067: Regesta regum AngloNormannorum 1066–1154, Vol. 1, by H. W. C. Davis – R. J. Whitwell (1913) S. 2 Nr. 6 a.

32. The AngloSaxon Chronicle zu 1085 (S. 216).

33. W. Stubbs, Select Charters and Other Illustrations of English Constitutional History (1913) S. 116–119.

34. Suger, Vita Ludovici Grossi c. 10 (S. 60).

35. Wilhelm von Malmesbury, Historia Novella c. 47, ed. by E. King – K. R. Potter (1998) S. 92.

36. So bereits in einer Urkunde von 1137: A. Luchaire, Etudes sur les actes de Louis VII (1885) S. 349 ff. Nr. 3.

37. Councils & Synods with other documents relating to the English Church, Vol.1/2, ed. by D. Whitelock – M. Brett – C. N. L. Brooke (1981) S. 877–883.

38. Giraldus Cambrensis, De principis instructione III c. 26, ed. G. F. Warner (1891) S. 297.

39. So in einer Urkunde vom Juli 1087: A. Gambra, Alfonso VI. Cancillería, curia e imperio, Bd. 2 (1998) S. 236 f. Nr. 89.

40. So in einer Urkunde von 1116: J. A. Lema Pueyo, Colección diplomática de Alfonso I de Aragón y Pamplona (1104–1134) (1990) S. 41 f. Nr. 33.

41. Chronica regia Coloniensis zu 1212 (S. 233).

42. The Acts of Welsh Rulers 1120–1283, ed. by H. Pryce (2005) S. 620 ff. Nr. 429.

43. M. P. Sheehy, Pontificia Hibernica, Vol. 1 (1962) S. 15 f. Nr. 4.

44. Überliefert in Roger Howden, Chronica, ed. W. Stubbs, Vol. 2 (1869) S. 360 f.

45. Diplomatarium Danicum 1/2, ed. L. WeibullN. SkyumNielsen (1963) S. 109 Nr. 57.

46. Annalista Saxo, Reichschronik zu 1134 (MGH Scriptores 37, 2006, S. 597).

47. Lampert von Hersfeld, Annalen zu 1077 (MGH Scriptores rerum Germanicarum [38], 1894, S. 285).

48. Cosmas, Chronik II c. 37 (S. 134 f.).

49. Ebo, Vita Ottonis episcopi Bambergensis III c. 6, ed. J. WikarjakK. Liman (1969) S. 105.

50. Anonyme Kaiserchronik zu 1114, hg. von F.J. SchmaleI. SchmaleOtt(1972) S. 262.

51. Otto und Rahewin, Gesta Friderici I c. 32 (S. 50 f.).

52. Russian Primary Chronicle (S. 142).

53. Ebenda (S. 187 f.).

54. E. Caspar, Die Legatengewalt der normannischsicilischen Herrscher im 12. Jahrhundert, in: Quellen und Forschungen aus italienischen Archiven und Bibliotheken 7 (1904) S.

218 f. (Edition)

55. Alexander von Telese, De rebus gestis Rogerii Siciliae regis II c. 2, ed. V. Lo Curto (2003) S. 62.

56. S. Borsari, Il crisobullo di Alessio I per Venezia, in: Annali dell' Istituto Italiano per gli Studi Storici 2 (1969/70) S. 124–131 (Edition).

57. Otto und Rahewin, Gesta Friderici II c. 37 (S. 145).

58. Boso, Vita Alexandri III, ed. L. Duchesne (Le Liber Pontificalis 2, 1892, S. 415).

59. Historia de expeditione des sog. Ansbert (S. 30 f.).

60. Villehardouin, La conquête de Constantinople, ed. E. Faral, Bd. 2 (1939) S. 52.

图片来源

Abb. 1 (S. 47): akgimages, Berlin

Abb. 2 (S. 61): akgimages, Berlin/Bildarchiv Monheim

Abb. 3 (S. 132): akgimages, Berlin

Abb. 4 (S. 141): akgimages, Berlin

Abb. 5 (S. 144): akgimages, Berlin

Abb. 6 (S. 168): akgimages, Berlin/Erich Lessing

Abb. 7 (S. 197): akgimages, Berlin/Werner Forman

Abb. 8 (S. 217): akgimages, Berlin

Abb. 9 (S. 232): akgimages, Berlin/British Library

Abb. 10 (S. 255): akgimages, Berlin

大事年表

858~867 年	教宗尼古拉一世在位
863~869 年	康斯坦丁／西里尔和美多德作为传教士在摩拉维亚传教
864/865 年	保加利亚可汗鲍里斯受洗
869/870 年	第四次君士坦丁堡公会议
870 年	东西法兰克王国瓜分加洛林中法兰克王国
871~899 年	威塞克斯的阿尔弗雷德大帝实行统治
875 年	"秃头"查理在罗马加冕为皇帝
885/886 年	诺曼人围攻巴黎
887 年	查理三世倒台，法兰克庞大帝国分崩离析
895/896 年	匈牙利人进逼喀尔巴阡盆地
899 年	皇帝阿努尔夫逝世，加洛林王朝在意大利的政治活动宣告结束
911 年	"孩童"路易逝世，加洛林家族在东法兰克的统治结束
911 年前后	诺曼底公国建立
919~936 年	亨利一世统治萨克森—东法兰克
924/928 年	贝伦加尔一世和"瞎子"路易逝世，西方皇权破灭
929 年	科尔多瓦哈里发国建立
936~973 年	奥托大帝实行统治
951/952 年	奥托大帝第一次进军意大利
955 年	奥托大帝在奥格斯堡附近击败匈牙利人
962 年	奥托大帝加冕为皇帝
962 年前后	丹麦国王"蓝牙"哈拉尔德受洗
966 年	波兰大公梅什科一世受洗
972 年	奥托二世与塞奥法诺结婚
976/989~1025 年	拜占庭皇帝巴西尔二世实行统治
982 年	奥托二世在科隆纳角败于阿拉伯人
983 年	卢蒂齐联盟起义
987 年	路易五世逝世，加洛林家族在西法兰克的统治结束
988 年	圣弗拉基米尔一世在基辅受洗
996~1002 年	奥托三世实行皇权统治
997~1038 年	匈牙利圣伊什特万实行统治
999/1000 年	冰岛决定受洗，皈依基督教
1000 年	奥托三世与"勇敢者"波列斯瓦夫在格涅兹诺会面
1015/1016 年	诺曼人开始进攻意大利南部
1016~1035 年	克努特大帝对丹麦—英格兰王国实行统治
1018 年	巴西尔二世征服保加尔人

1024 年	皇帝亨利二世逝世，柳道夫家族终结
1025 年	波兰大公"勇敢者"波列斯瓦夫加冕为国王
1031 年	科尔多瓦哈里发国灭亡
1033/1038 年	勃艮第王国并入神圣罗马帝国
1046 年	苏特里宗教会议，亨利三世举行皇帝加冕礼，宗座改革开始
1049~1054 年	教宗利奥九世在位
1059 年	教宗尼古拉二世册封意大利南部诺曼王公
1066 年	诺曼底公爵威廉征服英格兰
1071 年	罗曼努斯四世在曼兹科特败于塞尔柱人
1073~1085 年	教宗格里高利七世在位
1076/1077 年	格里高利七世与亨利四世冲突的第一阶段
1080 年	格里高利七世废黜亨利四世
1084 年	亨利四世由对立教宗加冕为皇帝
1085 年	卡斯蒂利亚—莱昂国王阿方索六世占领托莱多
1095 年	教宗乌尔班二世号召十字军东征
1096~1099 年	第一次十字军东征
1100~1135 年	英格兰亨利一世实行统治
1105 年	亨利五世推翻皇帝亨利四世
1107 年	卡佩王朝与教宗结盟
1111 年	亨利五世试图与教宗帕斯夏二世达成一致，强迫教宗举行皇帝加冕礼
1122 年	《沃尔姆斯宗教协定》
1125 年	亨利五世逝世，萨利安王朝终结
1130~1138 年	英诺森二世与阿纳克莱图斯二世之间的教会分裂
1130 年	西西里的罗杰二世加冕为国王
1138 年	康拉德三世被选举为国王，霍亨施陶芬王朝开始
1143~1180 年	拜占庭皇帝曼努埃尔一世实行统治
1147~1149 年	第二次十字军东征
1152~1190 年	"红胡子"弗里德里希实行统治
1154~1189 年	英格兰亨利二世实行统治
1159~1177 年	亚历山大三世时期的教会分裂
1167 年	"红胡子"弗里德里希败于罗马城下
1169 年	英格兰开始征服爱尔兰
1177 年	《威尼斯和约》
1179 年	第三次拉特兰公会议

1179/1180 年	审判公爵"狮子"亨利
1180~1223 年	法兰西国王腓力二世·奥古斯特实行统治
1187 年	苏丹萨拉丁占领耶路撒冷
1189~1192 年	第三次十字军东征
1194 年	皇帝亨利六世征服西西里诺曼王国
1202~1204 年	第四次十字军东征，占领君士坦丁堡
1204 年	腓力·奥古斯特重新占领诺曼底
1212 年	卡斯蒂利亚国王阿方索八世在纳瓦斯·德·托洛萨击败摩尔人

参考文献

　　以下著作对本书所涉及的几乎所有问题都提供了全面的论述：Lexikon des Mittelalters, 9 Bände, München/Zürich 1980–1998。新近出版的但不太偏重于概览性的著作有：Enzyklopädie des Mittelalters, hg. von Gert Melville/Martial Staub, 2 Bände, Darmstadt 2008。在这个领域的外语文献中，最值得推荐的是：Encyclopedia of the Middle Ages, ed. by André Vauchez/Barrie Dobson/Michael Lapidge, Cambridge 2000。关于中世纪早期（包括加洛林时期）历史，以下作品论述尤为丰富：Reallexikon der Germanischen Altertumskunde, 35 Bände, Berlin 1973–2008。

　　关于中世纪欧洲形象，可参见 Klaus Oschema, Bilder von Europa im Mittelalter, Ostfildern 2013。

　　关于中世纪早期和盛期的欧洲史（从不同时期或不同视角出发），可见于各类丛书。

　　以下著作经久不衰，可向读者提供扎实的史实基础：Handbuch der europäischen Geschichte, hg. von Theodor Schieder, Bd. 1: Europa im Wandel von der Spätantike zum Mittelalter, hg. von Theodor Schieffer, Stuttgart 1976 (bis 1050 reichend), Bd.2: Europa im Hochund Spätmittelalter, hg. von Ferdinand Seibt, Stuttgart 1987 (für die Zeit 1050–1450)。关于全欧洲教会史，以下著作能提供最好的概述：Die Geschichte des Christentums, Bd. 4: Bischöfe, Mönche und Kaiser (642–1054), hg. von Gilbert Dagron/

Pierre Riché/André Vauchez, dt. Ausgabe von Egon Boshof, Freiburg 1994, Bd. 5: Machtfülle des Papsttums, hg. von André Vauchez, dt. Ausgabe von Odilo Engels, Freiburg 1994。关于这个主题，最新的综述性著作可参考: Klaus Herbers, Geschichte des Papsttums im Mittelalter, Darmstadt 2012。

以下集刊收录了一系列互为补充的文章: The New Cambridge Medieval History, Bd. 2: c.700–c.900, ed. by Rosamond McKitterick, Cambridge 1995, Bd. 3: c.900–c.1024, ed. by Timothy Reuter, Cambridge 1999, Bd. 4: c.1024–c.1198, 2 Teile, hg. von David Luscombe/ Jonathan Riley-Smith, Cambridge 2004。

以下著作是为教学而编写的，其史实呈现和研究分析部分互不交叉: Oldenbourg Grundriß der Geschichte, Bd. 5: Reinhard Schneider, Das Frankenreich, 4. Aufl. München 2001, Bd. 6: Johannes Fried, Die Formierung Europas 840–1046, 3. Aufl. München 2008, Bd.7: Hermann Jakobs, Kirchenreform und Hochmittelalter 1046–1215, 4. Aufl. München 1999, Bd. 22: Peter Schreiner, Byzanz, 4.Aufl. München 2011。

Siedler 出版社的"德意志和欧洲中世纪"系列按地区进行编写: Joachim Ehlers, Das westliche Europa, Berlin 2004, Birgit und Peter Sawyer, Die Welt der Wikinger, Berlin 2002, Christian Lübke, Das östliche Europa, Berlin 2004, Ralph-Johannes Lilie, Byzanz. Das zweite Rom, Berlin 2003。

以下作品则一以贯之地着眼全欧洲: Handbuch der Geschichte Europas, hg. von Peter Blickle, Bd. 2: Hans-Werner Goetz, Europa im frühen Mittelalter 500–1050, Stuttgart 2003, Bd. 3: Michael Borgolte, Europa entdeckt seine Vielfalt 1050–1250, Stuttgart 2002。

"Siedler 欧洲史"系列开创性地提供了跨文化和跨宗教的研究

视角：Michael Borgolte, Christen, Juden, Muselmanen. Die Erben der Antike und der Aufstieg des Abendlandes 300 bis 1400 n. Chr., Berlin 2006。

最近，也有在"普世史"语境下对欧洲历史开展研究的范例：WBG Weltgeschichte. Eine globale Geschichte von den Anfängen bis ins 21. Jahrhundert, Bd. 3: Weltdeutungen und Weltreligionen 600 bis 1500, hg. von Johannes Fried/Ernst-Dieter Hehl, Darmstadt 2010。

最后，市面上也有越来越多的口袋书，为我们这个研究领域的各个重要方面提供了轻松好读的介绍：Gerd Althoff, Die Ottonen. Königsherrschaft ohne Staat, 2. Aufl. Stuttgart 2005; Matthias Becher, Karl der Große, 5. Aufl. München 2007; Dieter Berg, Die Anjou-Plantagenets. Die englischen Könige im Europa des Mittelalters, Stuttgart 2003; Egon Boshof, Die Salier, 5. Aufl. Stuttgart 2008; Georg Bossong, Das Maurische Spanien. Geschichte und Kultur, 2. Aufl. München 2010; Joachim Ehlers, Die Kapetinger, Stuttgart 2000; Odilo Engels, Die Staufer, 9. Aufl. Stuttgart 2010; Andreas Fischer, Karl Martell. Der Beginn karolingischer Herrschaft, Stuttgart 2012; Knut Gö rich, Die Staufer. Herrscher und Reich, 3. Aufl. München 2011; Werner Goez, Kirchenreform und Investiturstreit 910–1122, Stuttgart 2000; Wilfried Hartmann, Karl der Große, Stuttgart 2010; Hubert Houben, Die Normannen, München 2012; Martin Kaufhold, Europas Norden im Mittelalter. Die Integration Skandinaviens in das christliche Europa, Darmstadt 2001; Hagen Keller, Die Ottonen, 3. Aufl. München 2006; Harald Kleinschmidt, Die Angelsachsen, München 2011; Johannes Lau dage, Die Salier. Das erste deutsche Königshaus, München 2006; Ralph-Johannes Lilie, Byzanz und die Kreuzzüge, Stuttgart 2004; Hans

Eberhard Mayer, Geschichte der Kreuzzüge, 10. Aufl. Stuttgart 2005; Eduard Mühle, Die Piasten. Polen im Mittelalter, München 2011; Lutz E. von Padberg, Bonifatius. Missionar und Reformer, München 2003; Alheydis Plassmann, Die Normannen. Erobern – Herrschen – Integrieren, Stuttgart 2008; Rudolf Schieffer, Die Karolinger, 5. Aufl. Stuttgart 2013; Rudolf Schieffer, Gregor VII. Kirchenreform und Investiturstreit, München 2010; Bernd Schneidmüller, Die Welfen. Herrschaft und Erinnerung (819–1252), Stuttgart 2000; Bernd Schneidmüller, Die Kaiser des Mittelalters. Von Karl dem Großen bis Maximilian I., München 2006; Rudolf Simek, Die Wikinger, München 1998; Matthias Springer, Die Sachsen, Stuttgart 2004; Peter Thorau, Die Kreuzzüge, München 2004; Hanna Vollrath, Thomas Becket. Höfling und Heiliger, Göttingen 2004; Ursula Vones-Liebenstein, Eleonore von Aquitanien. Herrscherin zwischen zwei Reichen, Göttingen 2000。

更详细的文献信息，可参见 C.H.Beck 出版社官方网站 www.chbeck.de/go/Christianisierung-und-Reichsbildungen。关于整个系列的介绍，可参见 www.chbeck.de/go/geschichteeuropas。

图书在版编目（CIP）数据

基督教的传播与国家的建立：700~1200 年的欧洲 /
（德）鲁道夫·席弗 (Rudolf Schieffer) 著；陈嘉瑜译 .
北京 : 社会科学文献出版社 , 2024. 11. -- (贝克欧洲
史). -- ISBN 978-7-5228-3782-6

Ⅰ . K503

中国国家版本馆 CIP 数据核字第 20243AV374 号

审图号：GS（2024）2115号

· 贝克欧洲史 ·

基督教的传播与国家的建立：700~1200年的欧洲

著　　者 /	〔德〕鲁道夫·席弗（Rudolf Schieffer）
译　　者 /	陈嘉瑜

出 版 人 / 冀祥德
组稿编辑 / 段其刚
责任编辑 / 阿迪拉木·艾合麦提
责任印制 / 王京美

出　　　版 / 社会科学文献出版社 · 教育分社（010）59367151
　　　　　　　地址：北京市北三环中路甲29号院华龙大厦　邮编：100029
　　　　　　　网址：www. ssap. com. cn
发　　　行 / 社会科学文献出版社（010）59367028
印　　　装 / 北京盛通印刷股份有限公司

规　　　格 / 开 本：889mm × 1194mm　1/32
　　　　　　　印 张：10.75　字 数：269 千字
版　　　次 / 2024年11月第1版　2024年11月第1次印刷
书　　　号 / ISBN 978-7-5228-3782-6
著作权合同
登 记 号 / 图字01-2018-8521号
定　　　价 / 89. 00元

读者服务电话：4008918866